愛德華・格雷瑟——著
黃煜文——譯

城市的勝利

都市如何推動國家經濟，
讓生活更富足、快樂、環保

TRIUMPH OF THE CITY

How Our Greatest Invention Makes Us
Richer, Smarter, Greener, Healthier, and Happier

EDWARD GLAESER

國內外媒體佳評

本書詳細梳理了城市面臨的挑戰，深入剖析城市勝利的因素。作者用洗練文字將城市成敗抽絲剝繭，讓我們得以反思台灣大城小鎮應有的作為，同時也讓我們思辨分區管制的利弊、高度限制的爭議及都市更新的紛擾。

——李永展（財團法人中華經濟研究院研究員）

無論喜歡城市與否，我們都得承認：台灣與全球的都市化趨勢猶未停歇。城市居民占總人口比例越來越高，因此城市的發展好壞也就關乎大多數人的福祉。一座城市如何提升吸引力及競爭力，並且避免衰退？市政首長與規畫師們，閱讀本書，便可從全球城市發展史中找到答案。

——邱秉瑜（專欄作家、《我們值得更好的城市》作者）

專業的內容淺顯易懂的文字，從理論到實例說明，顛覆一般的想法，卻又言之成理。都市的問題可以從許多面向觀察，但是只有經濟學能夠同時解析與預測。推薦給對於都市計畫有興趣的讀者、都市計畫的專業者、都市領航者、政府都市部門從業人員，這是一本值得閱讀的好書。

——胡志平（銘傳大學都市規畫與防災學系教授）

拚經濟、聰明、綠色、健康與快樂……此等城鄉發展目標與定位，對選舉文化的我們應當都不陌生；前述，恰恰與格雷瑟教授跨領域的城鄉治理思維與案例研究之《城市的勝利》對了話，突顯六都格局下的台灣，在一味追求土地效率化與產業空間商品化的過程中，導致城鎮脈絡紋理的失序化，同時忽視了重要的城鎮在地精神和歷史經驗的重要性。本書中譯本的問世，不啻給予當下的台灣縣市首長重新認識「城市起源」及其勝利的機制為何，更重要的是，給從事規畫教育的我們，在因應氣候變遷的當下，如何就城鎮歷史與減災規畫教育來根基與鑲崁下一代年輕學子，以構建永續韌性的台灣城鄉規畫制度及其空間實踐。

——洪啟東（銘傳大學設計學院都市規畫與防災學系教授兼院長）

作者格雷瑟歌頌高密度的城市空間，因私有空間被壓縮，公共空間的多元價值得以被體現出來。強調人們因此樂於投入社交活動，創意流動得以強化，這對創意階級（Creative Class）尤其重要，是水平城市發展模式難以取代的生活與產業價值。台灣城市裡的青創世代因市中心高房價，需要往市郊搬遷的現象，或許因此失去創業的優勢，可以此為鑒。

——黃金樺（紐約州註冊建築師）

格雷瑟是世界最知名的經濟學家之一，而本書更是大師級作品。這部文字優美的作品清楚道出即使現代科技使個人實際身處的位置不再那麼重要，但城市卻未因此衰微，反而更加繁榮。

——史帝文．李維特（Steven D. Levitt），《蘋果橘子經濟學》作者

如果您想讓貧民窟轉貧為富，或是您想要控制城市的蔓延，您都該讀一讀這本發人深省的好書。

——賽門．強森（Simon Johnson），前任IMF首席經濟學家

這是一本由世界級經濟專家撰寫，解釋城市如何運作的權威之作，我強力推薦此書。

——提姆．哈福特（Tim Harford），《親愛的臥底經濟學家》作者

這是一本博學又充滿活力的作品，包含了許多具洞察力的議題，都可作為都市政策的參考。讀完本書，您將會驚歎於城市的偉大，並著迷於作者心智的機敏。

——《紐約時報》（*New York Times*）

雖然夾雜了許多統計資料，但這本書一點都不枯燥。格雷瑟的文字清晰易懂，略去了艱澀難懂的計算公式。可謂是通俗經濟學作品中的絕佳之作。

——《經濟學人》（*The Economist*）

如果您是一個痛恨城市並對鄉村生活充滿想像的人，請先看看格雷瑟的意見。

——《文學評論》（*Literary Review*）

格雷瑟肯定了城市存在的意義和價值。他深入地研究了城市生活的重要性，並認為城市最大的資產還是在於人。

——《商業周刊》（*Businessweek*）

格雷瑟的這本書將給予都市規畫者及希望移居鄉村的人們許多重要的思考角度。

——《每日電訊報》（*Telegraph*）

這是一本由著名城市經濟學家所寫的城市禮讚，並對城市固有的負面印象加以修正，文字既動人又好讀，同時可以感受到作者對於城市的熱愛，及他個人涉獵的廣博與思緒的機敏。

——《牛津期刊》（*Oxford Journal*）

目次
Content

第9章 城市何以成功？——293

結論 平坦的世界，高聳的城市——323

推薦序

重新認識城市的光耀

華昌宜（臺大城鄉所退休教授）

這是一本破除迷思、讚頌城市的書。它將長久留在城市研究者的書架上，因為作者的破立是基於與理論有關的各項實際數據論證，並且是在並列城市的缺失和它的光輝優勢後作出通盤評量後的結論。依此同樣精神，我想將此書之優劣並陳，而後向讀者大力推薦。

作者是哈佛大學經濟學教授，博學多才，著作等身，論文極豐（見維基百科之介紹）。迄今在學術上最重要者，也是本書的基礎，則是二〇〇八年出版的《城市、聚集與空間平衡》（*Cities, Agglomeration, and Spatial Equilibrium*）。而本書則是為一般讀者而撰，引用了無數實例，並不時以第一人稱來說明其城市經驗和觀察，特別著重在他居住過的紐約和波士頓。不過本書引證的範圍遍及全球並跨越歷史，涵蓋了成熟的歐美都市及快速發展國家中的城市，並對比了成功、失敗、以及轉型是否到位的城市範例。實際上本書即是以印度的班加羅爾（Bangalore）為第一章開始。了解此都市的讀者大概可猜到本書的基本論旨：國家和區域發展來自都市，都市發展來自聚集經濟，但要腦力和勞力聚集在一處必須供應便利生活機能和相對便宜的居住，而此二者均有賴聚集之規模和密度；不過，後二者所引起的副作用較為人關注，且常導致不當政策，錯誤嚴重者甚至阻斷了城市生機，導致了城市衰退。

城市可說是人類社會中發展出來最複雜的一個組織。它的機能及正面功能和副作用交替互動，使得人「不識盧山真面目，只緣身在此山中」，極難認識其整體而不偏不倚地評斷其功過是非。本書作者憑藉其經濟學素養，將使人困惑的因果關係釐清後再作評斷，解釋了諸城市盛衰的原因。總體結論則是無論是已開發或開發中國家，城市相較於鄉村是「使我們更富庶、更聰慧、更環保、更健康和更幸福」（這也正是本書原文的副標題）。他的結論均有資料為證，但這樣清晰斷然的宣告也需要勇氣，因為長期以來對城市，尤其對工業化後的大都市的一般論述，基本上是以負面為主。其中的代表作，應該是路易斯・蒙佛德（Lewis Mumford）的《歷史中的城市》（*The City in History*），此書五十年前出版，迄今仍為各國大學修讀城市史的必讀課本（台灣有建築與文化出版社印行之大陸宋俊嶺及倪文彥的譯本）。讀者如能將此書與本書並讀，則可發現兩書因從方法學上之差異而導致了相反的結論：前者是人文主義學者奠基於詮釋上的描述，後者是社會科學家根據統計的分析。

對城市的評論者都不吝開出藥方，各個不同且多相互矛盾。本書作者當然也有他的政策藥方，其中有關原則部分其實是大家熟悉而無可非議的，如應發展教育、文化、交通、住宅等，並以財政政策為根本。在具體作為上，他反對在衰退城市內過度投資硬體建設，呼籲減除不當土地使用管制及過度建物保存，贊同推展摩天樓等。這些較具體的建議當然會引發爭議。關於都市的密度和建物高度，實際上是所有都市規畫和研究者避免不了的課題。我們可以拿三本最著名人士的大作（本書中都個別提及但未作相互間的比較）來說明其中有趣的演進和對照。

首先當然是一八九八年埃本內澤・霍華德（Ebenezer Howard）的《明日的田園城市》（*Garden Cities of Tomorrow*），這是作者對工業革命後烏煙瘴氣城市的反應，而解決之道是在都會郊區另建低密度小鎮。

其次是一九三五年柯比意（Le Corbusier）的《光明城市》（*The Radiant City*），主張在市中心挑高建造多座摩天樓，樓底是公園，可使居民享受陽光、空氣和綠地。第三本是一九六一年珍・雅各（Jane Jacobs）的《偉大城市的誕生與衰亡》（*The Death and Life of Great American Cities*），讚揚街道生活和混合土地使用，卻詛咒摩天樓。這三本書均有中譯本，倡導的是完全不同的理想。你會如何選擇？至於本書作者格雷瑟，目前自感矛盾地住在波士頓低密度的郊區（受賜於他認為錯誤的三項反城市公共政策：公路、稅制和學校），最推崇的卻是他曾久住的曼哈頓。可以說他的理想城市是結合了觀念對立的柯比意及珍・雅各，也就是說把地面留給熙攘街道，把上空建成摩天樓。唯有這樣才能供應得起各階層居民便利而充足的生活和消費空間，也唯有這樣才能藉緊密人際互動來激發創意性生產。

不僅為了更有效率的生活和生產，作者也從環保生態的觀點列舉數據證明高密度城市的優點，因為低密度的生活在交通上生產和浪費了更多能源。傳統環境主義的主張實際上會造成了更大環境傷害。作者從已開發國家的城鄉排碳現況，進一步投射到中國和印度發展後對全球的衝擊。而高密度大城市才是人類唯一的救贖。

本書會引發爭論，但無疑將帶來深遠的影響。《經濟學人》已將本書列為二〇一一年最佳書籍之一。亞馬遜網站的讀者評論對本書也稍有微詞，不過其中尚未見到對其分析和結論有所異議，共同的抱怨只是全書結構鬆散、缺少聚焦。確實，我讀完書之後也感覺本書像是作者口述，由人錄音後轉成文字檔而集聚成章，再編章成書。因此雖然每段都很清晰，每節都順暢而有理，但每章的結構則缺少嚴謹。另一分析上的問題似乎在於作者將城市與郊區的對比，和將各成敗都會之間的對比混在一起，使人在空間尺度上的思維較易混亂（英文city一字含義過廣，而譯成中文的「城市」和「都會」卻有不同含義之便，有利思考）。但讀者對此等瑕疵如能諒解，而能將本書從頭至尾細細讀來，並順手做成箚記，則必大有收穫，因為書的內容是如此豐富，涉及了都市的各種課題（堵塞、房價、衛生、犯罪、貧民窟、學區、保存、移民……），不啻是一本有關都市問題的小百科全書。何況書中夾插了極多涉及人與事的趣味軼事之歷史資料，使人讀起來興趣盎然。且作者對每一課題的檢討都是基於犀利的經濟分析，將是／否（有資料證明）與好／壞的價值結合，使其結論難以駁斥。更重要的是這些分析結論是從全民和全社會的效果來著眼，而非從一部分人（特別是壟斷輿論的菁英市民觀點）來看事情全貌。隱藏在論述後面的是一個各類都市發展型態的統盤性社會益本分析。因為如此，本書未來會在全球各地都市計畫及空間政策辯論時常為引據或參考。

以下我摘取了書中的一些警句雋語來結束我的推薦，因為它們反映了本書的基本論點：

- 城市不會讓人變窮，是城市吸引窮人前來。……弱勢族群紛紛湧入城市，這是城市優點的證明，而非缺點。
- 限制巨大城市只會得不償失，因為城市成長可以有效降低鄉村的貧窮。
- 幫助窮人是天經地義，但幫助窮地方卻很難自圓其說。為什麼政府要出錢指定人住在不斷衰退的地區？
- 對新建案的種種限制，使巴黎不再像過去那樣接濟三餐不濟的藝術家，這裡已成為有錢人才住得起的城市。

■ 一般人普遍將城市當成建築物，而忽略了城市實際上是一群人的結合。

■ 某個聰明人遇到另一個聰明人，彼此擦出火花產生新的觀念。……觀念在稠密的城市空間裡口耳相傳，在交換的過程中偶然創造出人類創意的奇蹟。

■ 密度能帶來益處，也產生成本，但這些成本都值得承受。

■ 與鄉村生活相比，城市生活對環境更有利。住在森林裡看起來也許可以顯示自己是個自然愛好者，但住在水泥叢林裡對生態更好。

■ 托爾斯泰說：「幸福的家庭都很類似，不幸的家庭卻各有獨特的不幸之處。」城市剛好相反，失敗的地方很類似，成功的例子卻很獨特。

推薦序

人口集中利於節能環保

薛涌（旅美學者，現為波士頓沙福克大學歷史系助理教授）

哈佛大學經濟學家格雷瑟於二〇一一年推出的這本作品，引起了從《經濟學人》到《紐約時報》等嚴肅國際媒體的廣泛注意。他在《波士頓環球報》（*The Boston Globe*）上也發表了文章，題為〈如果你熱愛自然，就搬到城裡來〉。正是在這篇文章中，他把我們心目中的環境主義先知梭羅（Henry David Thoreau）描繪為惡名昭彰的環境破壞者：梭羅的一個野炊，就燒毀了三百英畝的森林！解構了瓦爾登湖（Walden Pond）的神話。在他看來，人類是對自然有極大破壞力的物種。如果人類熱愛自然的話，最好的辦法不是到自然中去，而是離自然越遠越好。

他和另外一位經濟學家馬修．卡恩（Matthew Kahn）的研究揭示，美國的碳排放有百分之四十來自家用能源和交通。其中私人車又是最大的排放源。私人車的使用，和人口密度緊密相關。人口越密集，私人車的使用越少。在同等家庭收入和住房面積的情況下，居住在密度為每平方英里一萬人以上地區的家庭，平均每年使用的汽油為六百八十七加侖。居住在密度每平方英里一千人以下地區的家庭，平均每年使用的汽油為一千一百六十四加侖。僅在開車這一項上，在波士頓地區都市家庭平均每年二氧化碳的排放量比起郊區家庭來就要少六千七百磅。如果把家用能源算進去，差別就更大了。從波士頓移居到郊區，往往是離開公寓住宅搬進獨門獨戶的大房子。這意味著家庭用電增長了百分之八十八的增長。根據他們的估算，波士頓地區標準的郊區家庭比標準的都市家庭每年多排放六噸的二氧化碳，其中包括四千四百磅的取暖排放和一千八百磅的電力排放。所以格雷瑟呼籲，如果你熱愛自然的話，就請遠離瓦爾登湖，並搬到擁擠的波士頓市中心定居。住在鋼筋混凝土的結構中比住在森林中更環保。無巧不成書的是，最近《波士頓環球報》報導，因為梭羅的崇拜者過多，瓦爾登湖人滿為患，自然生態和景觀都面臨著危機。

在格雷瑟看來，高密度的城市生活，不僅有利於保護自然生態，而且更刺激創新。高密度都市中面對面的人際交流，多元文化的碰撞，自古以來就是人類進步的引擎。但是，戰後美國的都市化，實際上是在否定「城市勝利」說。因為郊區化稀釋了城市人口，造成了大都市的貧困和犯罪等諸多社會問題。中產階級厭煩城市的多元性，寧願搬到郊區，和自己經濟狀況類似的人生活在一起。表面上美國戰後廢除了種族隔離，但郊區化創造了新的社會隔離。不同種族和階層的人照樣各過各的日子。

看看人口資料就知道。戰後美國傳統城市普遍處於衰落狀態。其中最大的城市紐約，人口在一九五〇年時為七百八十九萬多人。到一九九〇年則僅有七百三十二萬多人。芝加哥的人口在一九五〇年為三百六十二萬多人，到二〇一〇年時不足二百七十萬人。費城人口在一九五〇年時超過兩百萬，如今才一百五十二萬出頭。底特律最為悲慘，一九五〇年的人口接近一百八十五萬，如今只剩下七十一萬。我所在的波士頓屬於中等城市，一九五〇年時為八十萬人口，如今才六十一萬多人。而從一九五〇年至今，美國的人口整整翻了一倍。不錯，有些新興城市，如洛杉磯、休士頓，在這一時期都經歷了高速擴張。但這些城市都是鋪張型的汽車社會。洛杉磯居民用公車的比例僅百分之十，休士頓才百分之五多一點。

毫無疑問，增長的人口大多數還是跑到了郊區或者郊區和市區難分的大都市圈。這還不僅僅是居民。一九四二年，著名的企業巨頭 AT&T Bell 把電話實驗室從擁擠的曼哈頓遷移到新澤西州的郊區。戰後各大企業紛紛效仿，那勢頭頗像今日的「外包」。在一望無際的郊區，企業蓋的遠不是一、兩棟樓，而是工業園、科技園。這使其工作空間一下子擴大了數倍。白領職工從富裕的郊區家的車房內一路開到辦公室前空曠的停車場，無處不是夢幻般的田園景色。這種奢侈得超出前人想像的「田園資本主義」，成為戰後美國的標誌。

然而，美國的城市病、貧富分化等一系列問題，也由此而來。「田園資本主義」可以使中高產階級從自己的車房直接開到辦公室門口，與一路所經過的社會隔絕；孩子全在本階層所居住的富裕社區讀書。美國的公立學校大部分由本地房地產稅支援。高房價的郊區自然教育經費充足。城市的貧民窟和郊區的世外桃源彼此老死不相往來，使得富裕和貧困都跟著世代化，美國原有的高社會流動因而消失了。

到了七〇年代，石油危機使人們意識到「田園資本主義」的能源瓶頸。環保運動的崛起，也使人們對汽車社會開始反省。於是，到了八〇年代初期興起了「新都市主義」。其要旨是回歸汽車社會以前城市設計的原則。注重創造步行空間，以公共交通特別是輪軌通勤設施為核心來設計城市，強調密集型的發展，最大限度地減少汽車的運用。這樣，人口集中在中心城市和主要的衛星城，彼此靠輪軌鏈結。輪軌車站成為都市和衛星城的中心地帶，各種商業和公共設施林立。大部分人口可以步行或騎自行車到達這樣的中心。如今，「新都市主義」已經成為城市理論的主流。其建築和規畫師承擔著越來越多的社區和城市設計。

九〇年代雖然郊區化愈演愈烈，乃至發展成遠郊化，但「新都市主義」的潛流也越來越強，都市的復興使市區的環境變得越來越可以接受。這裡比較成功的例子大概當屬紐約市。在九〇年代，紐約的治安大為改進。

從一九九〇年到二〇一〇年，人口從七百三十二萬猛漲到八百一十七萬多。紐約居民通勤用公車的比例接近百分之五十五，在美國大城市中名列第一。前紐約市長麥克・彭博（Michael Bloomberg）大力推展自行車，也取得了顯著的效果。

二〇〇八年全球金融危機，在美國導致遠郊房市徹底崩潰。而都市和近郊則率先開始復興，城市的吸引力越來越大。而格雷瑟當時推出宣告「城市勝利」的這本書，可謂生逢其時。

導論

我們是城市動物？

在美國，有兩億四千三百萬人，擁擠地住在占全美面積百分之三的城市裡。[1]在日本，有三千六百萬人生活在東京這座全世界生產力最高的大都會地區。在印度，有一千兩百萬人居住在孟買（Mumbai）市中心，而中國上海的規模也與孟買不相上下。地球的空間如此廣大（光是德州的面積就能容納全人類居住，每個人還能擁有個人住宅）[2]，而我們卻選擇住在城市。雖然長途旅行越來越便宜，從歐札克（Ozarks）到亞塞拜然的遠距通訊也越來越便利，卻有越來越多人聚集在擁擠的大都會地區。在開發中世界，每個月有五百多萬人湧進城市，到了二〇一一年，全球將有一半以上的人口居住在城市裡。

從蘇格拉底與柏拉圖在雅典市場論辯以來，城市，這群點綴著地球的稠密團塊，一直是帶動創新的引擎。佛羅倫斯的巷弄賜予我們文藝復興，伯明罕的通衢為我們帶來工業革命。倫敦、班加羅爾與東京之所以有今日的繁華，來自於他們創新思維的能力。在這些城市閒逛——無論是走在鵝卵石人行道或棋盤式街道，還是繞經圓環與行經高速公路——等於親身體驗人類進步的過程。

西方富國的城市從工業時代末尾的動盪不安中存續下來，現在它們變得比以前更富裕、更健康，也更吸引人。世界貧窮地區的城市正急速擴展，因為都市密度提供了最清晰的脫貧入富之路。雖然科技突破消滅了距離限制，但世界終究不是平的，而是鋪設出來的。

城市勝利了。但是我們許多人從個人經驗中得知，有時城市鋪設的道路會一路通往地獄。城市或許贏了，但太常看見的是市民輸了。城市人的童年充斥著各種不尋常的人物與經驗，有些令人回味無窮，例如孩子從第一次單獨搭地鐵的經驗中獲得權力感；但有些則不是如此，例如第一次遭遇都市槍戰（這是三十五年前我在紐約市上小學的難忘經驗）。有紐約第五大道，就會有孟買的貧民窟；有歷史悠久、菁英聚集的巴黎索邦大學，就會有裝設金屬探測器的華盛頓哥倫比亞特區高中。

事實上，二十世紀下半葉，也就是工業時代結束之時，許多美國人發現城市不總是光鮮亮麗，有時也充滿骯髒汙穢。我們能從城市學到多少教訓，將決定我們這些城市動物是否能在未來開創嶄新的城市黃金時代。

我對城市世界的熱情，是由郭德華（Ed Koch）、瑟曼・蒙森（Thurman Munson）與雷納德・伯恩斯坦（Leonard Bernstein）生活的紐約開啟的。[3]我在大都會的童年經驗，激勵我在往後人生中試圖了解城市。我探究經濟理論與資料，也走進莫斯科、聖保羅與孟買等地的街頭，我閱讀了各個大都會熙熙攘攘的歷史，與城市居民生活工作的日常故事。

研究城市會讓人廢寢忘食，因為人們很容易從城市中發現有趣、重要且經常讓人頭痛的問題。為什麼世上最富有與最貧困的人經常緊鄰著住在一起？為什麼曾經不可一世的大都會卻淪為年久失修的衰廢市鎮？為什麼有些城市能戲劇化地東山再起？為什麼有這麼多的藝術運動會在特定時刻於特定城市興起？為什麼有超多聰明人推動這麼多愚蠢的城市政策？

要思考這些問題，沒有別的地方比紐約這座被許多人視為城市原型的都會更為合適。紐約本地人，包括我自己，有時會稍稍誇大紐約的重要性，但紐約的確是「城市」的典型，因此適合做為探索世界各個城市的起點。紐約的故事是許多城市中心過去、現在與未來的縮影，它可以做為許多主題的跳板，而這些主題將在本書隨後的篇章陸續出現。

★

如果你在某個星期三下午站在紐約的四十七街與第五大道的交叉口，你會被洶湧的人潮團團圍住。有些人正急著出城開會，有些人趕著到鬧區買杯飲料。還有一些人往東進入中央車站巨大的地下洞窟，這座火車站擁有世界最多的月臺數。另一些人可能想在這裡購買訂婚戒指——四十七街就是美國最頂級的珠寶市場。觀光客從上一個景點到下一個景點，他們沿途不時會仰望天空——但紐約人絕不會這麼做。如果你模仿觀光客抬頭看，你會看到兩道由摩天大樓構成的巨大山脊，夾在當中閃閃發光的谷地就是第五大道。

三十多年前，紐約的未來看起來不是那麼光明。如同所有寒冷、年邁的城市，高譚市（Gotham，紐約的別稱）似乎成了大而無當之物。在汽車當道的世界，紐約的地鐵與公車顯得陳舊落伍。紐約港原是美國東岸的榮耀，此時卻成了累贅。在約翰·林賽（John Lindsay）與艾布·畢姆（Abe Beame）擔任市長期間[4]，儘管紐約擁有幾項全國最高的稅捐收入，但市政府卻幾乎陷入停擺。不只是當時的美國總統福特（Gerald Rudolph "Jerry" Ford）無力解決，就連歷史本身似乎也顯示紐約市將就此一蹶不振。

紐約，或者更準確地說是新阿姆斯特丹（New Amsterdam），建立於全球化開始之初，當時它是荷蘭西印度公司（Dutch West India Company）的一處偏遠哨站。這座貿易村落吸引各種冒險家前來，他們以串珠交易毛皮，藉此賺取財富。經商的荷蘭移民聚居於此，除了有利於交換貨物與消息，也因為可以躲在防禦的城牆後頭（今日的華爾街）而比較安全。

十八世紀，紐約超越波士頓成為英國殖民地最重要的港口，專門運送小麥與麵粉給生產糖與菸草的南方殖民地。十九世紀上半葉，景氣讓紐約的人口從六萬人暴增到八十萬人，成為龐大的美國城市。

人口爆炸有部分歸因於運輸科技的進步。十九世紀初，船隻一般來說都很小，排水量通常在三百噸左右。與今日的小型飛機一樣，這些小型船隻適合點對點的航程，例如從利物浦到查爾斯鎮（Charlestown），或波士頓到格拉斯哥。一八〇〇年到一八五〇年間，科技與財務的進步促使大型船隻出現，它能以更快的速度運送更多的貨物，而且成本更低。

這些大型快速帆船如果每個港口都停靠，將毫無利益可言。正如今日的波音七四七客機只在主要機場降落，然後讓旅客轉搭小型客機前往最後目的地，大型快速帆船也只停靠在核心港口，然後用小船將貨物轉運到東岸各港口。紐約是美國的超級大港，它的位置居中、水深而且安全，同時又有河川深入腹地。當美國轉變成軸輻式海運系統時，紐約自然成為海運的軸心城市。當運河使曼哈頓成為巨大水路弧線（這條水路切穿了中西部，一路直達紐奧良）的東端時，紐約的位置變得更加重要。

海運是紐約的經濟命脈，但紐約人更可能從事的是港口周邊的製造業，例如製糖業、製衣業與出版業。製糖的業主，如羅斯福（Roosevelt）家族，將廠房設在大港市，因為城市規模足以負擔煉糖所需的龐大固定成本，而且鄰近消費市場也能避免精煉的糖晶在長途而炎熱的海路運輸中融化。同樣地，製衣業集中在紐約也與大批棉花和紡織品經由這裡運輸有關，而且船員也需要成衣。此外，紐約出版業的興盛也反映出紐約在跨大西洋商路的核心地位。在十九世紀時，書籍蘊含的龐大財富，主要來自於早期出版商盜版的英國小說。哈潑兄弟（Harper & Brothers）真正成為出版商，是他們在郵船將沃爾特．司各特（Walter Scott）的《佩佛里爾堡》（*Peveril of the Peak*）運抵紐約的二十一個小時後，就出版了原書的第三冊，因而擊敗他們在費城的競爭對手。

然而，到了二十世紀，距離的消弭摧毀了紐約成為製造業巨人的運輸成本優勢。如果中國的勞動力這麼便宜，為什麼還要在赫斯特街（Hester Street）縫製裙子呢？全球化之下，一旦產品可以輕易地從太平洋彼岸運來，則公司與城市勢必面臨激烈的競爭。二十世紀中期，紐約的經濟衰退反映了它正在逐漸流失十九世紀所擁有的優勢。

當然，故事不是到此告一段落，只要站在今日的第五大道便可一目了然。紐約並未死亡。今日，涵蓋曼哈頓四十一街到五十九街、這一英里範圍內的五個郵遞區域中的公司行號，雇用了六十萬名員工（超過新罕布夏州或緬因州），這些人的平均薪資超過十萬美元，使得這塊彈丸之地一年的應付薪資總額還高於奧勒岡州或內華達州。[5]

正當全球化削弱紐約身為製造業核心的優勢時，卻也凸顯了紐約在觀念創新上的優勢。雖然城內的縫紉業者已所剩無幾，但還是有許多類似凱文．克萊（Calvin Klein）與唐娜．凱倫（Donna Karan）的設計師，他們的設計成為地球另一端工廠製作衣物的範本。本田汽車雖然讓底特律三大汽車廠嚇出一身冷汗，但透過管理國際金融流動還是能為紐約銀行家賺進大筆鈔票。世界連結得越緊密，越能為觀念創新的企業家帶來巨額報酬，因為他們現在可以徹底搜羅全球的利潤。

一九七〇年代，紐約市況雖然悽慘，卻已開始力圖振作，此時有一群金融創新者藉由彼此切磋而建立了一連串緊密連結的觀念。學院對風險與報酬之間如何權衡所做的研究，使人更容易評估與出售高風險資產。例如麥克．米爾肯（Michael Milken）的高收益（垃圾）債券，使亨利．克拉維斯（Henry Kravis）得以運用這類工具，採槓桿式收購的方式從績效不彰的公司獲取價值。許多最前線的創新者的知識不只是得自於有形式的訓練，還包括接觸實務，例如素有《老千騙局》（*Liar's Poker*）臭名的抵押擔保證券大亨路易斯．萊奈瑞（Lewis Ranieri），他發跡的地方竟是所羅門兄弟（Salomon Brothers）的收發室。今日，曼哈頓有四成員工來自金融產業，顯示該產業已成為這座人口稠密而欣欣向榮的城市的堅固堡壘。[6] 即使在這些金融高手中有一些人是造成大衰退的禍首，但這些人居住的紐約還是平安地度過了這場風暴。從二〇〇九年到二〇一〇年，當美國經濟大幅陷入停滯時，曼哈頓的薪資增加了百分之十一點九，比任何一個大郡都來得多。二〇一〇年，曼哈頓平均週薪是兩千四百零四美元，是美國平均薪資的一點七倍以上，比矽谷所在地聖塔克拉拉郡（Santa Clara County）高了百分之四十五，而矽谷的薪資已是大紐約以外地區最高的。

★

紐約由盛而衰，又由衰而盛，使我們見識到現代大都會的弔詭——隨著遠距運送成本的降低，鄰近地區反而變得更有價值。紐約的故事之所以獨特，在於它的發展如同歌劇般華麗，驅使紐約堂皇地興起、悲慘地衰退，而後又令人難以置信地重生，其背後的關鍵要素也同樣出現在芝加哥、倫敦與米蘭。

本書將詳細考察，是什麼原因使城市成為人類最偉大的發明。我們也將解開城市錯綜複雜的歷史，而這一點在今日尤其重要，因為許多開發中國家的城市正面臨重大挑戰，這些挑戰過去曾讓今日的城市之星如舊金山、巴黎與新加坡頭痛不已。我們也將檢視今日的城市獲得成功的因素，而這些因素經常出人意表——從冬季氣溫到網路，甚至包括錯誤的環境主義。

城市消弭了人與人、公司與公司之間的有形距離。城市使人們一起工作與娛樂，促使其成功的原因在於人們需要有形的連結。到了二十世紀中葉，運輸的進步使得在人口稠密的都會區設置廠房的優勢不再，許多城市（如紐約）因此走上衰退一途。而最近三十年間，有些城市重新恢復元氣，其他新興的城市也開始成長，因為科技變遷使知識的價值提升，而知識最能在人口密集的地區產生。

在美國，集合許多大城市的大都會區，在此工作的工人獲得的薪資要比在非都會區工作的工人高三成。[7]雖然高薪資被高生活成本所抵銷，但不可否認高薪資反映了高生產力。公司之所以忍受城市的高勞動與土地成本，原因只有一個，那就是城市創造的生產力優勢抵銷了這些成本。居住在人口一百萬以上都會區的美國人，其生產力要比居住在都會區人口較少的美國人多五成。[8]就連工人的教育、經驗與勤勉程度也是如此。甚至工人的智商也有類似的落差。城市與鄉村地區之間的所得差距在其他富國也是一樣，在窮國差距更大。

歐美的城市將優秀人士串連起來以加速創新發明，但城市在開發中世界扮演的則是另一種更重要的角色：城市在當地是串連市場與文化的途徑。十九世紀，孟買是取得棉花的門戶。到了二十一世紀，班加羅爾是獲取觀念的門戶。

如果你在一九九〇年隨便跟某個美國人或歐洲人聊起印度，十之八九的人會不自在地低聲談論第三世界的貧窮悲劇。然而到了今日，同樣的人卻可能不快地低聲抱怨自己的工作或許會被外包到班加羅爾。印度仍然貧困，但成長的速度快得驚人，班加羅爾是印度第五大城，它是印度次大陸幾個最成功的範例之一。班加羅爾的財富最主要不是來自於工業實力——雖然它的確生產許多紡織品——而是來自於它作為觀念之城所展現的力量。藉由聚集優秀人才於一處，班加羅爾可以更輕易地讓本地與來自新加坡還是矽谷等外國的優秀人才與印度的人力資本連結在一起。

聖雄甘地說：「真實的印度不存在於少數幾座城市中，而是存在於七十萬個村落裡。」又說：「國家民族的茁壯不能仰賴城市，而要仰賴村落。」他的話反映了印度長久以來的反都市性格。但這位偉人錯了。印度的成長幾乎完全仰賴城市。都市化與國家繁榮幾乎完全相關。平均而言，印度人口居住在都市的比例每增加一成，印度的人均產出便增加三成。有大多數人口居住在城市的國家，其人均所得要比大多數人口居住在鄉村的國家高出將近四倍。

人們存在著一種迷思，認為即使城市更繁榮，人們依然過著悲慘生活。然而根據報導，比較快樂的國家，往往是都市化比較高的國家。在人口有一半以上居住於城市的國家，有三成的人說他們非常快樂，僅有百分之十七的人說他們不是非常快樂或完全不快樂。在有一半以上人口居住於鄉村的國家，有百分之二十五的人說他們非常快樂，百分之二十二的人說他們不快樂。從各國數據來看，生活滿意度往往與人口居住於都市的比例成正比，即使在所得與教育都受到限制的國家也是如此。

所以，像孟買、加爾各答（Kolkata）與班加羅爾這樣的城市，提升的不只是印度的經濟，還有印度人的幸福。當然，這些城市並非外來文化的產物，正如紐約絕非來自美國以外的文化產物。無論如何，城市是每個國家的優秀人才最能一展長才的地方。

城市可以集眾人之力締造出精采成果，這不是什麼新奇的觀點。數世紀以來，創新的成果總是在擁擠的城市街頭藉由口耳相傳四處傳布。佛羅倫斯文藝復興時代藝術天賦的爆炸性展現，是從布魯內雷斯基（Filippo Brunelleschi）想出線性透視的幾何學開始。他把線性透視傳授給多那太羅（Donatello），而多那太羅又將這門知識運用在淺浮雕上。他們的朋友馬薩喬（Masaccio）也將這項創新運用在繪畫上。佛羅倫斯的藝術創新是都市人口集中所產生的巨大附帶效果；而佛羅倫斯的財富其實源自於相當乏味的事業：銀行業與製衣業。然而，今日的班加羅爾、紐約與倫敦「仰賴」的則是自身的創新能力。工程師、設計師與商人之間的知識傳遞，與畫家之間觀念的飛躍是一樣的，都市的人口密度一直是這種過程的核心。

即使所有城市皆擁有紐約與班加羅爾的活力，並不表示都能走向成功。一九五〇年，底特律是美國第五大城，人口一百八十五萬。二〇〇八年，底特律的人口降到七十七萬七千人，不及過去的一半，而且居民還在持續外流。一九五〇年的美國前十大城市中，有八座城市在今日已喪失了至少五分之一的人口。[9]底特律與其他許多工業城市的失敗，反映的不是城市整體的缺失，而是這些城市失去了活力，無法進行城市的再創新。

當城市擁有許多小商號與技術市民時，城市往往能走向繁榮。底特律曾經是彼此連繫的許多小發明者所構成的忙碌蜂巢——亨利．福特（Henry Ford）只是諸多聰明企業家的一員。但是福特的絕佳想法所產生的巨大成功使人沖昏了頭，反而毀了這座歷史悠久的創新城市。底特律在二十世紀的成長把數十萬名教育程度較低的工人送進龐大的工廠中，這些工廠變成了與世隔絕的堡壘。工業多樣性、企業家精神與教育有助於發明創新，但底特律模式反而會造成城市衰退。工業城市的時代結束了，至少在西方是如此。

許多官員面對城市一蹶不振時，總是不實地幻想利用大規模建設計畫來重振昔日繁華——新體育場或輕軌系統、會議中心，或住房計畫。然而，公共政策可以抵擋都市變遷浪潮的例子實在少之又少。我們不能忽視「鐵鏽地帶」（Rust Belt）的窮人需求[10]，公共政策應該幫助「窮人」，而非「窮地方」。

興建光鮮亮麗的房地產或許可以妝點衰退中的城市，但無法根本解決問題。衰退城市的特點在於它們擁有「過多」住房與基礎建設，因而與它們微弱的經濟實力極不相稱。建築物的供給過多而需求太少，運用公共經費大興土木完全沒有道理。城市復興以建設為中心是荒謬的，我們必須牢記，城市不是建築物，城市是人。

在遭受卡崔娜颶風侵襲後，一群鼓吹重建的人士希望能投入數千億美元重建紐奧良，但如果可以將這兩千億分配給當地居民，每個人可分得四十萬美元，他們可以用這筆錢進行搬遷或教育或另覓更好的住所。[11]事實上，早在水災之前，紐奧良在窮人扶助上已經乏善可陳。紐奧良的孩子急需教育經費，在這種情況下，把數千億花在基礎建設真的合理嗎？紐奧良的美好來自於居民，而不是建築物。思考聯邦經費如何運用才能給予卡崔娜受災戶（即使他們已搬到別處）最大的幫助，不是比較合理嗎？

追根究柢，紐奧良市政府的工作不應該是花錢蓋房子或鋪鐵路，這些不可能挽回他們的損失，他們應該做的是照顧市民。成功的市長應該給予孩子更好的教育，好讓他們在地球的另一邊找到發展機會，即使這麼做會讓他的城市規模縮小。

底特律以及與它同病相憐的城市陷入長久的貧困之中，雖然這反映城市的悲慘，但陷入貧困不見得全是壞事。我們不難了解為什麼到加爾各答貧民窟觀光的遊客，會開始認同甘地對大規模都市化的看法，但都市的貧困仍有許多值得喜歡的地方。城市不會讓人變窮，是城市吸引窮人前來。從里約熱內盧到鹿特丹，我們可以看見弱勢族群紛紛湧入城市，這是城市優點的證明，而非缺點。

城市的建築物可以矗立好幾個世紀，但城市的人口是流動的。現今曼哈頓四分之一以上的居民五年前尚未住在當地。[12]窮人為了尋求更好的生活而湧進紐約、聖保羅與孟買，充分說明了城市生活是值得嚮往的。

城市的貧窮不應該與城市的富裕相比，而應該與鄉村的貧窮比較。里約熱內盧的貧民窟與繁榮的芝加哥郊區相比也許相當恐怖，但里約的貧窮率卻比巴西東北部的鄉村地帶低很多。[13]窮人沒有快速致富的管道，但他們可以選擇住在城市或鄉村，而許多人合理選擇了城市。

富人與窮人往城市流動，使城市充滿活力，但我們很難對窮人聚集起來的成本視而不見。距離接近有利於交換觀念或商品，但也容易造成疾病傳染與偷竊。世界上所有古老的城市都曾遭遇城市生活的災難：疾病、犯罪、擁擠。消極接受既有現實或放任仰賴自由市場均無法克服這些災難。美國城市在二十世紀初變得較為衛生，因為這些城市花在飲水上的經費，不下於聯邦政府在所有事務上的支出，除了軍事與郵政之外。二十一世紀的開發中城市很可能重演歐美城市的飛躍進展，這會讓世界更加都市化。一九〇一年在紐約市出生的男孩，預估比美國其他地方出生的男孩少活七年，但今日在紐約市出生的男孩，卻比全美國的男孩都來得健康。[14]

城市戰勝了犯罪與疾病，使城市得以繁榮，成一個愉悅而具有生產力的地方。城市的規模使它有能力負擔設立戲劇院、博物館與餐廳所需的固定成本。博物館需要大量且昂貴的展示品，以及造價高昂而又能吸引人的建築物；戲劇院需要舞臺、燈光、音響設備與人們豐富的實務經驗。城市負擔得起這些固定成本，是因為數千名參觀者與觀眾會共同分攤這筆費用。

歷史上，大多數進城打拚的人都極為窮困，他們沒有多餘的錢享受娛樂，因此城市幾乎無法為他們帶來快樂。不過，隨著生活逐漸富裕，民眾也開始依照自己喜歡的生活方式選擇城市居住——消費城市於焉誕生。

二十世紀，像洛杉磯這種消費城市的興起，似乎對倫敦與紐約這類城市帶來另一重打擊。不過，當這些老城市變得比較安全與衛生後，它們也力圖振作以吸引人們前來消費，例如透過餐廳、劇院、喜劇俱樂部、酒吧與鄰近的娛樂場所。過去三十年來，倫敦、舊金山與巴黎變得極為繁榮，部分是因為人們逐漸發現這些城市不乏消遣娛樂的場所，因而吸引人們來此居住。這幾座大都會擁有價格高昂的好去處，例如米其林指南三星級的餐廳，但它們也有一般人負擔得起的娛樂，例如可以一邊啜飲咖啡，一邊欣賞金門大橋或凱旋門；或者是在屋內鑲滿木板的酒吧裡暢飲道地的麥酒。城市可以讓我們找到志趣相投的朋友，不成比例的單身人口在人口稠密的城市也比較容易找到另一半。今日，成功的城市，不論新舊，只要能將自己包裝為某種城市主題公園，往往可以吸引聰明而富進取心的人前來。

反向通勤的興起可說是成功的消費城市最顯著的特徵。在一九七〇年代的黑暗期，除非人們在曼哈頓工作，否則幾乎不願居住在當地。今日，有數千人選擇住在曼哈頓，然後通勤到曼哈頓以外地區。在倫敦與紐約購買臨時住處的不僅限於中東的百萬富豪，在邁阿密，有不少二手屋賣給了拉丁美洲的富人。

經濟活力與城市娛樂創造出強勁的需求，這有助於解釋為什麼一些迷人的城市房價總是居高不下，當然空間的供給也是原因之一。紐約、倫敦與巴黎逐步限制建築活動，更讓它們的房價令人難以負擔。

本書有許多觀念來自於偉大的都市學者珍．雅各的智慧，她認為唯有走進街頭巷尾，才能看見城市的靈魂。她也相信唯有當城市居民負擔得起房價時，才能讓城市充滿創意。珍．雅各說得固然很對，但也有不足之處，她過於局限從地平面的視角看城市，因而無法運用概念工具來思考整個體系。珍．雅各看到老舊低矮的住宅比較便宜時，誤以為限制建築高度與保存舊社區可以讓居民負擔得起房價。然而供給與需求的原理並非如此。當城市住房需求增加時，除非興建更多住房，否則房價將水漲船高。當城市限制新建案時，也就意謂著房價只會越來越貴。

保存不一定是錯的，城市的確有許多值得保存的東西，但保存有其成本。以巴黎來說，它帶有一種井然有序之美。整齊而風情萬種的大街筆直寬敞，街道兩旁矗立著高貴典雅的十九世紀建築。我們可以欣賞到巴黎偉大的紀念性建築，因為附近沒有任何一棟建築物會阻礙人們觀賞的視線。巴黎之所以擁有如此絕佳的視野，最大的原因在於想在巴黎蓋房子需要通過重重關卡，而這些關卡都以保存為第一優先。因此對新建案的種種限制，使巴黎不再像過去那樣能接濟三餐不濟的藝術家，這裡已成為有錢人才住得起的城市。

與巴黎一樣，倫敦也致力於保存市內的十九世紀建築。威爾斯親王（Prince of Wales）強烈反對高聳的現代主義建築，認為這將破壞聖保羅大教堂的景觀。英國人對高層建物的厭惡似乎也輸出到了印度，但這種高度限制對印度來說毫無道理而且有害。

孟買的土地使用限制是開發中世界中最極端的；在孟買晚近的歷史中，市中心的新建物平均來說必須低於一又三分之一層。這簡直瘋了！這座忙碌的印度城市強制讓市郊的人口密度與市中心一樣。這種自毀行徑實際上使得房價過高，公寓蓋得太小，造成了擁擠、市容混亂、貧民窟與貪汙腐敗。上海的經濟發展得比孟買更繁盛，但它的房價卻讓民眾比較能負擔得起，因為供給跟得上需求的步調。從巴比倫的尼布甲尼撒（Nebuchadnezzar）到法國的拿破崙三世（Napoléon III），與這些支持成長的專制者一樣，中國領導人也喜歡大興土木。

二十世紀初，像弗里茨・朗（Fritz Lang）這樣的空想家想像了一個垂直發展的城市，在巨大高塔的遮蔽下，街道全變得黯淡無光。卓越的建築師威廉・凡・艾倫（William Van Alen）設計了摩天大樓克萊斯勒大廈，另外勒・柯比意計畫了一個高層建築的世界。但二十世紀的美國城市不屬於摩天大樓，而屬於汽車。

運輸科技決定了城市的形式。在適合步行的城市，例如佛羅倫斯市中心或耶路撒冷舊城區，這裡的街道狹窄而迂迴，兩旁通常開滿店舖。當人們必須靠自己的雙腳前往各地時，他們總是希望距離能越短越好，而水路往往提供了出入城市最便捷的途徑。充斥著電車與電梯的地區，例如曼哈頓中城與芝加哥市中心，有著寬廣的棋盤式街道。街上還有商店，但辦公空間絕大多數遠離地面。城市的設計以滿足汽車為主，就像洛杉磯、鳳凰城與休士頓，街道寬大筆直，而且通常沒有人行道。這些城市的商店與行人全從街上移到了購物中心。老城市通常有明顯的市中心，主要圍繞著港口或火車站發展，以汽車為主的城市則非如此。它們只是單純地往地平線延伸，市區的發展毫無差異可言。

亞特蘭大與休士頓這一類的城市提醒我們，有些地方介於人口極度稠密的香港，以及以農業為主的薩克其萬（Saskatchewan）之間。而在凡事仰賴汽車的矽谷，生活與工作都相當便捷，至少對電腦產業的人是如此。這些地方對傳統城市構成的威脅，反映出它們既能提供城市固有的便捷，又能提供遼闊土地以及讓汽車駕駛人來去自如的機會。

雖然以汽車為主的生活對許多老城市造成不利的影響，但對一般人卻不見得是壞事。很多人喜歡抨擊通勤城鎮，這種行為不過是一種思想消遣，搬到郊區的人絕不是笨蛋。與其沒頭沒腦地去貶抑「陽光地帶」（Sunbelt）的居民[15]，不如好好想想為什麼有這麼多人願意搬到這個地區居住，這會讓城市愛好者學到更多。

以汽車為主的生活擁有速度與空間這兩大優勢。美國公共運輸平均通勤時間是四十八分鐘；汽車平均通勤時間是二十四分鐘。汽車促成中密度大量住房的出現，一般美國人因此擁有遠比世界標準富裕的生活方式。但是肯定城市蔓延的好處，不表示城市蔓延只有好處沒有壞處，或美國鼓吹蔓延的政策是明智的。城市蔓延的環境成本足以令政府當局降低對汽車的仰賴，但美國的政策基本上就是要把民眾推到城市邊緣。湯瑪斯．傑佛遜（Thomas Jefferson）對城市的厭惡程度不下於甘地，他的精神至今仍反映在補貼自有住宅與公路的政策上，此舉無異於間接鼓勵美國人放棄城市。

補貼城市蔓延的問題，在於以汽車為主的生活使整個地球付出環境成本。美國環境主義的守護聖人亨利．大衛．梭羅也抱持反對都市的觀點。在瓦爾登湖畔，梭羅「突然感受到大自然中存在著如此甜蜜而仁慈的社會」，無論將「人類鄰里想像得多麼美好」，與其相比也是「微不足道」。傑出的建築評論家與城市史家路易斯．蒙佛德讚美郊區的「庭園景致」，貶低都市「對環境的破壞」。

現在，我們必須了解郊區環境主義的想法是落伍的。真正對環境友善的是曼哈頓、倫敦與上海的鬧區，而非市郊。我有三十七年的時間幾乎都住在城市裡，然而我做了一個大膽的實驗，我試著住在郊區一段時間，結果痛苦地發現，喜愛自然的人待在群樹環繞之下，消耗的能源卻遠比城市人來得多。

如果郊區住宅的平均環境足跡有登山靴那麼大，那麼紐約公寓的環境足跡就只有周仰傑（Jimmy Choo）設計的六吋細高跟鞋的大小而已。傳統城市的碳排放量較少，因為在這些城市比較不需要開車。不到三分之一的紐約人開車上班，而卻有百分之八十六的美國人自己開車通勤。美國的公共運輸通勤者有百分之二十九住在紐約市的五個區。在美國所有都會區中，紐約市的人均汽油使用量是最少的，而且遠低於第二名。能源部資料顯示，紐約州人均能源消耗量是全美各州第二少的，充分反映紐約市對大眾運輸工具的使用程度。

「放眼全球，落實地方。」很少看到比這句環保口號還蠢的標語。好的環境主義需要全球性的視角與行動，而不是只狹隘地注意自己居住的地區，不由分說地把建商趕出自己的視線之外。我們必須了解，如果我們阻止新建設，讓自己居住的地區保有更多的自然風貌，那麼整個自然界反而會遭受更大的破壞，因為我們只是將新的開發計畫移到更遠的地方執行，造成的結果則對環境更不利。加州的環保人士讓自己居住的地區變得更舒適，但他們的做法卻傷害了環境。他們不希望有人在柏克萊郊區大興土木，於是這些建設只能移往拉斯維加斯郊區進行。事實上，柏克萊擁有溫和的氣候與公共運輸系統，拉斯維加斯卻只能以汽車代步而且必須使用空調設備。這種問題在開發中世界尤其嚴峻，這些地區的城市發展模式尚未確立，而且城市人口也更多。今日，絕大多數的印度人與中國人都沒有能力負擔以汽車為主的生活方式。即便是美國最環保的都會地區，開車與家庭能源的碳排放量仍然是中國都會地區平均碳排放量的十倍以上。

然而，一旦印度與中國走向富裕，兩國民眾將面臨一項可能對我們所有人生活造成重大影響的選擇。他們會選擇美國式的生活，然後搬到必須自己開車通勤的市郊，還是繼續待在人口稠密的市區，但對環境卻較為友善？如果中印兩國的人均碳排放量升高到美國的人均水準，則全球的碳排放量將會增加至百分之一百三十九。如果他們維持在法國的排放水準，那麼全球的碳排放量只會增加三成。這兩個國家的車輛普及與都市化程度，將成為二十一世紀最重要的環境議題。

事實上，歐洲與美國興建「綠色」住宅的最重要理由，在於若不進行改革，就無法說服印度與中國降低碳排放量。好的環境主義意謂著在適當地點，亦即對生態傷害最少的地方從事建設，同時也表示我們必須忍痛拆除城市的低矮建築，而以高聳的建築取代，並以更堅決的態度面對那些反對都市成長可以減碳的活動分子。政府應該鼓勵民眾住進大小適中的城市高樓公寓，而不是釋放利多鼓勵買家搬進郊區的宅邸（McMansion）。如果這些想法切合我們時代的需要，那麼根據這些想法建造合適的住宅，將可左右全體人類的命運。

人類合作的力量是文明得以成功的核心真理，也是城市存在的主要理由。為了了解與管理我們的城市，我們必須堅持這些真理而驅除有害的迷思。我們不認為環境主義指的是要生活在有樹木環繞的地方，也反對都市人為了保留城市有形的過去而不斷發起抗爭。我們必須停止一味追求獨門獨院的房子，亦即對郊區一大片外觀完全相同的獨棟住宅存有迷思，以為這樣的住宅比高樓公寓好，並且停止用浪漫的眼光看待鄉間的村落。我們不能輕易地相信遠距通勤可以減少我們與其他人比鄰而居的欲望與需要。最重要的是，我們必須停止把城市看成沒有生命的建築物，我們應該牢記，真實的城市是有血有肉的，而不只是鋼筋混凝土的合成物而已。

注釋

1 二〇〇九年七月，美國人口達到三億七百萬六千五百五十人，其中有百分之七十九的人口住在城市地區。因此，美國的城市人口是兩億四千二百五十三萬五千一百七十五人。

2 德州的面積是二十六萬一千七百九十七平方英里，或七兆三千億平方英尺。根據美國的人口普查資料，二〇一〇年七月十二日，全世界的人口將近六十九億人。如果我們用七兆三千億平方英尺除以六十九億人，則可得出人均一千零三十四平方英尺的數字，這樣的土地面積已足以讓每個人蓋一棟像樣的住宅。如果我們想鋪設道路，滿足商業與其他功能，平均每棟住宅或許需要住兩個人。

3 編注：郭德華（一九二四—二〇一三年）為前紐約市市長，其任期為一九七八年一月至一九八九年十二月；蒙森（一九四七—一九七九年）為前美國職棒洋基隊隊長及捕手；伯恩斯坦（一九一八—一九九〇年）為美國知名指揮家，曾任紐約愛樂指揮。

4 編注：約翰．林賽的任期為一九六六年一月至一九七三年十二月；艾布．畢姆的任期為一九七四年一月至一九七七年十二月。

5 這五個郵遞分區是一〇〇一七、一〇〇一九、一〇〇二〇、一〇〇二二與一〇〇三六。根據美國工商普查資料庫，二〇〇七年這五個區的薪資總計超過了八百億美元，而就業人口總數是六十一萬七千九百八十四人。如果我們將總薪資除以總就業人口，則每名員工平均薪資所得將近十三萬美元。根據二〇〇七年美國工商普查資料庫的統計，奧勒岡州的總薪資是五十六億五百六十億美元，內華達州是四百四十四億美元，而新罕布夏州的總就業人口是五十七萬三千兩百零九人，而緬因州是五十萬三千七百八十九人。

6 因為紐約郡與曼哈頓完全重合，所以我們可以加總二〇〇七年紐約郡所有產業的總薪資，也就是將近兩千一百億美元。金融產業的薪資——北美產業分類系統（NAICS）代碼五二一、五二二、五二三與五二五——將近八百四十億美元；八百四十億美元除以兩千一百億美元，等於百分之三十九點八八。

7 根據二〇〇〇年美國聯合公開用途微數據系列（U.S. Census IPUMS）的資料，我們觀察了二十五歲到五十五歲的男性，其中不包含無業者或非全職者（一星期至少工作三十五小時，一年至少工作四十星期），也不包括薪資少於最低薪資規定與工作時間不到半天（每年不到一千四百小時的一半，也就是一年至少工作四十星期，每星期至少工作三十五小時）的人。最後，我們要排除一些極端所得者（例如薪資少於第一百分位數，以及薪資高於第九十九百分位數的人）。我們比較非都會區居民的平均所得（二〇〇〇年的年均所得是五萬八千六百六十五點七二美元）與大都會區（人口一百萬人以上）居民的平均所得（二〇〇〇年的年均所得是七萬七千零八十六點零五美元）。這兩個數字的差異是一萬八千四百二十點三三美元，也就是說，都會區居民的平均所得比非都會區居民高了百分之三十一。

8 當我們用國內生產毛額除以人口數來決定每個都會區的人均國內生產毛額時，我們發現在二〇〇八年時，人口超過一百萬人的都會區，其人均國內生產毛額是五萬二千五百四十六點八五美元。人口少於一百萬人的都會區，其人均國內生產毛額是三萬八千零九十點七美元，比前者少了百分之三十八。

9 二〇〇八年，底特律的人口是七十七萬七千四百九十三人。這是一九五〇年人口的百分之四十二，當年有一百八十四萬九千五百六十八人。一九五〇年，美國前十大城市依序是：紐約、芝加哥、費城、洛杉磯、底特律、巴爾的摩、克里夫蘭、聖路易斯、華盛頓特區與波士頓。到了二〇〇八年，除了紐約與洛杉磯，其他城市都出現人口流失的現象。

10 譯注：「鐵鏽地帶」是指美國東北部往西延伸到大湖區的工業衰退地帶。

11 如果在卡崔娜侵襲前將這兩千億美元平均分給紐奧良居民（四十三萬七千一百八十六人）的話，每人可分得四十五萬七千四百七十一美元。

12 二〇〇〇年，曼哈頓居住五年以上的人口有一百四十六萬兩千零一十五人。一九九五年，有些曼哈頓居民原本還住在別的郡，這些人的數量是三十八萬一千九百一十九人，或者占了曼哈頓人口的百分之二十六。

13 這方面的問題在第三章有更深入的討論。里約熱內盧的貧窮率約百分之九，而東北部鄉村地區達到百分之五十五。

14 一九〇一年，紐約男性的預期壽命是四十點六歲。一九〇一年，全美男性的預期壽命是四十七點六歲。

15 譯注：「陽光地帶」是指美國的南部與西南各州的溫暖地帶。

第1章

他們在班加羅爾製造什麼？

一道由樹木與灌木叢構成的高聳圍牆，環繞著心林軟體公司（MindTree）的班加羅爾園區，這座辦公園區取了一個恰如其分的名稱叫「地球村」（Global Village）。在綠葉搖曳的圍牆之外，街上滿是熙來攘往的小販與嘟嘟車[1]，城市充滿了活力。圍牆之內，雅緻的建築物矗立在修剪整齊的花園當中，棕櫚樹、玻璃與冷灰色石頭營造出一股寧靜的氣氛。心林軟體公司是班加羅爾多數成功的資訊科技公司之一，而蘇布羅托．巴格奇（Subroto Bagchi）是心林軟體公司其中一名創立者，他在園區各處巡視時，總穿著一雙潔淨的象牙色膠底運動鞋與一件POLO衫。巴格奇看起來就像矽谷的鉅子，談吐如同管理學大師，無論接待的對象是來自新加坡的投資人、印度最貧困地區的軟體工程師，或是社交極為笨拙的哈佛大學教授，他似乎都能輕鬆應對。

巴格奇的開放態度反映在公司園區的無障礙空間上，這種安排使員工能自由交流。午餐時間所有的員工全在屋頂上吃自助餐，從這裡可以俯瞰亞洲最具生產力的都市。規模比較小的班加羅爾創業公司座落的環境比較雜亂，它們或許位於擁擠的鄰近地區一棟狹窄的公寓裡。這裡的空間不講究形式，可能這裡擺了一部電腦，那裡又塞了一部電腦，有時角落還擺了一張床墊給加班的人休息。但是，無論辦公空間如何不同，預算極少的創業公司與規模龐大的資訊科技企業都擁有驚人的活力，它們唯一的目標就是把產品銷售到全球。

印度滿是坑洞的道路與不穩定的輸電線路，使大型製造業難以生存，這解釋了這個國家似乎是直接從農業一躍而到資訊科技業的背景。興建大型工廠與雇用無技術工人的老闆，必須與印度強大的工會對抗。資訊科技業比較沒有這種限制。這個行業幾乎沒有工會，而且人腦中的「觀念」不需要道路就能穿越大陸，而每個成功的網路公司都有能力設置備用的發電機。

今日印度鄉村地區仍存在許多飢餓現象，但軟體企業家藉由印度典型的排班表將飢餓的農民與具有種姓意識的婆羅門結合起來。魯本．普坎（Ruban Phukan）是班加羅爾網路企業家之一，他的成功歷程說明班加羅爾如何教育與授權給有天分的青年。普坎成長於距離班加羅爾相當遙遠的東印度古瓦哈提（Guwahati），然後到卡納塔卡邦（Karnataka）的工學院就讀。二〇〇一年，他成為雅虎班加羅爾營業處第十五名員工，負責研究競爭對手的網路搜尋引擎。普坎在雅虎結識未來的事業夥伴，而雅虎的股票選擇權給予他充足的資金，以開創自己的事業。

二〇〇五年，普坎設立了網站 www.bixee.com（取 big sea 的諧音），這是印度的一個工作搜尋引擎，可以從不同的網站（如monster.com）搜集資訊。普坎與他的合夥人用一小筆資金研發軟體，然後出售給ＭＩＨ控股公司，賺進了大筆鈔票（以班加羅爾的標準來說）。有家評等機構宣稱，二〇一〇年，Bixee每天湧入十萬名以上的獨立訪客。另外，普坎在ＭＩＨ負責研發 ibibo.com，這個網站起初是做為社群網站，後來它成為一個影音分享網站，讓一般人可以展示自己的才藝，也讓寶萊塢電影製作人能陳列他們的電影。普坎離開ＭＩＨ之後，又開發出新的社群媒體軟體。

十九世紀，像布宜諾斯艾利斯與芝加哥這樣的城市是跨越各個大陸進行牛肉與穀物交易的通路。今日的班加羅爾則是觀念的通路，城市教育的中樞，民間企業在這裡訓練了數千名印度年輕人，普坎就是其中之一。新科技使雅虎矽谷總部與班加羅爾子公司輕易地連結在一起，然而，跨國連結變得容易，不代表印度變得更平。全球化讓某些地方變得更重要與更成功，如班加羅爾；但另一方面，如果普坎當初繼續待在古瓦哈提，他永遠不可能成為一名軟體企業家。

思想的入口港：雅典

普坎開始在班加羅爾的雅虎公司上班之前的兩千五百多年以來，城市一直是文化間溝通的門戶。珠江的港口、絲路的城市，以及其他古代帝國的貨物集散地，這些地方促使了世界旅行者聚集與交換觀念。文明之間盛大的舞蹈，在舞姿交錯中，知識從東方移動到西方，再從西方回流到東方，舞會展開的地點就在城市。班加羅爾就是這場歷史久遠的舞蹈的最新表演場地。

西元前六世紀，雅典幾乎還不能算是世界的思想中心。最令人神往的希臘思想家居住在希臘人散居的小亞細亞邊緣地帶，他們在這裡向古老的近東文明學習。米利都（Miletus）是土耳其西部一處編織羊毛的港口，這裡出現了第一位哲學家泰勒斯（Thales）與歐洲都市計畫之父希波達姆斯（Hippodamus），後者的棋盤狀城市規畫成為往後羅馬人與無數城市的範本。

雅典因葡萄酒、橄欖油、香料與莎草紙的貿易而成長。在領導希臘人抵抗波斯入侵的過程中，雅典進一步鞏固自己的勢力。但波斯入侵還是造成一些城市的破壞，例如米利都。正如第二次世界大戰以後富裕而充滿活力的紐約吸引來自戰火侵襲的歐洲作家與畫家，西元前五世紀的雅典也吸引受到戰火侵襲的小亞細亞的優秀人士前來。希波達姆斯從米利都移居雅典為其規畫港口。其他人也前來雅典擔任富人的教師。第一代雅典學者影響了他們的朋友與學生，如培里克利斯（Pericles）與蘇格拉底。蘇格拉底提出自己的創見，教導柏拉圖，而柏拉圖又教導亞里斯多德。

這個非凡的時代不只見證了西方哲學的誕生，也目擊了戲劇與歷史的出現，地中海世界的藝術家與學者雲集於雅典，這座城市使他們能便利而自由地交換想法。一連串隨機的小事在城市交流後逐步擴大，造就了雅典的繁榮。某個聰明人遇到另一個聰明人，彼此擦出火花產生新的觀念。新觀念又啟發其他人，於是在一瞬間，真正重要的事物誕生了。雅典成功的最終原因看起來也許神祕，但過程卻相當清楚。觀念在稠密的城市空間裡口耳相傳，在交換的過程中偶然創造出人類創意的奇蹟。

將近一千年的時間，希臘的知識一直保存在古典世界的核心地帶而且不斷擴充，這些核心地帶如亞歷山卓、羅馬與米蘭，另外還有亞歷山大大帝的繼承者建立希臘化國家的地區，如波斯與印度北部的城市。羅馬人在西歐建立了倫敦、馬賽、特里爾（Trier）與塔拉哥納（Tarragona）等城市，這些城市將文明帶到蠻荒地帶，成為當時的奇蹟。羅馬的工程技術能提供大城市所需的乾淨飲水，因而能建立起一座座的城市。

雖然羅馬帝國擁有悠久的歷史——遠比大英帝國或今日的美利堅共和國還來得久遠——但它不可避免地步入衰微，最終因外來者的入侵而滅亡。五世紀，征服羅馬的蠻族似乎有保留羅馬城市的想法。許多蠻族君主，如狄奧多里克（Theodoric），認為保留像拉溫納（Ravenna）這樣的城市有益無害。但當哥德人（Goths）、匈奴人（Huns）、汪達爾人（Vandals）與勃艮第人（Burgundians）強大到足以毀滅羅馬帝國時，他們的力量卻不足以維持與保護帝國境內的道路與基礎設施，許多城市因沒有完善的運輸網路運送食物與水而出現饑荒。

過去，羅馬帝國的城市世界產生了豐富的文化與科技，此時卻被停滯的鄉村取代。而隨著城市的消失，知識也開始倒退。羅馬城市標榜技術創新，但鄉村的戰士與農民世界卻推崇體格力量，輕視受訓練的心靈。在羅馬極盛時期，歐洲處於世界科技的最前線，足以與中國和印度的先進社會一較高下。羅馬衰亡後的幾個世紀，歐洲一直無法恢復昔日的繁盛景象。八世紀時，歐洲的霸主查理曼（Charlemagne）曾與伊斯蘭世界的哈里發哈倫．拉希德（Hārūnar-Rashīd）有過交流。這位法蘭克人首領是個半文盲的軍閥，而對方卻是彬彬有禮統御高雅文明世界的阿拉伯君主。在亞洲大都會裡，城市人口的稠密促使文明不斷發展，相反地，歐洲的鄉村世界卻停滯不前。

一千年前，歐洲只有四座城市人口在五萬人以上，其中之一是羅馬帝國的最後據點——君士坦丁堡。其他三座則是塞維爾（Seville）、巴勒摩（Palermo）與哥多華（Córdoba），這些城市全都信奉伊斯蘭教。伊斯蘭帝國的版圖從波斯延伸到葡萄牙，創造了新的貿易網路，使貨物與觀念跨越重重險阻進行交流，在強大的王公與哈里發保護下，大城市不斷湧現。而在王公與哈里發的獎掖下，一千兩百年前開始出現文藝復興，只不過地點不是在義大利，而是在阿拉伯。希臘、印度乃至於中國的知識全匯流於此，由伊斯蘭學者進行研究。終有一天，這些知識將再度回流到西方。

巴格達的智慧所

西元前五世紀的雅典和二十世紀的紐約一樣，獨立思想家在這種自由的觀念市場進行競爭與合作，因而產生各種創新。但在伊斯蘭世界，統治者卻是用一紙命令創造出知識的連結。阿拔斯王朝（Abbasid）的哈里發將首都定在位於古巴比倫北方約五十英里處的巴格達。哈里發希望以有形的建設與人類的奇想來妝點這座新都。他們網羅所有的學者，把他們當成貴重的物品集中送往「智慧所」（House of Wisdom）。「智慧所」是一種研究機構，首要任務是蒐羅世界各地的知識，並將這些知識翻譯成阿拉伯文。學者在智慧所內翻譯了許多作品，包括希波克拉底（Hippocrates）的《格言錄》（*Aphorisms*）、柏拉圖的《理想國》（*Republic*）、亞里斯多德的《物理學》（*Physics*）、《舊約聖經》，以及介紹印度數學知識的摘要作品「信德與印度天文表」（Sindhind）。九世紀初，穆罕默德・花剌子密（Muhammad al-Khwārizmī）從「信德與印度天文表」發展出代數，algebra（代數）這個字其實就是他取名的。花剌子密也將印度的數字系統引進到阿拉伯世界。哲學家雅庫布・欽迪（Yaqūb al-Kindī）寫下最早有關環境主義的論文，而且致力於融通希臘哲學與伊斯蘭神學。醫學知識從波斯傳到巴格達；造紙術透過中國戰俘而傳到阿拉伯。持續六十多年的黃金時代，一連串卓越的成就使巴格達成為中東、或許應該說是世界的思想中心。

中世紀時，東方的知識緩緩經由歐洲城市往西流動。威尼斯是位於義大利東部的大港，它在中世紀時成為觀念與香料進入歐洲的門戶。當西班牙人於一〇八五年收復托雷多（Toledo）時，基督教學者得以使用當地的圖書館，並且將館中收藏的經典翻譯成拉丁文。十三年後，十字軍攻下安提阿（Antioch），歐洲譯者因此得以接觸當地收藏的阿拉伯醫學與科學文獻。在西班牙的伊斯蘭城市——這些城市構成西歐最大的都市區域——古代文獻再度被發掘出來、重新翻譯，然後移轉到基督教世界。這些文獻被送往新成立的帕多瓦（Padua）大學與巴黎大學，有越來越多的歐洲人在這兩所大學修習希臘與伊斯蘭哲學，其中包括了大阿爾伯特（Albertus Magnus）與他的學生托馬斯・阿奎納（Thomas Aquinas）。

歐洲逐漸恢復穩定與繁榮，城市也再次成長擴大。隨著歐洲重新都市化，中世紀世界的心靈開始彼此連結，歐陸的創新發明也日漸增多。在修道院中，本篤會（Benedictine）修士重新察覺到思想群聚的好處。他們復原古典文獻，進行像水車這一類農業發明的實驗。商人聚集在市集從事買賣，這麼做既能得到城市凝聚的好處，又不需興建固定而脆弱的基礎設施。終於，像布魯日（Bruges）與佛羅倫斯這類強大的城市出現了，它們成為技術與商業中心，由武裝的工匠或傭兵來充當防衛力量。

有許多因素可以解釋西方的興起——因長期戰爭而發展出尚武精神與軍事科技，數世紀痛苦地暴露在傳染病中而養成的疾病免疫力，民族國家的鞏固與強大——但義大利、英格蘭與低地國不斷成長的商業城市貢獻尤其巨大。商人管理的城市，成長的幅度遠大於貴族與國王治理的城市。這些人口稠密之地是創新的安樂窩，是全球貿易網路的交會點，東方知識因此源源不斷地注入這裡。這些商業城市發展的私有財產權與貿易法規，仍是我們今日奉行的圭臬；由低地國的貿易與羊毛紡織城鎮率先發起的大反叛（Great Revolt），在荷蘭建立了近代第一個共和國。商業城市與貿易公司直接主導了好幾次軍事勝利——從一二〇四年攻陷君士坦丁堡，到五百五十三年後的普拉西戰役（Battle of Plassey）——使西歐建立起對世界其他地區的霸權。

最後，西方人在發展了源自中國的印刷術與火藥之後，開始超越了亞洲人。到了十八世紀，西方的科技與思想逐漸支配世界。慢慢地，歐洲的知識又開始回流到東方，城市再度成為傳遞知識的入口。

日本學習西方知識的門戶：長崎

到了十九世紀中葉，歐洲已充分證明它的軍事科技遠比絕大多數亞洲國家來得優越，此時只剩一個國家幾乎完全獨立於歐洲的控制之外，那就是日本。一八五三年，當美國軍艦抵達日本時，日本同意開放與外人貿易，但仍然維持著自主性。然而不到四十年的時間，日本卻徹底西化並一躍成為世界強權。一八九四年到一九一〇年間，日本就像歐洲殖民國家一樣，先後擊敗了中國與俄國，然後征服韓國。到了二十世紀中葉，日本建造的船艦與飛機和美國相比，不僅毫不遜色，甚至還猶有過之。日本為什麼能這麼快就趕上西方？

這個問題的答案要從某座城市追尋，那就是長崎。日本與西方首次在長崎接觸是在一五四三年，當時葡萄牙的船隻在鄰近的種子島登陸。往後三百多年的時間，長崎一直是西方科技輸入日本的門戶。排外的日本人把外國人全聚集在一個地方，以利日本人探索西方學問。一五九〇年，葡萄牙耶穌會傳教士在長崎設置東亞第一部金屬活字印刷機。四十六年後，耶穌會因干預政治與四處傳教而被逐出日本，取而代之的是荷蘭東印度公司，但從不過問政治與宗教，只專注於可獲利的貿易機會。

荷蘭人與日本人的交流不只局限在貿易。一六四〇年代，由於幕府將軍與高層官員尋求東印度公司駐外醫師的治療，西方醫學因此傳進日本。很快地，日本學生開始在長崎接受訓練與認證，歐洲醫學技術於是在日本傳布。十九世紀初，日本醫師華岡青洲成功進行世界首例全身麻醉外科手術。這場乳房切除手術遵循歐洲的醫學程序，但麻醉藥品卻是東方草藥。日本結合東西方的知識，使其醫學發展足足領先歐洲人四十年。

除了西方醫學外，荷蘭人也把望遠鏡、氣壓計、照相用暗箱、幻燈機乃至於太陽眼鏡都帶到了長崎。一七二〇年，好學的將軍德川吉宗允許西方書籍輸入日本；他對西學的興趣使「江戶（今日的東京）逐漸成為蘭學新重鎮」。一八五三年，當美國砲艦出現時，日本人其實有能力迅速趕上他們的對手，因為在「蘭學」訓練下，日本已不乏具有工程知識的人才。一八五五年，荷蘭贈送日本蒸汽船，這是日本第一艘蒸汽船，這艘船交給了長崎海軍傳習所使用。當日本開始野心勃勃地學習歐洲軍事技術時，長崎仍扮演著輸入知識與貨物的角色。這些軍事與科技的操作祕訣使日本在不到一百年時間就征服亞洲絕大部分地區，甚至有能力對駐防珍珠港的美國海軍發動突襲。

班加羅爾如何成為一座繁榮的城鎮？

從古典時代的雅典到八世紀的巴格達，乃至於後來的長崎，城市一直是文明間傳遞知識最有效的途徑。這並非出於偶然。城市的群聚促成跨文化的連結，它降低了傳達複雜事物時可能造成的麻煩，因為傳達資訊的數量一多，便免不了出現混淆不清的訊息。了解是或不是很容易，但要讓人了解天體物理學或經濟理論可就難了。

跨文化的溝通總是複雜的；在翻譯過程中，總會喪失某些意涵。來自不同大陸的新觀念，與我們所在地區的知識差異甚大，我們必須做出極大的思想跳躍，這意謂著我們需要大量的指導與學習。我們了解自己社會的觀念脈絡，但在面對來自完全不同社會的思想時，我們卻經常抓不到線索，就像「信德與印度天文表」的譯者一樣，他無法得知天文表背後可能隱藏著歐幾里德（Euclid）的數學原理。

城市，以及城市中形成的面對面互動，可以化解複雜溝通時造成的誤解。長時間一對一的交談可以讓聽者確定彼此是否正確地了解對方的意思。我們很容易不小心冒犯來自不同文化背景的人，但溫暖的微笑可以化解衝突，如果不是面對面，恐怕會演變成在電子郵件上對罵的局面。長崎、巴格達或班加羅爾這些城市對國際交流已相當嫻熟，有許多溝通專家可以處理重要資訊。對外國人來說，這些城市是相當方便的據點，可以讓他們體驗當地社會的科學、藝術與貿易，反過來說，當地社會也能從外國人身上感受到不同的文化內容。

班加羅爾這類城市的成功，不只是因為跨國的思想連結，也因為這些城市創造了良性循環：雇主受到大量潛在雇員吸引而來，而員工也受到大量潛在雇主吸引而來。於是，公司來班加羅爾找工程師，而工程師也來班加羅爾找公司。城市規模也讓員工更容易換工作。在進取心旺盛的產業裡，員工為了追求突破而跳槽。年輕人在換了老闆學到新技術後，不僅變得更有生產力，也獲得更高的薪水。在地雇主數量的繁多，也使人較不擔心創業失敗的問題。在班加羅爾，企業才能的集中激勵了相關產業的成長，例如在矽谷附近工作的創業投資家。

促使人才往單一城市集中的力量清晰可見，但為什麼某座城市會成為資訊傳播的中樞，箇中原因卻不是那麼明顯。為什麼班加羅爾能從印度所有城市當中脫穎而出，獲得如此地位？班加羅爾的氣候相對宜人——比孟買乾燥，而且沒有德里那麼悶熱。然而，技術才是班加羅爾的力量來源，而非地理條件。

起初有一群專業工程師吸引了像印孚瑟斯技術有限公司（Infosys Technologies Limited）這樣的公司前來，於是產生了良性循環，聰明的公司與聰明的員工聚集到班加羅爾，希望就近取得機會。

班加羅爾聚集了各方人才，最大的受益者莫過於該市三名印孚瑟斯的億萬富翁。印孚瑟斯成立於一九八一年，於一九八三年移往班加羅爾。二〇〇八年夏天，印孚瑟斯的員工已將近十萬人，市值超過三百億美元。今日的印孚瑟斯成為「世界是平的」的典型，它的經營範圍橫跨了軟體業、銀行業與顧問業。印孚瑟斯以閃電般的速度在全球各地販賣智能——無論是人類還是機器提供的智能——而且對員工的技術十分看重，每年都在麥索爾（Mysore）的訓練中心集訓數千名員工。到印孚瑟斯應徵的人只有不到百分之二能順利進入訓練中心，比擠進任何一家常春藤名校都來得競爭。

納拉雅納．穆爾提（Narayana Murthy）是印孚瑟斯的創立者之一，他在麥索爾大學與坎普爾（Kanpur）的理工學院取得工程學位。一九七〇年代，穆爾提在帕特尼電腦（Patni Computers）工作期間獲得最有價值的技術。帕特尼是早期一家連結美國與印度的公司，創立者是過去曾在美國生活的印度人。帕特尼的老闆看出印度軟體業有發展的可能，於是在普納（Pune）設立了後勤辦公室。穆爾提與其他六位印孚瑟斯的創立者一起在普納工作，他們在這裡學會如何將印度人的才能與美國的市場結合起來。

一九八一年，他們離開帕特尼自行創業，公司的主要業務是販售軟體給外國客戶。穆爾提向太太借了兩百五十美元以應付支出。一九八二年，他們首次接到美國客戶的訂單，那是一家軟體公司。一九八三年，他們搬到班加羅爾為一家德國火星塞製造商提供軟體服務。這家德國公司從一九五四年起就在班加羅爾設廠，他們希望印孚瑟斯能離他們近一點，以便利兩家公司資訊交流。印孚瑟斯想搬到班加羅爾的另一個理由是，這裡擁有一流的理工學院。

二十五年來，印孚瑟斯陸續在美國、加拿大、拉丁美洲與歐洲設立辦公室，卻仍然以班加羅爾做為根據地。印孚瑟斯的發跡似乎說明了距離已無關緊要，但我們同樣可以輕易地將這種現象解讀成「群聚」這要素已變得比以往更重要。班加羅爾將許多人才集中在一座城市裡，使無論來自聖路易斯還是上海的外地人，更容易與印度企業家做生意。班加羅爾或許比印度其他城市來得好運，但這也是因為自己創造了機運。班加羅爾之所以擁有豐富的工程人才，要歸功於過去統治麥索爾王國的大君及其大臣的決策。麥索爾向來有重視新科技的傳統。十八世紀，麥索爾蘇丹從外地找來船員讓他們操作進口槍砲，使其在戰場上重創英國人。在英屬印度時期，麥索爾的富強使它在眾多小邦中顯得特別突出。麥索爾最英明的領導者是莫克維斯爵士（Sir MokshagundamVisvesvaraya, Sir MV），他是二十世紀初麥索爾王國的首相。

莫克維斯爵士的出生地離班加羅爾約三十五英里，他的高中生活是在班加羅爾度過的。他曾擔任土木工程師，在完成顯赫的事業之後回到班加羅爾，於一九〇八年成為麥索爾的首相。麥索爾大君擁有龐大財富與進步的思想，在他的支持下，莫克維斯爵士開始推動全面性的現代化計畫，包括水壩、水力發電、煉鋼廠，以及最重要的學校教育。莫克維斯爵士的座右銘是「今日不工業化，明日就會毀滅」，但他不僅只是推動大型建設計畫，他也強調教育才能讓計畫推動得更有效率。基礎建設終究有毀壞的一天，但教育卻能傳之久遠，因為聰明的一代可以教導下一代。

在美國與歐洲，工業化很少激勵教育發展。絕大多數工廠之所以吸引業主與工人，在於工廠能提供工作給無技術勞工，而非提供工作給技術工匠。但對莫克維斯爵士來說，工業化指的是訓練工程師，讓他們學習西方科技，就跟他一樣。莫克維斯爵士成立麥索爾大學與班加羅爾工學院，後者現已以他的名字命名。這些學校為印度培育出最早的一批工程師，而且持續至今。

到了二十世紀中葉，麥索爾已完全工業化。麥索爾政府推行重商政策，將印度航太公司（Hindustan Aeronautics Limited）、印度工具機械公司（Hindustan Machine Tools）、巴拉特重型電機公司（Bharat Heavy Electricals）與印度電信產業公司（Indian Telephone Industries）引進到班加羅爾。麥索爾也吸引德國火星塞公司前來設廠，而這家公司日後也把印孚瑟斯找來班加羅爾。這些早期公司之所以重要，不是因為班加羅爾的未來仰賴重工業（事實上並非如此），而是因為這些產業可以提供麥索爾工程師發展的機會。從一九七六年開始，班加羅爾也開始為發展資訊科技產業鋪路（正如字面所言），政府推動廣泛的計畫改善道路、電力與其他公用事業，以吸引國際資訊科技公司來此設廠。

教育與城市的成功

人力資本要比有形的基礎建設更能解釋城市的成功。在美國，一般來說，人口中有多少比例擁有大學學歷，可以用來估算一個地方的技術水準。不可否認地，這種評判標準就個別水準來看是有瑕疵的。以大學學歷做為衡量標準，會把比爾・蓋茲（Bill Gates）這位世界上最具技術的人歸類為無技術。然而儘管這項標準有些粗糙，卻沒有別的標準更能解釋近年來城市繁榮的原因。一九八〇年，一個地區成年人口中擁有學士學位的比例若增加百分之十，則可預期從一九八〇年到二〇〇〇年，當地的所得將成長百分之六以上。當人口中擁有大學以上學位的比例增加至百分之十時，人均都會區生產毛額將可增加百分之二十二。

人們往有技術的地區聚集，是因為這些地區的所得較高，而一九七〇年的教育清楚顯示美國一些高齡而寒冷的城市如何成功重新改造自己。從一九七〇年到二〇〇〇年，占人口百分之十以上的成年人擁有大學學位的郡，所得增加了百分之七十二，而人口中不到百分之五的成年人擁有學位的郡，所得增加了百分之三十七。

我們生活在專家的時代裡，所得與知識密切相關。對每個工作者而言，多受一年教育普遍可以提高約百分之八的薪水。平均來說，全國人口多受一年教育，可以讓人均國內生產毛額增加三成以上。教育與國內生產毛額的顯著相關，反映出經濟學家所說的人力資本外部性，意思是說當人們與有技術的人一起工作時，生產力也會跟著提高。當一個國家的教育程度提高，人們不僅可以感受到自己的教育提高帶來的直接效果，也能感受到與自己一起工作的人技術提高可為自己帶來的間接好處。

一九七〇年代以後，已開發世界的城市技術與城市生產力之間的關係變得越來越緊密。過去，技術較低的地區到處都能找到高薪工作，組織工會的工廠工人通常薪水高於技術較高的地區。一九七〇年，克里夫蘭與底特律這些工業地區的人均所得，高於波士頓與明尼亞波利斯這些教育程度較高的都會地區。但往後三十年間，技術較低的製造業城市日漸衰微，而技術較高、專門生產觀念的城市卻日漸興盛。一九八〇年，擁有大學學歷的男性比高中畢業的男性薪水高了約百分之三十三，但到了一九九〇年代中葉，差距卻增加到將近七成。這三十年間，美國社會變得更不平等，部分原因來自於市場越來越看重高技術的工作人員。

雖然人們對於技術價值的穩健成長沒有爭議，但對於技術價值成長的原因卻眾說紛紜。有一派說法認為科技變遷是主因。有些新科技如電腦，使教育程度較高的人獲得較高的報酬。另一些新科技如汽車工廠的機器人，卻減少了無技術勞工的需求。不只是科技本身，就連科技的變動率也對技術勞工有利。許多研究顯示，技術較高的人越能適應新的環境，例如混種玉米與電腦的引進。與技術較高的人一樣，技術較高的城市更能在不安定的時代重新改造自己。

還有一派說法強調國際貿易與全球化。根據這項觀點，運輸成本的降低使工廠能將技術較低的工作外包出去。底特律的汽車製造商原本幾乎壟斷了全美的汽車市場，但這些公司今日卻面臨日本、歐洲與南韓的激烈競爭，而這也使技術較低的勞工難以維持高薪。

當然，很多技術工作被外包出去，這正是班加羅爾成功的原因之一。然而，至少到目前為止，擁有技術的美國人與歐洲人從推動世界市場運轉所獲得的，似乎比他們在外國競爭下失去的多得多。富國最有技術的人販賣觀念給世界，利用世界各地的勞動力來廉價生產自己的發明，因而大發利市。班加羅爾的軟體製造商不可能淘汰矽谷。相反地，班加羅爾只會讓矽谷的公司能更便宜且更輕鬆地研發軟體。

矽谷的興起

美國最大的資訊科技中心位於加州聖塔克拉拉郡，大多數人更熟知的名稱是矽谷。與班加羅爾一樣，矽谷也是透過教育而讓自己有機會得到這個地位。一個世紀之前，當時紐約與長崎已是老城市，電腦尚未出現，而聖塔克拉拉郡還遍布著果園與農田。這個農業社區之所以成為世界的高科技之都，主要是因為當時的參議員，同時也是鐵路大亨的利蘭．史丹佛（Leland Stanford）決定捐出八千英畝的馬場來設立大學。

設立大學就像養馬一樣，是十九世紀百萬富翁花費多餘金錢的一種方式。舉例來說，我的芝加哥大學畢業證書上就用燙金字體寫著在南北戰爭後的經濟繁榮時代創立本校的人物名字：約翰．洛克斐勒（John D. Rockefeller）。洛克斐勒想創立一所浸信會大學，並且聘請一位古典學者擔任校長；但利蘭．史丹佛在為史丹佛大學開幕時卻表示：「生命最重要的是切合實際；諸位來這裡是為了開創有用的事業。」他希望培育出能投入於真實世界、開發美國西部與傳布有用知識的領袖人物。

史丹佛大學高科技創業的第一件實例，起源於一名未受教育的天才弗蘭西斯．麥卡提（Francis McCarty），他是史丹佛參議員的馬車伕領班之子。麥卡提十二歲時輟學成為一名電工學徒。一九〇四年，麥卡提十六歲，親手製造了一部「火花電話」（spark telephone），可以在水上傳送聲音達七英里遠。麥卡提雖然不是第一位以無線方式傳送聲音的人，但與發明者也相差無幾，他的傑出表現使他獲得資金援助。遺憾的是，一九〇六年，麥卡提發生車禍，他因頭部撞擊電線桿而死亡，那時他還未滿十八歲。

但麥卡提的金主對於無線電仍興趣不減，他們要求史丹佛大學工程學教授推薦一名能取代麥卡提的人選，對方於是介紹他們一位聰明的史丹佛大學學生西里爾．艾爾威爾（Cyril Elwell），他曾寫過有關電熱熔煉的論文。艾爾威爾的確充滿靈感。他花了一年時間研究麥卡提的設計，認定這項設計無法提供可靠的無線服務。艾爾威爾並未因此放棄，相反地，他選擇更新穎的科技：沃德瑪·波爾森（Valdemar Poulsen）的電弧發報機。艾爾威爾搭船到哥本哈根，將波爾森發報機帶回帕羅奧圖（Palo Alto）。在史丹佛校長的資金援助下，艾爾威爾設立了波爾森無線電話與電報公司（Poulsen Wireless Telephone and Telegraph），之後旋即改名為聯邦電報公司（Federal Telegraph Corporation）。

聯邦電報公司是矽谷無線電產業的先驅，它不僅吸引人才前來，而且生產了不少副產品。李·德·佛瑞斯特（Lee De Forest）是三極管發報機的發明人。一九一〇年，他的公司破產，於是他來到聯邦電報公司，並且在這裡研發了第一個真空管。真空管一直是無線電科技的重要部分，直到一九四七年，才由帕羅奧圖的另一位人才威廉·夏克利（William B. Shockley）率領團隊發明電晶體而取代了真空管。即便在德·佛瑞斯特離開之後，聯邦電報公司仍因海軍訂單與史丹佛大學優秀學生的加入而欣欣向榮。史丹佛第一個電機工程博士學位就是在聯邦電報公司的工作基礎上獲得的。

與日後矽谷的公司一樣，聯邦電報公司也衍生出不少優秀公司。兩名丹麥人來帕羅奧圖協助操作波爾森的電弧發報機，後來自己獨立成立了美格福斯（Magnavox）。一名聯邦電報公司員工發明了第一部金屬探測器，並且設立了費雪研究實驗室（Fisher Research Laboratories）。利頓工業（Litton Industries）是另一家來自聯邦電報的公司，它在二次大戰期間負責為軍方生產真空管。

但矽谷能有今日的規模，聯邦電報公司的員工中功勞最大的首推弗雷德里克·特曼（Frederick Terman），他與公司的關係打小就開始了，他在上大學的時候每年夏天都來聯邦電報公司工作。特曼的父親是史丹佛的教授，專長是天才兒童的教育，他自己的孩子就屬此類。老特曼因為發展了史丹佛—比奈智力測驗（Stanford-Binet IQ test）而聞名遐邇。小特曼就讀帕羅奧圖高中與史丹佛大學，然後在一九二四年於美東的麻省理工學院取得電機工程博士學位。他成為史丹佛的名人，四十年間，他歷任教授、工學院院長與教務長等職位，但他最大的成就是將帕羅奧圖改造成電腦產業中心。

一所四周盡是果園的大學，其中的一項優勢是有豐富的土地可供使用，而特曼想到一個點子，他想在史丹佛大學的旁邊成立一座工業園區。他的願景是打造一個充滿科技企業的區域，這種想法激勵了班加羅爾與世界各地紛紛成立科技密集的公司群。特曼的學生大衛・帕卡德（David Packard）與威廉・休利特（William Hewlett）是最早進入工業園區的廠商，但光靠自己的學生無法產生群聚效應。於是他陸續找來了洛克希德（Lockheed）、奇異（General Electric）與西屋（Westinghouse）。最重要的是，他成功說服新成立的夏克利半導體實驗室（Shockley Semiconductor Laboratory）搬來矽谷。

夏克利在一九五〇年代中葉已經成為一個傳奇。與特曼一樣，他的父親也在史丹佛教書。年輕的夏克利在接受特曼父親設計的智力測驗時成績不是很好，這多少顯示智力測驗的不可靠。夏克利後來就讀麻省理工學院，然後在紐澤西州的貝爾實驗室（Bell Labs）工作。二戰期間，他因為運用科技對抗德國潛艇有功而獲頒勳章，之後，他在貝爾實驗室率領一支新成立的固態物理學研究團隊。這個團體共同發明了電晶體，一九五六年，夏克利與兩名同事一起獲得諾貝爾物理學獎。

在此之前，夏克利已經離開貝爾實驗室動身前往加州，他的巨大能力與要命的缺點將同時顯現，但這兩種特質卻共同促成矽谷的成功。與培里克利斯和阿拔斯王朝的哈里發一樣，夏克利在吸引人才上擁有罕見的天賦。來矽谷的前幾年，他蒐羅美國各地校園，把渴望來矽谷與諾貝爾獎得主一起工作的優秀年輕人全找過來。然而夏克利的反覆無常與一意孤行，使他無法留住吸引來的人才。其中有一樁惡名昭彰的事件是這樣的，夏克利為了找出害祕書手指被圖釘劃傷的元凶，居然要求所有工作同仁接受測謊。他找來一堆天才，卻又把他們趕跑，儘管如此，這些人畢竟來到矽谷，而夏克利也確保他們能在這裡開展自己的事業，而非只能為他工作。

某個時期，夏克利底下最優秀的八名年輕科學家同時離職。相機大亨薛曼・費爾柴爾德（Sherman Fairchild）資助這八人成立了快捷半導體（Fairchild Semiconductor）。這家公司同樣位於矽谷。為什麼這「八叛逆」（The Traitorous Eight）想離開特曼訓練的工程師所聚集的樂園？一九五九年，快捷半導體獲得第一項積體電路專利。但後來這些科學家也厭倦了快捷的管理方式。其中有兩人於一九六八年離開了快捷，並自行成立了英特爾（Intel）。另一些人成立了創投巨擘KPCB風險投資公司（Kleiner Perkins Caufield & Byers），這家創投公司為矽谷下一波創新者提供了不少資金。[2]

快捷半導體使矽谷出現新一波企業家，而其他人很快地也跟著加入他們的行列。在史丹佛附近成立的公司，許多專注於硬體開發上，例如英特爾、思科（Cisco）與昇陽電腦（Sun Microsystems）。兩名前惠普（Hewlett-Packard）員工，同時也是家釀電腦俱樂部（Homebrew Computer Club）的成員，他們結合硬體與軟體的創新技術成立蘋果電腦（Apple Computer）。一九九〇年代，前蘋果員工成立eBay，此時矽谷也成為開啟網路時代的地點。雅虎與谷歌（Google）都是史丹佛的畢業生成立的，他們的公司都離母校不遠。

某方面來說，矽谷就像一座功能良好的傳統城市。它吸引優秀人才前來，而且將他們連結在一起。沃克車輪餐廳（Walker's Wagon Wheel）扮演著傳奇角色，許多聰明的企業家在結束一日繁忙的工作之後，總會來這裡交換想法。公司會集中在矽谷也是為了解決溝通複雜的麻煩；所有處於領先地位的科技都是極複雜的，地理上的接近有助於資訊流通。與今日所有成功的城市一樣，矽谷的力量仰賴人力資本，而人力資本的來源除了仰賴史丹佛大學的培育外，也要靠經濟機會與宜人的氣候來吸引人才。

不過，從另一個角度來看，矽谷也不盡然是傳統城市。矽谷的設立幾乎以汽車為中心。除了少數幾個區域，特別是帕羅奧圖鬧區，你可以悠閒走過幾個街區買冰淇淋或買書，但用步行的方式從這家公司到另一家公司是行不通的。少數公司如谷歌有自己的交通車，除此之外，公共運輸少之又少。聖塔克拉拉郡的居民只有百分之三點七搭乘大眾運輸工具上班。以汽車為主的生活通常搭配較低的人口密度。聖塔克拉拉郡每英畝大約只住了二點一四人。矽谷經常舉辦活動，但你必須開車才能參加這些活動。

聖塔克拉拉郡的經濟壓縮了窮人與無技術勞工的生存空間。即使房地產價格曾一度崩跌，聖荷西都會區的房價中位數仍超過五十五萬美元，若非事業成功的電腦產業人士，恐怕無法負擔這樣的價格。矽谷有些非常吸引人的地區，房價完全超出低技術勞工與雇用這些勞工的企業的能力範圍之外。在帕羅奧圖，二十五歲以上的居民，只有百分之二十二點二沒有大學學歷。

矽谷的另一項重大缺點是它是個單一產業城市：郡的薪資有一半以上來自於出口部門，例如製造業、資訊業，甚至還有批發業，每一個行業都與電腦公司有關。根據歷史經驗，單一產業城市，如底特律與曼徹斯特，長期的表現不會很好，因為產業的單一文化使新觀念與新公司不易發展。珍．雅各解釋這種現象的發生，是因為新觀念是結合舊觀念產生的。即使是資訊科技，過去三十年來最成功的企業家通常結合了各種背景，他們從各種產業融合出新觀念。麥克．彭博的資訊科技公司之所以獲得極大成功，主要是因為他很清楚華爾街的交易商想知道什麼，而科技可以協助他們知道這些東西。臉書（Facebook）是從大學校園開始的，創立者知道大學生想分享何種資訊。接近消費者或相關產業可以獲得寶貴資訊，而這些資訊正是創新的泉源。

當 eBay 想擴充客群時，必須到矽谷以外尋找執行長，最後找來了梅格．惠特曼（Meg Whitman），她曾在寶僑（Procter & Gamble）、Stride Rite 童鞋、華特迪士尼（Walt Disney）與孩之寶（Hasbro）工作，擁有大量向美國大眾販售商品的經驗。矽谷的軟體專家偶爾會從外界找來聰明而經驗豐富的人士，這麼做是否就能解決他們與美國其他產業隔絕的問題？矽谷是半導體發展越來越快速的好地方，卻不一定適合連結科技與其他產業。

或許這樣的連結並無必要。網路革命主要是讓一般美國民眾能使用科技，民眾可以在網上用谷歌搜尋，使用電子郵件，或者是在 eBay 上買賣交易。軟體工程師也是人，他們只要看看自己的家人與朋友，臉書的創立者就是如此，就能了解一般人的需求與渴望。

長期而言，矽谷過度集中於單一產業，各公司之間的距離又太遠，可能對當地造成傷害。然而儘管單一產業城市如底特律，有著不良的發展歷程，我們仍有足夠的理由樂觀地看待矽谷的未來。與底特律不同，矽谷並不是只集中少數幾家大公司，這有助於讓這個地區保持進取的精神。矽谷有優秀的教育機構，而且持續投資各級學校與大學。這裡也擁有美國最佳的氣候，可以持續吸引富有的聰明人前來，他們願意負擔美國數一數二的房價，在世界最具創新精神的公司簇擁下，享受當地宜人的氣候。

明日的城市

矽谷與班加羅爾提醒我們，電子通訊不可能取代面對面接觸。電腦產業要比其他產業更可能見到遠距通訊取代面對面會議；電腦公司擁有最好的遠距會議工具、最好的網路應用服務、最好的工具與遙遠的合作對象交流。然而，儘管電腦產業有能力進行遠距工作，但這個產業卻最能說明地理集中的好處。許多科技新貴可以輕易藉由電子通訊與人溝通，卻願意花大把鈔票買下美國最貴的房地產，為的就是能在當地與人面對面交流。

許多研究都證實了面對面接觸的重要性。密西根大學兩名研究者進行了一項實驗，他們把學生每六名分成一組進行遊戲，每個人必須透過合作來賺取金錢。有些小組在遊戲開始前先進行十分鐘面對面策略討論。有些小組則是進行三十分鐘的電子通訊。直接見面討論的小組合作狀況良好，而且賺的錢比較多。只進行電子通訊的小組則是四分五裂，成員會把個人的利益放在團體前面。這項結果充分呼應了其他許多實驗，顯示面對面接觸比其他互動模式更能產生信任、慷慨與合作。

社會心理學最早的一場實驗是由一名印第安納大學（University of Indiana）心理學家進行的，這名心理學家本身是一名熱愛自行車的騎士。他指出，「競賽中的車手」相信「比賽的價值」，或者說是競賽者可以讓你騎一英里時間減少二十到三十秒。為了精確測試人類群聚的效果，心理學家找來四十名孩子用釣魚捲線器比賽捲線。一般來說，所有的孩子都會使盡吃奶的力氣拚命捲線，但絕大多數，尤其速度比較慢的孩子，如果身邊有另一個孩子跟他一起捲，速度會變得更快。現代統計數據也發現，年輕的專業人員如果住在有許多同業競爭的都會區裡，工作時間往往會拉長。

超級市場的結帳櫃臺提供了群聚效果的明顯例證。去過大賣場的人都知道，結帳的店員在速度與能力上往往千差萬別。在大型連鎖超市中，隨著排班不同，不同能力的店員隨機出現，有兩名經濟學家於是從這點切入，他們想知道當有高生產力的同事出現時會造成什麼影響。結果，明星店員輪值的那段時間，所有店員的平均生產力明顯提升，相反地，如果有大批低於平均業績的店員輪班，其他店員的生產力也會跟著下降。

統計數據也顯示，電子通訊與面對面溝通是相互支援的；用經濟學的話來敘述，兩者是互補而非相互替代。地理上相隔不遠的兩人反而很常通電話，很可能是因為面對面的溝通「增加」以電話交談的需要。當國家城市化的程度越高，居民也「更」仰賴電子通訊。

當然，有些人仍然是單獨工作，他們可能在遠離城市的某個地點，透過電話處理顧客怨言或幫顧客預訂機票。然而，這種工作絕大多數不需要技術而且薪水較低。在美國，平均每英畝不到一人居住的郡，成人有百分之十五點八有大學學歷。平均每英畝超過兩人居住的郡，有大學學歷成人的比例提高到百分之三十點六。[3] 網路與遠距通訊使人可以在家裡執行基本任務，但單獨工作很難累積最有價值的人力資本形式。

創新聚集在像矽谷這樣的城市，因為觀念穿過走廊與街道要比穿過大陸與海洋容易得多。從專利引用便可以看出思想群聚的好處。一九九三年，三名經濟學家發現，專利有一股明顯的趨勢，那就是專利總是引用與自己地理相近的其他專利。公司專利引用有五分之一以上是引用與自己同一都會區的老專利，四分之一以上是引用同一個州。有些公司專利引用的是自己公司的老專利，如果捨去這些例子不計，則引用相同都會區專利的傾向是隨機狀況的兩倍。隨著專利時間經過，這種引用鄰近專利的模式也逐漸淡化，因為觀念終究會隨時間往外擴散。然而，即使在資訊科技時代，觀念通常還是具有在地化的傾向。近來的研究顯示，專利引用具有地理親近性。研究也顯示，公司設在相關產業創新活動的地理中心附近，生產力往往大幅提高。正如群聚可以加速最重要發明成果的傳布，群聚也可以讓新手成為專家的學習時間縮短。一個多世紀之前，偉大的英國經濟學家阿弗雷德·馬歇爾（Alfred Marshall）曾說，一旦密集集中，「貿易的神祕就不再是神祕，而像空氣一樣（事實上也是如此）」。圍繞在資深工程師身旁，有助於年輕工程師獲取成功。

統計數據支持馬歇爾的看法。大城市的工人比非城市的工人薪水多了三成，但是來城市發展的人薪資不可能一夜之間快速成長。隨著技術不斷累積，城市工人的薪資每年調升的幅度高於非城市工人。在城市裡，技術較高的工人，薪資調升得特別快。美國都會區的技術工人在經過二十年的經驗累積之後，他們的薪資成長幅度比非都會區工人高了一成，但是技術較低的工人，都會區只比非都會區成長幅度高百分之三。

一個世紀之前，專家已經預言新溝通形式將使城市生活的重要性下降。一百年前電話的出現使人以為城市失去了存在的必要。但城市依然存在。近來，傳真、電子郵件與視訊會議，這些發明讓人以為往後已不需要面對面開會，然而過去二十年來，商務旅行反而大幅攀升。想打敗人類面對面接觸的需求，科技奇蹟必須先打敗數百萬年來人類演化的結果：人類是一種向身邊的人學習的機器。

更好的聲音效果與高解析度螢幕，使視訊會議看起來就像實際與人接觸一樣，但科技是否能完全模擬聚會時感官的實際感受——眼神的交會、嗅覺的暗示、握手的溫度？此外，熙熙攘攘的工作環境之所以有價值，就在於計畫之外的會議與觀察周遭人士的隨機舉動。安排好的視訊會議無法讓年輕助理從觀察成功企業家的一舉一動中學到東西。臉書是另一項網路科技，它讓面對面的互動更具有價值與影響力。研究發現，藉由臉書連結彼此的人，通常是那些曾在宴會上見過面的人或者是同班同學，而最常使用臉書的人往往是那些在真實生活中善於與人交談的人。此外，這種網路社群網絡的出現，最早是來自於一群聰明而充滿野心的哈佛大學生，這是從他們實際進行的一連串不太名譽的聚會中發展出來的。

今日，資訊科技正在改變這個世界，它讓世界的觀念更密集、人與人的連結更緊密，最終使世界城市化的程度更高。資訊科技的進步似乎增加而非減少面對面接觸的價值，這或許可以稱為「傑文斯的互補性推論」（Jevons's Complementarity Corollary）。十九世紀英國經濟學家威廉・斯坦利・傑文斯（William Stanley Jevons）指出，蒸汽引擎在使用煤炭上越有效率，但使用的煤炭並不會因此減少。比較好的引擎使能源使用變得較不昂貴，因此有助於推動世界往燃煤工業時代前進。傑文斯的矛盾可以用來指涉效率改善造成消費增加而非減少的情形——這可以解釋為什麼低卡的餅乾會讓人的腰變粗，而省油的車子反而讓你消耗更多汽油。傑文斯的矛盾可以應用在資訊科技上，也就是說，當我們有能夠有效傳輸資訊的工具時，例如電子郵件或Skype，我們卻花了更多而非更少的時間在傳輸資訊上。

有人可能以為，資訊科技越進步，人類越不需要透過其他管道學習，例如在城市裡面對面開會。但「傑文斯的互補性推論」——當然這是從傑文斯的矛盾所推論出來的結果——預言資訊科技的進展只會使面對面接觸的需求增加，因為見面的時間可以與電子通訊的時間產生互補效果。電子互動創造了一個關係更緊密的世界，正如蒸汽引擎的改善使世界更大量地使用煤炭，而人際關係需要電子郵件與面對面的接觸。人與人之間的連結越多，越能創造貿易與商業機會。資訊科技——從書籍到網路——大量增加了人類知識的範圍，使人類知識越來越難掌握。資訊科技越進步，這個世界的資訊就越密集，知識因此比過去來得更有價值，向城市的其他人學習也顯得更為重要。

新科技需要一段時間才能產生廣泛而有系統的影響，回顧漫長的歷史，我們發現隨著遠距通訊能力的增加，城市也變得更為重要。近代的發明中，對遠距通訊影響最大的莫過於印刷機。當人類能廉價而大量地將話語印刷在紙上時，也大大提升了人類與不在同一個房間的人溝通的能力。然而，我們沒有理由認為書籍會傷害城市，而是有更充分的理由相信印刷機能創造出更城市化的世界。

書籍對城市有利，最明顯的理由是印刷科技是在城市裡發展出來的，而城市也自然而然成為出版業中心。古騰堡（Johannes Gutenberg）成長於十五世紀初，他以一種中世紀煉金術士的密法著手製造印刷機，但是光憑他一人之力不可能負擔得起顯眼而昂貴的印刷機器。古騰堡需要金主與助手，他全從城市裡覓得這些資源。在他獲得突破之後，活字印刷科技很快地透過巡迴商人從這個城鎮傳布到下個城鎮，到了一四八〇年代，威尼斯成為世界的出版中心。當科技（如印刷術）需要仰賴昂貴的基礎設施時，城市在這方面往往具有優勢。大城市的市場可以輕易負擔這些新科技的固定成本，這是為什麼電話、寬頻科技與印刷書籍首先在城市出現的原因之一。

威尼斯富有的識字人口成為書籍的主要需求者，但書籍市場的繁榮也與威尼斯有值得出版的現成題材有關。威尼斯位於東西方的十字路口，許多學者聚集於此。一四五三年君士坦丁堡被鄂圖曼人攻陷之後，許多拜占庭人逃來這裡從事翻譯出版的工作。幾個世紀之後，紐約市支配了美國的出版業，因為紐約港是許多盜版的英國小說運來美國第一個要經過的地方，也吸引了許多作家與藝術家。

但是，光靠振興出版產業不足以讓書籍對城市產生有利的影響。印刷文字是以一種微妙、深刻的方式讓世界走向城市化。印刷機的直接影響是讓廣大農民有能力閱讀聖經，間接影響則是讓世界變得更知識密集、更民主、更商業，最終則是更城市化。馬丁・路德（Martin Luther）形容印刷機是「上帝最崇高與最豐厚的恩典」，因為聖經在由路德譯成德文之後，成為天主教傳統以外的宗教權威來源，而且在宗教改革中扮演關鍵角色：從一五一七年到一五二〇年，路德的三十種出版品或許賣出了三十萬本以上；從宗教觀念的傳布來看，印刷的重要性不言可喻。宗教改革支持經濟、政治與社會的變革，使城市商業變得更具吸引力。馬克斯・韋伯（Max Weber）把新教與城市商人和工匠的資本主義精神及倫理價值連結起來，構成他的著名論點。我個人不認為新教對於城市、貿易或民主的發展特別有利，因為這些事物的發展在今日許多天主教國家中也同樣欣欣向榮。相反地，我相信後宗教改革時代城市、貿易與民主的興起，反映了宗教競爭的價值，這意謂著人們對於教會規定與教義有更多選擇，而且有助於產生改革，例如廢除高利貸法律，這些均有助於全球商業的興起。

印刷機透過宗教改革，直接或間接地支持革命，創造出更傾向於共和與更城市化的歐洲。一五六六年，荷蘭大反叛（The great Dutch revolt）在弗蘭德斯製衣城鎮斯汀佛德（Steenvoorde）附近爆發，喀爾文派暴民搗毀當地的天主教會神像。一五八一年，荷蘭人以一種類似日後英格蘭、美國與法國革命分子的語言，宣布西班牙菲力普國王的行為違法，因此喪失統治荷蘭的權利。這份革命性的〈誓絕宣言〉（Act of Abjuration）引用新近出版的新教（雨格諾派）短文。宣言大量印製並且張貼在低地國各處，用來喚起民眾反抗西班牙。而在歷經近七十年的戰鬥之後，荷蘭成為獨立的共和國、歐洲最城市化的國家以及全球貿易網的中心，它的貿易據點往東最遠到達日本長崎，往西最遠到達美國曼哈頓島。

對民眾來說，書籍可說是資訊科技的最初形式，它對城市並無害處。兩個世紀以來，書籍協助宗教與政治層面產生革命性的變遷，使世界連結得更緊密、更商業化，最終則是使世界更城市化。我們有充分的理由相信，全球化與現代科技的變遷也會產生相同的效果。

城市如班加羅爾、舊金山與新加坡連結整個世界，促進了全球化。有些城市如雅典與巴格達一直扮演這種角色，隨著世界越來越緊密，這些城市也越來越重要。矽谷把本地工程師與外來優秀移民結合起來，包括雅虎與谷歌的創立者，並且讓他們與其他卓越的工程中心相連結，例如班加羅爾。隨著美國在全球市場占有的比例日漸縮小，美國將更仰賴城市來與印度、中國與其他國家等不斷成長的經濟體相連結，對開發中國家來說，知識的傳布將決定它們未來將走向富足還是貧困。

然而，有些地區將被遠拋在後。不是全部都能成功，因為不是每座城市都能適應資訊時代。在這種時代下，只有觀念才能創造財富。有些歷史悠久的大都會將心力投注於連結與商業，因而能保持成功。有些城市則是以大量製造商品發跡。這些城市的興起源自於城市企業家的卓越理念，但它們逐漸演變成以專門化與規模化來降低成本以維持城市榮景。工業城市的非凡時代已經結束，至少在西方是如此，我們因此必須面對前製造業巨人無法在新時代改造自己的問題。

注釋

1 編注：由於車子會發出「Tuk、Tuk」的聲音，因而得名。在印度當地則是稱為Auto，外觀是上黃下綠的三輪電動手排小車。

2 編注：「八叛逆」分別為諾依斯（Robert Noyce）、摩爾（Gordon Moore）、布蘭克（Julius Blank）、克萊爾（Eugene Kleiner）、赫爾尼（Jean Hoerni）、拉斯特（Jay Last）、羅伯茨（Sheldon Roberts）、格里尼克（Victor Grinich）。在快捷半導體之後，諾依斯與摩爾創立了英特爾；布蘭克為Xicor半導體公司創辦人之一；克萊爾創辦了KPCB公司；赫爾尼、拉斯特、羅伯茨則合作創立了Teledyne半導體公司；格里尼克則在柏克萊大學和史丹佛大學任教。

3 作者的計算，以人口密度每英畝少於一人的郡擁有大學學歷的人口比例，與每英畝超過兩人的郡相比。

第2章

城市為何衰退？

底特律艾姆赫斯特街（Elmhurst Street）與羅莎公園大道（Rosa Parks Boulevard）的轉角處，感覺與紐約第五大道相差甚遠，你甚至覺得這裡不像是美國的大城市。雖然這個路口位於底特律市中心，但絕大部分附近的土地都是空地。聖經浸信會是路口唯一的一棟建築物；窗戶用木板封住，電話也打不通，顯示這間教會沒有多少信眾。

沿著艾姆赫斯特街走下去，你會看到十一棟低矮的住家；其中有四棟空無一人。還有兩棟公寓大樓，其中一棟住不到三分之一，另一棟則完全是空的。其他還有十處左右的空地與一處停車場，空曠的地面原先還矗立著住家與公寓大樓。這個地區儘管看起來一片荒蕪，還是讓人覺得相當安全，因為人實在太少了，構不成什麼威脅。開闊的空間使這個區域看起來宛如鬼鎮，底特律過去的鬼魂似乎悲嘆著這座曾是美國第四大城的苦況。

從一九五〇年到二〇〇八年，底特律失去了一百萬以上的人口——占人口總數的百分之五十八。[1]今日，底特律有三分之一的市民生活在貧困中。當地中等家庭的年所得約是三萬三千美元，大約是全美平均的一半。二〇〇九年，該市失業率是百分之二十五，比美國任何大城市高了九個百分點，而且是全國平均的二點五倍。二〇〇八年，底特律有全美最高的謀殺率，大約比紐約市高了十倍以上。許多美國城市在二〇〇六年到二〇〇八年間房價大跌，但底特律比較獨特，它在前十年的景氣中房價不見飆漲，但在金融危機後卻「跟著」跌了百分之二十五。

底特律的衰退是極端的，但不是只有它。美國在一九五〇年的前十大城市，有八座至今已喪失了至少六分之一的人口。從一九五〇年以來，美國的前十六大城市有六座，包括水牛城、克里夫蘭、底特律、紐奧良、匹茲堡與聖路易斯，至今已喪失一半以上的人口。在歐洲，像利物浦、格拉斯哥、鹿特丹、不來梅與維爾紐斯（Vilnius）這些城市，人口也遠不如過去。工業城市的時代已經結束，至少在西方是如此，往日的榮景一去不復返。部分製造業城鎮努力想從製造商品轉變成生產觀念，但絕大多數還是持續緩慢地衰微下去。

然而，我們不應該把民眾從「鐵鏽地帶」出走的現象視為對城市生活的控訴；這些製造業城市之所以衰頹，是因為它們拋棄了城市生活最具活力的特徵。古老商業城市如伯明罕與紐約，它們專注於發展技術、小企業以及與外在世界維持緊密連繫。早在曼徹斯特紡織廠生產出第一卷布匹，以及底特律的裝配線出廠第一部汽車之前，這些特徵已讓這些商業城市獲得成功；而在今日，這些特質也促使城市繁榮。工業城市不同於古老的商業城市，也不同於資訊時代的現代大都會。工業城市的大工廠雇用了數十萬名技術相對較低的工人。這些工廠自給自足，孤立於外在世界，它們與世界的唯一連繫是提供全球大量廉價而規格均一的商品。

這種模式非常適合用來解釋西方這一個世紀的發展。底特律的車廠提供高薪給數十萬名員工，但過去五十年來，擁有許多小企業的地區卻比大企業壟斷的地區發展得更為迅速。擁有技術的城市比教育程度較低的城市來得成功，而底特律的成年人只有百分之十一有大學學歷。民眾與企業紛紛離開寒冷的中西部，移往較溫暖的地區。「鐵鏽地帶」中有一些城市，最早就是憑藉中西部的水路發展起來。工業的多樣性要比單一的製造業更可能成長，而底特律無疑是單一工業城鎮的代表。

我們不應該把城市衰退完全歸因於政治，但政治措施失當通常是「鐵鏽地帶」衰微的原因之一。或許最常見的錯誤是以為多蓋點住房、壯觀的辦公大樓或眩目的高科技大眾運輸系統，就能讓這些城市景氣回春。這種錯誤來自於一般人普遍將城市當成建築物，而忽略了城市實際上是一群人的結合。

要讓這些城市重生，必須完全放棄它們原先的工業模式，就像蛇類蛻皮一樣。城市要成功改造，蛻變的過程必須徹頭徹尾，讓人完全忘記它原本是座工業城市。最晚到了一九五〇年代，紐約的製衣業已成為美國最大的製造業中心。它雇用的工人比底特律的汽車產業多了五成以上。美國的工業革命其實始於大波士頓地區，但現在沒有人將波士頓與煙囪聯想在一起。這些城市重新回到它們在工業化之前的根源，也就是商業、技術與企業家的創新精神。

如果底特律以及與它類似的城市想東山再起，它們應該學習前工業化與後工業化時代大城市的優點：競爭、連結與人力資本。「鐵鏽地帶」想重生，必須與晚近的過去決裂，因為那只為它們留下大量乏人問津的住房、由少數大公司支配的單一大型產業，以及問題叢生的地方政治。在這些城市近來的歷史背後，埋藏著一段具有啟發意義的老故事，不僅充滿連結與創意，而且可以做為改造的基礎。想了解底特律的困境與潛力，我們必須拿它的偉大與悲劇歷史和其他城市的故事比較，像紐約就是一座成功克服工業衰退的城市。

「鐵鏽地帶」是如何興起的？

底特律這個地名是法文「海峽」的意思，與紐約、芝加哥一樣，一開始是水路貿易中心。一九〇〇年，美國前二十大城市都位於主要水路上。[2]水可以減少阻力，數千年來，人類一直把船視為運送貨物的最佳工具。紐約的興起完全仰賴其優越的自然條件：天然良港，有較深的大河經過，位置接近美國東海岸的中心點。底特律原是法國人建立的堡壘，它位於高地，可以俯瞰連接伊利湖（Lake Erie）與西邊大湖區的河流最窄處。狹窄的距離使法軍指揮官安東尼·凱迪拉克（Antoine Cadillac）能夠用槍砲控制水路交通，日後，這裡的地形也讓底特律成為美加之間偷渡私釀威士忌的理想地點。

十九世紀水路貿易的進展——如同當時的全球化——加快了底特律、紐約與芝加哥等城市的成長速度。一八一六年，陸路運貨三十英里的成本，等於跨越大西洋的水路運貨成本。如果住的地方離海邊三十英里，那麼從舊世界運貨來此，就等於支付了兩次跨越大西洋的費用。因此，民眾都選擇住在東岸的海濱地區，而且集中在波士頓到薩凡納（Savannah）的港口周圍。十八世紀，大西洋是美國的交通幹道，透過這條生命線，美國可以與歐洲及加勒比地區市場進行貿易。

美國的開國元勳知道，只有當人民與貨物能在美國內陸從這個州到另一個州，輕易地流通時，美國才能真正凝聚成一個國家。喬治·華盛頓（George Washington）在當上美國總統之前，曾擔任過波多馬克運河公司（Potowmack Canal Company）董事長。甚至早在萊辛頓與康科德戰役（battles of Lexington and Concord）爆發前[3]，華盛頓就已經夢想要連通波多馬克河與俄亥俄河。可惜在十八世紀，美國民間企業家沒有這麼多的資金可以支持如此龐大、長期而又充滿風險的大型運河建設計畫，而華盛頓本人顯然善於指揮槍砲更勝於開鑿運河。大型的水路交通要道伊利運河，後來在紐約人的協助下，在相當偏北的位置破土動工，而這條幹道將連通哈德遜河與大湖區。紐約的勝利反映出紐約在地理上的優越，以及紐約州政府願意在開鑿運河上賭上大筆的公共預算。他們贏得了賭注；運河幾乎馬上就成為獲利的金雞母，因為東西向的運輸需求極為龐大。

伊利運河沿線很快出現許多城市，其所創造的貿易網路使農民可以往西移動。雪城（Syracuse）起初以運鹽維生。羅徹斯特（Rochester）成為美國的麵粉之都，將附近農家生產的小麥磨成麵粉，然後經由運河送出。水牛城是伊利運河西部的終點站，貨物到了這裡會進行轉運，在航行大湖的大型船隻與航行運河的平底船之間切換。像水牛城、芝加哥與紐約這類美國城市，它們的成長主要仰賴位置，貨物到了這裡無論如何都必須轉換運輸形式。為了搬運所有的穀物，水牛城一名商人開始使用升降機，這項科技日後將改變城市的面貌。

第二條水路是伊利諾與密西根運河，它構成一道巨大的弧線，從紐奧良一路通往紐約，沿途經過聖路易斯、芝加哥、底特律與水牛城。從一八五〇年到一九七〇年，美國前十大城市至少有五座位於這條水路沿線。[4] 芝加哥的投機者知道伊利諾與密西根運河將使他們的城市成為這道弧線的拱心石——沿芝加哥河航行的運河船隻，將在這裡進入大湖區——一八三〇年代，當運河開始開鑿時，芝加哥的房地產也跟著水漲船高。從一八五〇年到一九〇〇年，芝加哥人口增長了五十倍，從不到三萬人成長到一百五十萬人以上，運河開通後，鐵路也隨之鋪設完成。

有些城市因位於美國十九世紀運輸網路的連結點而快速成長，運輸網路也使許多民眾得以接觸美國腹地的豐富物產。當時與今日一樣，愛荷華州的肥沃黑土是許多農民夢寐以求之物。一八八九年，愛荷華州的玉米產量比玉米的舊種植區肯塔基州高了五成。玉米在西部比較容易種植，但它每噸的價值不高，因此在運輸上顯得相對昂貴。運河船隻與鐵路車輛負責將熱量往西運送，而城市則有助於讓農產品更便於運送。

在俄亥俄與伊利運河開通前，運輸穀物的成本很高，農民因此將穀物釀成威士忌，不僅便於保存，而且威士忌每盎斯的熱量是未加工玉米的兩倍以上。以卡路里做為計算基礎的話，威士忌不僅重量較輕，有人還說比玉米可口。當運輸成本隨著運河與鐵路完成而下降時，以豬肉的形式來運送玉米變得比較划算，因為就每盎斯熱量與耐久度來看，火腿剛好介於玉米與威士忌之間。美國的豬肉之都辛辛那提與芝加哥，將鄰近農民飼養的動物屠宰並且醃製。古斯塔夫斯．斯威夫特（Gustavus Swift）引進鐵路冷凍車廂，使屠宰肉品在運輸過程中不致腐壞，芝加哥的畜欄於是從豬改成了牛。斯威夫特的點子就像許多重要發明一樣，人們很容易習焉不察。斯威夫特把冰塊放在肉的頂端而非底部，所以當冰塊融化時會順著牛肉兩邊流下而讓牛肉保持低溫狀態。

與芝加哥一樣，底特律早在福特製造出第一台T型車之前，就因為鐵路與水路網在這裡匯集而逐步成長為大城市。一八五〇年到一八九〇年間，底特律的人口增加為原來的十倍，從兩萬一千人增加到二十萬六千人。底特律的成長同樣與水路有很密切的關係，底特律河是愛荷華農場通往紐約餐桌的路線之一。到了一九〇七年，有六千七百萬噸貨物行經底特律河，是經過紐約港或倫敦港貨物的三倍以上。

在歐洲，工業城市同樣沿著水路發展。德國工業的心臟地帶魯爾區（Ruhr）是根據流經的河流而命名，沿著這條河可以通往產煤區。利物浦與曼徹斯特這兩座英國工業大城藉由莫西河（Mersey River）與十八世紀運河彼此連結。喬治王時代（Georgian era）修築的運河也連結了伯明罕與布里斯托（Bristol）。[5]

一八三〇年代，鐵路補充水路的不足，確保這些工業區彼此更能輕易地連結起來通往全球市場。

企業家來到紐約、芝加哥與底特律，是希望藉由這裡的港口與其他製造商和城市消費者接觸。當產業彼此座落的地點相近而且鄰近消費者時，就可以省下運輸成本，這是「聚集經濟」（agglomeration economies）造成的效果，廠商可以從城市群聚中獲得好處。城市不斷成長，構成龐大的本地市場，並且藉由水路連結其他消費者，實業家可以獲得經濟學家所說的「規模報酬」（returns to scale）。規模比較大的工廠可以生產更多的產品，因此可以壓低每單位生產成本，一些大規模的煉糖廠與汽車工廠就是採取這種做法。

汽車時代之前的底特律

底特律一些規模最大與最成功的企業，例如底特律乾船塢公司（Detroit Dry Dock），提供服務的對象是底特律周邊的大量船隻。底特律乾船塢公司成立於一八七二年，往後三十年，它的引擎生產部門成為大湖區最重要的造船公司。一八八〇年，福特來到底特律乾船塢。福特的傳記作者艾倫·納文斯（Allan Nevins）表示，福特在來乾船塢之前曾當過機械工，在小公司工作「或許比在大公司更有機會獲得完整訓練」，但福特卻首次在乾船塢見識到技術繁複的引擎生產流程。底特律在木材與鐵礦的取得上十分方便，這裡的造船廠也位於大湖區的中心。對底特律來說，專精製造船舶引擎是很自然的事，而底特律在生產與修理引擎上的專業，也使它成為生產汽車的最佳選擇。

汽車是結合馬車與引擎這兩種舊觀念而產生的新觀念。底特律製造馬車與引擎已有很長一段時間。引擎可以提供行駛於大湖區的船舶使用；馬車則是利用密西根森林的豐富木材來進行製造。福特一開始從事的是引擎生產工作，而通用汽車（General Motors）的企業家比利・杜蘭（Billy Durant）起初則是在弗林特（Flint）附近生產馬車。

十九世紀末的底特律像極了一九六〇與七〇年代的矽谷。汽車之都成為培育眾多小發明家的溫床，他們全專注於一件最嶄新的事物：汽車。汽車的基本科學已於一八八〇年代由德國發展完成，但德國發明家在美國沒有專利保護。因此美國人爭相思索如何才能量產品質良好的汽車。一般而言，小企業的存在與一個地區日後的成長，兩者間有著強烈的相關性。競爭——「比賽者現象」——似乎可以促進經濟成功。

一八八二年，福特離開底特律乾船塢，並且在鄉下的老家不斷進行引擎實驗。他從操作鄰居的西屋打穀機中得到不少經驗，然後利用這個經驗在西屋找到一份與引擎有關的工作。他利用空閒時間實驗蒸汽引擎，甚至自己製造了一部原始牽引機。一八九一年，福特跳槽到西屋的死對頭，愛迪生照明公司（Edison Illuminating Company）。一八九三年，他被升為底特律廠的總工程師，當他向愛迪生解釋他對汽車的想法時，據說這名偉大的發明家回答說：「年輕人，這件事值得一試！」

福特利用他在愛迪生照明公司獲得的經驗與訣竅，開始摸索如何製造汽車。一八九六年，福特在自家後頭的工作室辛苦研究了兩年，終於製造出福特四輪車（Ford Quadricycle）。四輪車相當簡單，而且用的是自行車的輪胎，但它的最高時速達到二十英里，這已足以讓資助福特的木材大亨感到印象深刻。一八九九年，這名大亨協助福特成立了他第一家汽車公司。福特早期的汽車不僅昂貴而且品質低劣，不能算是理想作品，於是他於一九〇一年離開自己一手創立的公司。但木材大亨不願輕易放棄；他引進另一名工程師，並且以底特律創立者的名字將福特的公司改名為凱迪拉克。

一九〇〇年，紐約市擁有的汽車製造商在全國占的比例其實高於底特律，但底特律在二十世紀初擁有數量爆炸的汽車企業家。底特律似乎每繞過一個街角就會出現一名初出茅廬的汽車天才。福特、蘭塞姆・歐茲（Ransom Olds）、道奇兄弟（Dodge brothers）、大衛・鄧巴・別克（David Dunbar Buick）與費雪兄弟（Fisher brothers）全在這座汽車之都工作。這些人當中，有些人從事汽車製造，但底特律也有很多獨立供應商，例如費雪兄弟，他們可以滿足創業者的需求。福特在製造引擎與底盤的道奇兄弟支持下開了新公司。他們提供福特的不只是資金，還有零件。

逐漸地，福特的汽車價格開始降低，性能也逐漸提升。一九〇六年，福特生產了N型車，這輛重一千零五十磅的車子，一輛只賣五百美元。由於銷路太好，賣出八千五百輛以上，使福特躍升到汽車產業的前幾名。一九〇八年，福特引進T型車，折扣價八百二十五美元，相當於二〇一〇年的一萬九千美元。五年後，福特開始利用流水裝配線生產T型車，生產的速度與效率大為提升。當然，這種大規模工業化的流程——把複雜的製造流程區隔成細碎而簡單的程序——早在福特之前就已出現。一七七六年，亞當・斯密（Adam Smith）就曾稱讚別針工廠的分工方式。福特只是就這個基礎上更進一步，他使用機器來移動零件，然後要求工人必須完美地配合整個流程。

我們在上一章討論了傑文斯的互補性推論，根據這項推論，越有效率的資訊科技，會使面對面學到的資訊更有價值，然而，不是所有新科技都能增加知識的報酬。福特的裝配線是一種奇怪的產物，它是一種摧毀知識的觀念。資訊科技增加了聰明才智的報酬，但機器卻反過來減少了對人類智巧的需求。福特把人類變成大型工業企業中的齒輪，人類毋需知道許多知識也能提高生產力。然而，如果人類不需要知道許多知識，那麼人類也就不需要傳播知識的城市。當城市創造出強大的摧毀知識的觀念時，它等於走上自我毀滅的道路。

底特律遭遇的諷刺與悲劇，在於小型而充滿活力的公司以及獨立的供應商合併成為巨大而無所不包的汽車公司，因此整座城市走入了停滯。福特想出的大量生產可以讓他的汽車更便宜，但大規模自給自足的工廠卻悖逆了城市競爭與連結的優點。福特的裝配線可以讓教育程度低的美國人找到工作，但底特律卻因此成為低技術的城市，最終反而傷害了該市的經濟。

成功的汽車公司收購了它們的供應商如費雪車體公司（Fisher Body）與競爭者。到了一九三〇年代，只有那些有勇無謀且資金充沛的生意人才敢挑戰通用汽車與福特公司。獨立城市企業家營造出來的思想沃土，被少數大公司所取代。這些大公司不願進行激進的實驗，因為對它們來說，守成就能獲得最大的利益。

亨利．福特與工業城市底特律

當汽車公司不思創新而完全仰賴量產時，也失去了在城市設廠的必要。人口稠密的市中心是產生新觀念的好地方，卻不適合生產數百萬輛T型車。福特希望量產所需要的廠房規模不是任何一座城市所能容納的。一九一七年，他在底特律西南方的迪爾伯恩（Dearborn）近郊設立了紅河廠（River Rouge Plant）。福特在紅河蓋了九十三棟廠房，占地約七百萬平方英尺。紅河廠有專屬的月臺、鐵路與發電廠。原料可以在單一廠房中製造成汽車。

福特紅河廠開啟了製造業市郊化的風潮，這股趨勢將持續整個二十世紀。汽車原本在城市誕生，現在卻成為背叛父母的孩子。汽車讓美國人住在郊區，遠離街車與人行道。卡車使工廠遠離鐵路。汽車與卡車使渴望擁有空間的人與公司，可以遠離人口稠密的城市地區。

一九五〇年代，紐約與底特律開始萎縮，它們從港口與鐵路獲得的優勢逐漸喪失，因為其他地區也能輕易與世界市場接軌。從一八九〇年到現在，每噸貨物移動一英里的鐵路運輸成本從二十美分降到兩美分，因此工廠是否設在運輸中心附近已不是重點。第二次世界大戰之前，公司為了利用美國北方比較便捷的運輸網路來取得原料與運送成品，因此願意忍受當地昂貴的勞動成本。一旦運輸成本下降，公司就開始移往人工較便宜的地區，例如紅河這種郊區工廠、南方保障就業的州與中國。在此同時，汽車的興起也讓以火車與電梯為主的老城市顯得落伍。

美國的工會運動興起於這些老城市。山繆．龔帕斯（Samuel Gompers）是美國勞工聯盟（American Federation of Labor）的創立者，他是紐約市的雪茄工人。數萬名紐約製衣工人組織工會，於一九一〇年發動大規模的暴動，迫使雇主加薪與改善工作條件。

二十世紀初，城市也流傳著各種公司惡行的描述，這有助於爭取民眾對勞工的支持。一九三七年五月的一個下午，試圖號召福特工人組成工會的勞工組織者聚集在跨越紅河的人行天橋上。他們分發傳單抨擊福特，而且讓《底特律新聞報》（*Detroit News*）拍攝照片。在拍攝的過程中，福特的安全人員攻擊這群平和的組織者。《底特律新聞報》捕捉到這些人抓著組織者的臉去撞牆壁的畫面，也拍攝到他們毆打婦女的照片。對福特來說，這是一場公共關係的災難，它同時也讓工會人士成了英雄。四年後，福特終於屈服，與美國汽車工人聯合工會（United Auto Workers）簽定契約，這項協議使工會在往後半個世紀在北方工業城市一直擁有力量。

在此同時，美國聯邦政府也協助鞏固工會權力。一九三五年通過的全國勞動關係法（National Labor Relations Act）使開除罷工工人更加困難，而且導致只雇用工會成員的企業或商店形成，亦即工會與公司同意某個工作場所的所有工人都必須加入工會。這些只雇用工會成員的公司不可能雇用非工會的罷工破壞者，這給予工人更大的權力表達對製造業者的需求。已經在固定基礎設施上投資數百萬或數十億美元的公司，即使它的工人要求調高薪資、給予更多津貼、縮短工時或要求其他讓步，也不可能輕易遷廠。如果罷工工人控制昂貴的基礎設施，例如工人採取靜坐廠區抗議的方式，他們可能造成極大的財務損失，管理階級往往會因此讓步。短期而言，工會權力對紐約製衣工人與底特律汽車工人代表了高薪，但這些薪資最終將促使製造業者離開這些城市。

一九四七年的「塔夫特—哈特利法」（Taft-Hartley Act）促成了「陽光地帶」的工業化，相反地，北方城市如底特律與紐約則深受其害。這項法律允許各州通過保障就業的法律，禁止企業只雇用工會成員。在保障就業的州——通常位於南方——工會討價還價的權力大為減弱，因為公司可以轉而雇用那些未參加工會的工人。因此，製造業者自然而然逐漸遷往保障就業的州而離開那些老工業地區。有一篇經典的論文對於實施就業保障法對相鄰兩個郡（兩個郡剛好一個實施該法，一個未實施）的工廠工作產生的影響做了比較。結果發現，從一九四七年到一九九二年，實施該法的郡製造業成長的速度，比未實施該法的鄰郡快了百分之二十三點一。

二次大戰結束後的數十年間，工會的高薪資對底特律似乎還不構成妨害。當美國汽車工人聯合工會逼迫車廠三巨頭提高薪資時[6]，提高的成本絕大多數都轉嫁給消費者。這些車廠獲利極為豐厚，即使是世上最昂貴的勞動成本，它們也承受得起。當然，這些車廠還是會嘗試在低勞動成本的州開設新廠，因此早在汽車產業開始衰退之前，底特律已經開始失去吸引力。

工業衰退終究還是對每個老城市造成打擊。在十九世紀上半葉波士頓的海上產業憑藉著快速帆船與中國貿易蒸蒸日上，卻在蒸汽船興起後遭到淘汰。在一九六〇年代晚期與一九七〇年代紐約製衣業從內部開始崩解，一九六七年到一九七七年間，紐約製造業足足減少了三十萬個以上的工作機會。城市製造業出走不一定是件壞事——在便宜的地點生產可以讓一般民眾買到更便宜的商品——但對世界各地的工業城市來說，卻是一項致命的挑戰。

這股毀滅美國製造業城市的力量，也在歐洲創造出類似的「鐵鏽地帶」。一九三七年，也就是約翰・藍儂（John Lennon）出生前三年，利物浦有八十六萬七千名居民。從過去至今，利物浦一直是英格蘭連結世界的門戶。曼徹斯特的大紡織廠需要的生棉從利物浦進口，織好的成品再經由利物浦出口。與紐約一樣，而且理由相同，利物浦也曾經是製糖業的重鎮。但是從一九三七年之後，利物浦遭遇了與底特律相同的命運，喪失將近一半的人口。貨櫃運輸這種節省勞動力的科技出現，造成數千名碼頭工人失業。運輸成本的降低使產業移到較便宜的地區。英國工會的力量甚至比美國汽車工人聯合工會更強，在英國經營工廠的成本遠超過中國。倫敦在觀念密集部門如金融業的協助下脫胎換骨，但生產商品的地區，如利物浦與英格蘭北部的老工業區，至今仍深陷泥沼之中。

數世紀以來，西班牙一直沉睡在農業之中，它是最晚工業化的歐洲國家。儘管如此，工業城市的時代在西班牙也進入尾聲。一九五九年，佛朗哥（Francisco Franco）姍姍來遲地授權一支新技術官僚經濟隊伍開放西班牙經濟。從一九六〇年到一九七五年，西班牙快速城市化，國內生產毛額成長的速度遠超過世界任何一個國家，僅次於日本。低薪資與鄰近歐洲市場使西班牙的港口，例如畢爾包（Bilbao），成為煉鋼這類重工業的絕佳地點。但是與底特律一樣，畢爾包在一九七〇年代因油價飆漲而受害，全世界陷入不景氣，而其他低成本的國家也開始成為畢爾包的競爭對手。從一九八一年到一九九五年，畢爾包的人口減少了百分之十四。

為何出現暴亂？

經濟衰退對城市的直接影響是工作減少與薪資下跌，這些負面的衝擊也帶來間接的後果，例如社會騷動與賦稅減少，也會對社會帶來損害。工業城市崩潰的時期，剛好是一九六〇年代犯罪率高漲與暴亂相繼發生之時，當時的公部門僅能做到撙節開支，在各方面都力不從心。一九六〇年代初光明而樂觀的時代，許多美國城市摒棄老派僵硬的政治人物，轉而支持年輕充滿魅力的領導者。在底特律與紐約，自由派與非裔美國人聯合起來分別選出了傑洛姆．卡瓦納（Jerome Cavanagh）與約翰．林賽擔任市長。相較於前任市長被視為警察暴力的幫凶，卡瓦納承諾會更公正地執法。他發起糾正歧視行動計畫，而且與馬丁．路德．金恩（Martin Luther King Jr.）一起上街遊行。林賽也反對警察暴力而且支持糾正歧視行動。林賽最輝煌的時期大概是在金恩遇刺後那段時間，當時他走在哈林區（Harlem）的街道上，以溫情與同情軟化民眾的情緒。

但是最終這兩位市長都無力控制撼動城市的力量。他們毋需為製造業出走負責——經濟的潮流沒有任何人能抵擋。他們也不是社會不安的禍首，這些騷動是一九六〇年代美國城市的普遍現象，主要源自於經濟衰退、期望落空與傳統社會控制手段失靈。但兩位市長都犯下錯誤，因此讓城市的痛苦加劇。

林賽最大的錯誤是他無力撙節開支，尤其當他面對強硬的市府工會與大眾運輸系統罷工時。林賽起初是共和黨員，他希望工會限制調漲薪資，然而他身為曼哈頓富豪區國會議員的背景，無法讓他在與大眾運輸員工的激烈街頭鬥爭中取勝。他最後還是調高罷工者的薪資，並且以創造性簿記（creative bookkeeping）來隱藏市府增加的開支，結果使得紐約在一九七五年差點破產。卡瓦納的致命錯誤在於他執意拆除貧民窟，並且用聯邦提供的都市更新基金建築高樓大廈。底特律房地產市場早在一九五〇年代達到巔峰，到了卡瓦納接任市長的時候，房市已步入衰退。底特律的人口不斷流失，留下了大量空屋。在這種情況下，為什麼還要補貼興建住房呢？成功的城市必須建設以滿足增加的空間需求，但這不表示建設就能「創造」成功。

底特律與紐約的都市更新著眼於以亮麗的新建築取代乏人問津的貧民窟，但這麼做並不能挽救都市衰退。這些新建築不過是散布在全美各地的波騰金村（Potemkin villages）[7]，是政治人物塑造城市成功的假象。但底特律已經有很多建築物，沒有必要再增加。底特律需要的是人力資本，也就是像福特、杜蘭與道奇兄弟這種可以創造新產業——如夏克利與快捷半導體的工程師在矽谷從事的產業——的新世代企業家。在一個房地產價格已經很低的地方大興土木，而非投資在人才身上，這應該是這六十年來錯得最離譜的城市政策。

兩位市長在打擊犯罪上都遭遇挫敗。從一九六〇年到一九七五年，紐約的謀殺率增加了四倍，底特律也經歷同樣惡化的趨勢。然而種族歧視與警察暴力使這兩位市長對於說明義務的重視更甚於執法。非裔美國人不願再忍受白人惡棍的欺侮，無論這些人有沒有穿上警察制服。在底特律，百分之九十三的警察是白人，這些人似乎無法完全融入一座人口接近一半是黑人的城市。日後的市長，如紐約的魯迪·朱利安尼（Rudy Giuliani），可以藉由嚴格執法來維護治安，但在一九六〇年代，顯然強力執法並不能維持市區安寧。

從艾爾赫斯特街交叉口，沿羅莎公園大道行駛，不到一英里的路程，你會看到在克雷芒特街（Clairmount Street）路口轉角有一處荒廢的公園。這是某個事件的發生地，即使過了快五十年，底特律仍然未能從這個事件中恢復。一九六七年七月二十三日星期日凌晨，位於這個轉角的俱樂部正為返國的退伍軍人舉辦宴會，此時底特律警方對他們發動突擊。這批素行不良的警察早已因殘暴對待底特律黑人而惡名在外，他們打算將在場八十五名參加宴會的人士押回警局。兩百多名群眾開始鼓譟集結，並且朝警察丟擲酒瓶，警察落荒而逃。暴民如滾雪球般不斷擴大，不久，底特律各地開始冒出熊熊火光。

暴動是典型的臨界現象。如果你是三名暴動者的其中一人，會身處險境，因為警察很可能抓到你，然而如果你置身於三千名暴動者之中，被捕的可能性就微乎其微。在底特律，一千多名警察控制不了數千名暴動者縱火搶掠。卡瓦納已經失去對自己管轄城市的控制。這場暴動直到星期二以後，第八十二與第一〇一空降師數千名傘兵連同裝甲車輛開進市區後才告一段落。等到鎮壓結束，暴動已造成四十三人死亡、一千四百棟建築物燒燬、一千七百家商店遭搶，以及七千人被逮捕。

我們不難了解底特律的非裔美國人為什麼群起暴動。他們長久以來一直遭受從南方徵調來的白人警察暴力相向。數十年來，他們一直被有系統地排除在只有白人才能從事的汽車產業之外，他們得到的工作不是薪水微薄，就是工作條件惡劣。統計數據顯示，底特律並不是唯一挑起黑人憤恨的城市，而且暴動最常出現的都是那些擁有大量年輕失業非裔美國人的城市。

擁有較多警察的城市，發生的暴動往往規模較小。且令人遺憾的是，一旦暴動發生，唯一能有效停止暴動的方法似乎只有嚴格執法。三名研究市民暴動的專家曾針對獨裁與暴動之間的關係進行分析，他們的結論用簡要的幾個字就可表示：「鎮壓是有用的。」殘暴的政權嚴厲地懲罰暴動，因而暴動較少，這或許可以解釋為什麼民主國家比獨裁國家更常出現暴亂場面，以及較為進步的北方城市暴動為什麼遠比施行歧視黑人法律的南方城市為多。

暴動是城市引發集體行動的一個例子，也是一種難以解開的城市詛咒。然而，斯汀佛德附近的暴亂開啟了荷蘭大反叛，導致了歐洲第一個近代共和國，而波士頓暴民桀驁不馴的行動則是美國走向革命與共和的必經道路。傑佛遜曾經寫道：「我認為大城市是人類道德、健康與自由的瘟疫。」但他口中的自由卻泰半是由山姆．亞當斯（Sam Adams）與約翰．漢考克（John Hancock）這些煽動者爭取來的，他們之所以能與英格蘭造成衝突，主要就是因為波士頓這座大港提供他們鼓動暴民的良機。

與英王喬治三世一樣，一九六〇年代美國各城市的領導人對於暴動有兩種合理反應。一種是加強執法，並且要求民眾待在家裡以維護街道安全。另一種是同情暴動者並且嘗試創造一個更公平的社會。第二種反應有其道理，因為林賽與卡瓦納都傾向於這種做法。一九六〇與七〇年代，許多改革派領導人努力想讓自己的城市在種族與社會上變得更平等。遺憾的是，這些領導人只是證明了要在城市層面改弦更張有多麼困難。

美國種族主義的慘痛歷史有助於解釋為什麼在一九六〇年代有這麼多非裔美國人參與暴動，但這段歷史無法改變一件事實，那就是暴動對美國城市破壞甚大，其中受創最深的反而是非裔美國人自己。畢竟暴動者焚燒的都不是那些有錢白人位於市郊的房子。暴動與上升的犯罪率讓人覺得文明已經離開這些這座城市。結果，有能力離開底特律的人全離開了。

城市改造：一九七〇年後的紐約

到了一九七〇年代，幾乎每座老工業城都面臨衰退的命運。紐約與底特律對於自身核心產業的衰退感到震驚，紐約的情況似乎更糟，因為汽車產業與底特律的連結遠比製衣業與紐約的連結來得牢固。一九七七年，密西根州韋恩郡（Wayne County，包括了底特律）工人獲得的薪資高於曼哈頓工人。[8]紐約市政府似乎沒有比底特律市政府好到哪裡去。一九七五年，紐約州成立市府援助公司（Municipal Assistance Corporation）接管市府財政，防止市府陷入破產，儘管紐約市已經課徵了美國數一數二的稅率。

但是當底特律持續衰退之際，紐約卻從谷底反轉。

有很多說法可以解釋紐約重生的原因。有些洋基隊球迷認為瑞吉·傑克森（Reggie Jackson）的全壘打喚回紐約市的神奇力量。比較新潮的城市學家則歸因於安迪·沃荷（Andy Warhol）及藝術活動。市長朱利安尼則認為自己功勞最大。這些觀點都不無道理，但紐約的起死回生主要還是與大量湧現的企業家精神有關，特別是金融業。二〇〇八年，金融業員工的薪資超過了七百八十六億美元，而美國人口普查局為這個部門的類別取了一個奇妙的名稱：證券、商品契約與其他金融投資及相關活動。這個數字甚至不包括開設金融公司的人得到的薪水。

早在六十年前，紐約的恢復力就已經引起人們的好奇，經濟學家班傑明·奇尼茨（Benjamin Chinitz）認為紐約的力量源自於它的企業家傳統，而製衣的中小企業是孕育這種精神的搖籃。奇尼茨指出，匹茲堡大鋼廠的領薪雇員教導自己的孩子要服從上司安分守己，但紐約的成衣製造商卻教導自己的孩子勇於冒險。金融億萬富翁桑迪·威爾（Sandy Weill）的父親一開始是裁縫師，之後則轉而從事進口鋼材的生意，桑迪在這種環境下成長，顯然覺得開公司會比領薪水來得自在。

城市長久以來一直創造出知識爆炸的現象，在城市裡，一個聰明的點子會引來另一個聰明的點子。佛羅倫斯的文藝復興就是這種爆炸的典型例證；伯明罕與曼徹斯特的工業革命則是另一個例證。二十世紀晚期紐約金融業的成長，主要受到以下創新的激勵：人們試圖將風險與報酬之間的交換量化，如此就能輕易地出售投資者的高風險資產，包括垃圾債券與抵押擔保證券，然後更進一步從事風險更高、報酬更多的活動，例如以槓桿收購像雷諾納貝斯克（RJR Nabisco）這類績效不佳的公司。今日的避險基金億萬富翁其實只是這一長串創新者的一分子。

全世界有數百萬人以懷疑的眼光注視著紐約的金融創新，但彭博的故事——他從一名聰明的交易商成為另一個部門的企業家——或許較能獲得一般人的認同。一九七〇年代，彭博在所羅門兄弟旗下大放光彩，負責管理公司的交易樓層，然而之後他卻被流放到滿是電腦怪咖的系統發展部門，並於一九八一年被辭退。彭博於是投入到資訊科技產業，三十年後，他把公司發展成龐然大物，而且針對越來越重視量化資料的華爾街，提供他們想要的訊息——持續、即時而且淺顯易懂的大量資訊流。

彭博因電子資訊而致富，但他仍強調面對面工作的價值。他的辦公室採取開放式空間，就跟他在所羅門兄弟工作時的華爾街交易樓層一樣。他成功的因素之一，就是資訊在公司內部能毫無阻礙地流通。世界上絕大多數的富人總是希望坐擁豪華辦公室，牆上擺滿裝飾品，但在彭博的交易樓層，這些世上數一數二的富人緊挨著一起工作。有錢的交易商寧可放棄隱私也想從旁邊的人獲取資訊。就某種意義來說，交易樓層就像具體而微的城市。當彭博於二〇〇二年再次轉換跑道，成為紐約市長時，他也將開放空間的概念帶到了市政府。

當紐約浴火重生成為金融界的鳳凰時，底特律仍持續衰退。從各方面來看，汽車之都的失敗是福特的成功所遺留下來的結果。城市改造必須重新尋回城市的傳統價值，而底特律的傳統價值必須回到十九世紀去尋找：受過教育的工人、小企業家與不同產業間的創造性互動。二十世紀晚期，底特律完全掌握在單一產業手裡，這個產業雇用了數十萬人，分別分布在三家垂直整合的大公司裡。這樣的組合真是後患無窮！

像底特律這種擁有大企業的城市，就業成長力道會比中小企業較多的城市來得弱。一九七七年，都會地區公司與員工數量的比率每增加百分之十，一九七七年到二〇〇〇年的就業成長率就會增加百分之九。也就是說，無論哪種產業，公司成立多久，或城市多大，這種關係都是成立的。

垂直整合的大公司短期而言也許具生產力，但這種公司無法產生有活力的競爭與長期成功所需的新觀念。任何小企業主，即使他有如前通用汽車高級主管約翰・迪洛林（John DeLorean）的經驗與派頭，也不可能與汽車業三巨頭競爭。底特律使多樣性與競爭窒息，因而失去了激勵成長的動力。此外，這座裝配線之都從未投資於教育機構，自然無法回復往日多元的樣貌，如波士頓、米蘭與紐約那樣。

在此同時，運輸成本的下跌使歐洲與日本競爭者更容易打入美國汽車市場。底特律三巨頭一直對高風險的嘗試興趣缺缺，反觀本田宗一郎卻大膽生產省油的小汽車。底特律汽車產業靠著偶然想到的點子如多功能休旅車與運動休旅車勉強維持市占率，然而它們稱霸的時代已經結束。到了一九七〇年代，當高油價使美國人不願購買耗油的凱迪拉克（Eldorado）與克萊斯勒（Imperial）時，底特律也走到盡頭。隨著汽車產業衰退，底特律更加式微。工業城市的時代，連同廣大的工廠與強大的工會，終於畫上句點。

科曼・楊的義憤

底特律式微的主因是經濟而非政治，然而以政治的角度來回應城市衰微只會使情況更糟。紐約回應一九七〇年代危機的方式，是放棄在地方層級實現社會正義，轉而選出中間派的幹練市長，如柯奇、丁金斯（David Dinkins）、朱利安尼與彭博，這些人決心讓紐約成為吸引雇主與中產階級居住的地方。底特律則是由一位熱情的十字軍戰士帶領，他的憤怒我們可以理解，但於事無補。

科曼・楊（Coleman Young）的家人在一九二〇年代從阿拉巴馬州搬到底特律。楊在福特公司找到工作，但最後因參與勞工與市民權利議題而被列入黑名單，然後遭掃地出門。二次大戰期間，他加入塔斯克基飛行大隊（Tuskegee Airmen），擔任投彈手。這支全由黑人組成的隊伍讓非裔美國人首次有機會為他們的國家飛行。一九四三年，底特律蠢蠢欲動的種族不安終於引爆成大規模的暴動，事件源起於一群白人青少年在貝爾島（Belle Isle）公園攻擊黑人。白人警察射殺了十七人，其中沒有任何一名是白人。聯邦政府認為此時應明智地將楊所屬的黑人轟炸機大隊遷移，楊此時駐紮在底特律市郊，先是遷到肯塔基州，而後轉移到印第安納州的弗里曼飛行場（Freeman Field）。

弗里曼飛行場有兩個軍官俱樂部，分開但不對等，一個是白人指導員組成的俱樂部，另一個是黑人學員的俱樂部。楊把在底特律街頭學到的勞工組織技巧用來整合這兩個俱樂部。黑人軍官全體進入白人的俱樂部，並且遭到逮捕。最後，在非裔美國人團體的壓力下，他們全獲釋放，並且遷回肯塔基州。這裡的軍官俱樂部向所有人開放，但白人軍官除了這裡外，還可以使用另一個位於諾克斯堡（Fort Knox）的俱樂部。

二戰結束後長達十八年的時間，楊一直在底特律政壇尋求發展。一九五一年，他創立全國黑人勞工會議（National Negro Labor Council），他的激進主義在麥卡錫（Joseph R. McCarthy）時代引起眾議院非美活動調查委員會（House Un-American Activities Committee）的注意。當被問起他的同夥時，楊拒絕回答，他解釋：「我不是來這裡告密的。」終於，一九六三年，他的激進主義獲得時代認同，他被選為州參議員。三年後，他成為參議院少數族群領袖。他推動開放住房法律以限制種族隔離，他也支持底特律首次開徵所得稅。

地方所得稅的開徵充分顯示想在每座城市建立公平社會有多麼困難。楊開徵所得稅的直接效果是讓富人出錢救濟窮人，間接效果是促使富有市民與企業離開。有四名經濟學家的研究顯示，每四座大城市就有三座未能因高稅率而提高城市稅收，因為經濟活動在高稅率之下會急速降溫。像底特律這樣一座正不斷衰頹的城市，從事地方財富重分配雖屬善意，卻反而加速富人與企業出走，讓窮人更加孤立。

暴亂之後，卡瓦納的市長生涯也隨之結束，他宣布退休。一九七三年，隨著底特律黑人人口持續成長，楊獲選為市長。他明確表達底特律黑人社群長期受挫的情緒，而後他也輕鬆連任四屆市長。在楊的影響下，一九七〇年，底特律的白人占全市人口百分之五十五點五，到了二〇〇八年，白人已降到只占全市人口百分之十一點一。

楊擔任市長二十年間，他的粗魯言論經常登上報紙頭條。他認為這些無禮言詞是有用的：「你可以更直接、更明確、更簡潔地表達自己的看法，包括在適當時咒罵幾句。」楊認為白人根本不了解他們的種族主義有多惡劣：「種族主義受害者比你更有資格評論你是不是種族主義者。」有些人認為，當楊呼籲白人「離開底特律」到「八英里道路」（這是一條分隔底特律及其北部郊區的幹道）以外的地方住時，他意思就是要讓那些白人全搬到郊區去。這位市長顯然沒有閒工夫應付這些敵人，因此樂意見到他們離開市區。

楊的好鬥使他的支持者覺得楊是一名無畏的鬥士，在市府為他們努力奮戰。底特律的非裔美國人長久以來一直被當成二等市民，此時他們終於能抬起頭來。楊的種族不平等經驗充滿苦澀，因而使他在遇見白人市民時連招呼都不願意打。此外，他的政治成就也只表現在底特律白人持續出走上。

科里效應

經濟學家總認為民眾有能力「用腳投票」來創造地方政府間的競爭，其所產生的好處就像公司之間的競爭一樣。然而實際的情況並沒有這麼樂觀。有時候，例如楊與底特律的故事所顯示的，投票者出走也會產生反向的政治誘因，使政府越來越差。我把這種現象稱為「科里效應」，得名自一位個性鮮明的波士頓市長詹姆士．麥可．科里（James Michael Curley）。

科里有許多地方跟楊一樣，要說有什麼地方不同，大概就是科里比楊更好辯。科里以貧窮愛爾蘭人少數族群的鬥士自任，他承諾要革除積弊，並且獲得勝利。科里的公開言論經常激怒波士頓的上層階級，例如他說盎格魯撒克遜人是「怪異而愚蠢的種族」。科里四次當選波士頓市長，不及楊的五任，但科里還當過一任州長。此外，科里與楊還有一點不同，他曾在兩任市長期間因郵件詐欺與幫人代考公務員考試而入獄服刑。

一九一六年某一天，科里當時首次擔任市長，一名英國徵兵軍官問他，是否能呼籲有英國血統的波士頓人在大戰期間為英國而戰。科里回答說：「上校，你請便吧，把這些該死的傢伙全部帶走。」畢竟，這些祖先出身英國的波士頓新教徒沒有一個不反對科里。波士頓越是成為貧窮愛爾蘭人的城市，科里就越有可能連任市長。

科里效應顯示種族政治的危險，特別是在交通四通八達出入方便的城市。如果富有的盎格魯撒克遜新教徒願意留在波士頓，對當地的經濟必有助益，但科里卻想盡辦法要他們離開。同樣地，底特律的經濟也因為富有的白人出走而受害。楊也許沒有明確表示要他們離開，卻也沒有積極地鼓勵他們留下。我們對於市長的憤怒感同身受，因為他的確受到不公平的對待，但義憤並不能產生明智的政策。

富人的流動性讓市府在扮演羅賓漢之前，必須要三思而行。富人可以輕鬆地離開蕭條衰退的城市。底特律的中產階級為了逃避楊，全搬到了郊區。

高樓建築群

楊的確為底特律規畫了經濟政策，但政策追求的目標卻是錯的。楊沒有嘗試吸引聰明、富有的企業家前來，反而大興土木，他犯的錯誤跟卡瓦納一樣，以為建築物就是真實的城市。幾個世紀以來，領導人總是以新建築物來彰顯城市成功的意象。西元一世紀，羅馬皇帝維斯帕先（Vespasian）以大規模的建設計畫，例如羅馬競技場來為自己營造正統的光環。一千七百年後，據說格利戈里・波騰金（Grigory

Potemkin）將軍建造了一座看似繁榮的虛假城鎮來討好俄國女皇凱薩琳大帝（Catherine the Great）。今日，城市的領導人喜歡為大型建築物的落成主持剪綵儀式，彷彿這麼做就能證明市府當局的成功，或已經重新為城市帶來繁榮。數十年來，聯邦政府提供數十億美元興建大樓與運輸系統，對教育或治安投入的經費卻遠低於此數，這種做法只是讓趨勢更加惡化。

這種認為城市可以藉由建設走出衰退的想法，是犯了建築的迷思，以為數量龐大的新建築物可以讓城市繁榮。成功的城市總會進行建設，因為經濟活力使人們願意付錢購買居住空間，而建商也樂於提供居住空間。但建築物是成功的結果，不是成功的原因。衰退的城市已經有建築物供過於求的問題，如果還要再蓋新建築物，無異是愚蠢。

一九七〇年代，底特律紅翼（Red Wings）曲棍球隊威脅要移往郊區。楊於是斥資五千七百萬美元（相當於二〇一〇年的兩億五百萬美元）興建喬路易斯體育館（Joe Louis Arena），並且以折扣價出租給紅翼隊。底特律保住了球隊，但花費極大的成本。一九八七年，底特律耗費兩億美元以上（相當於二〇一〇年的四億兩千五百萬美元以上）完成單軌運輸系統——People Mover。這條長度三英里的運輸系統每日搭載六千五百名乘客，一年需要補貼八百五十萬美元才能維持營運。這或許是美國國內最荒謬的一項大眾運輸計畫。它給了民眾一個極度樂觀的遠景，但實際上卻很少人搭乘。底特律根本不需要新的大眾運輸系統。People Mover下方的街道幾乎沒什麼車，可以容得下不少巴士行駛。

而在一九七〇年代，底特律的另一個偉大希望是文藝復興中心（Renaissance Center）。這座中心獲得稅捐減免，而且先後有卡瓦納與楊的熱情支持，但這座中心實際上是民間而非公共建設。福特二世認為，要挽救底特律，必須蓋一棟大型建築物，裡頭有數百萬平方英尺的辦公空間。遺憾的是，這個時期的底特律並不需要新的空間。這座中心花了三億五千萬美元興建，卻在一九九六年以一億美元的價格賣給通用汽車。通用汽車現在正使用這頭福特二世的大白象。

一九八一年，楊與通用汽車合作進行另一項建設計畫。楊徵收波蘭鎮（Poletown）這處種族社區的土地，並且將這裡一千四百戶的住房夷為平地。活動分子提出抗議並且將案子上訴到密西根州最高法院，但楊還是取得土地，並且讓通用汽車在市區內建造一座嶄新的高科技廠房。這座廠房至今仍在運轉，四百六十五英畝的土地上雇用了一千三百名員工，但是我們難以理解將四千多名居民移出這裡，然後在市區內創造一個土地密集產業的效益何在。

底特律的建設計畫確實改變了城市外觀。文藝復興中心支配了天際線。搭乘 People Mover 感覺像是到了迪士尼世界，只是迪士尼世界不可能位於充滿絕望的城市市中心。底特律與其他衰退的城市一樣，將數十億美元虛擲於城市不需要的基礎建設上。在一個已經滿是無人使用的建築物地區，繼續提供更多的建築物顯然是沒有用的。都市更新的失敗，反映出各個層級的政府都不了解唯有人才能決定城市的成功，而非建築物。

是否還有其他的公共政策能挽救底特律？楊當選市長的時候，底特律的沉痾已深，我懷疑即使是最好的政策也僅只能緩解城市的痛苦。如果能早個數十年，當時的底特律還比較富有，我們應該可以想出不同的發展路線。如果底特律能從一九二〇年代開始運用它的財富與政治力量投資各級教育，那麼它應該可以培育出人力資本，使底特律在後工業時代有機會起死回生。

繼續待在「鐵鏽地帶」

工業衰退與政治失靈的嚴酷現實，顯示到了二〇〇八年，底特律的人均所得是一萬四千九百七十六美元，只有美國平均所得的百分之五十四點三。即使在金融風暴襲擊之前，在二〇〇六年，底特律的失業率是百分之十三點七，遠高於失業率居次的城市。底特律的冬天非常寒冷，一月均溫是華氏二十四點七度（相當於攝氏零下四度），而美國人比較喜愛溫暖的天氣。過去一個世紀以來，沒有任何一個變數比溫和的冬天更能預測城市成長。有鑑於底特律既寒冷又貧窮，或許我們根本不需要思考底特律為什麼衰頹，我們應該問的是，為什麼二〇〇八年還有七十七萬七千人繼續待在這座城市。

關於這個問題，恐怕每個繼續待在底特律的人都有不同的說法，他們會告訴你他們珍視這個地方的理由。但有一項因素有助於解釋為什麼絕大多數人待在這裡——廉價而耐久的住房。每個地區的住民都與當地的住房緊密連繫在一起，而住房不會一夜之間消失無蹤。住房的價值也很高，難以拋棄，或者至少不是馬上就能放棄。住房的價格突然下跌，但還是可以居住，而且可以居住數十年。根據人口普查局的調查，底特律市中心的住房有百分之八十六建於一九六〇年之前。該市平均房價是八萬兩千美元，遠低於新成屋的價格。

當城市繁榮時，只要能快速興建住房讓新居民入住，城市就會成長得非常快速。當城市衰退時，居民減少的速度卻很緩慢，因為人們對於放棄住房這種高價值物品總是感到猶豫。就某個意義來說，住房的耐久性是一件值得慶幸的事，因為它能提供廉價空間給資源寡少的人居住。但城市藉由便宜住房繼續苟延殘喘也有缺點。城市會成為窮人的集中地，因而創造出極度剝奪急需社會正義的中心。

從萎縮到偉大

世界上有許多城市曾經歷過底特律的命運，而政治人物也曾想盡辦法挽救城市衰頹。美國城市主要是採取建設的方式來擺脫衰退；西班牙把重點放在運輸上，花費數百億美元興建高速鐵路，有部分是為了促進窮困地區的經濟成長。其他國家，如義大利，則是以大量稅捐補貼的方式激勵窮困地區的企業。許多歐洲城市採取文化策略，例如畢爾包的古根漢博物館（Guggenheim Museum）。二〇〇八年，利物浦為了慶祝該市獲選為歐洲文化之都（活動維持一年）而出現一陣建築熱潮。以上的策略，到底哪些才能真正反轉城市衰退？哪些策略才能產生高於成本的效益？

十九世紀，當時運輸貨物的成本非常昂貴，水陸輻湊之地，如紐約或利物浦，往往擁有極大優勢。今日，貨物與人員的運送幾乎在任何地方都極為便宜，因此就算進一步改善運輸也很難取得優勢。

運輸的投資往往是最有效的，它可以讓貧窮地區更快速地連接上繁榮而急需空間的都會地帶。在西班牙，高速鐵路的投資熱潮大幅減少了馬德里與其他城市，例如巴塞隆納與雷阿爾城（Ciudad Real）的旅行時間。高鐵將馬德里與雷阿爾城間一百四十英里的旅程縮短為五十分鐘，轉眼間，人們可以住在雷阿爾城，而在西班牙最大城工作。高鐵完成後，雷阿爾城的人口確實增加了。在擁擠的英格蘭，像伯明罕、曼徹斯特與利物浦這些城市如果經由高鐵與倫敦連接，人口也會有顯著的成長。

不過，雷阿爾城之所以能從高鐵通車中獲益，有一項條件是美國「鐵鏽地帶」城市所缺少的。從水牛城搭機飛往紐約，或從克里夫蘭飛往底特律總是比搭火車快。紐約與這些城市隔著一大片空曠地帶，因此，為什麼這些相對遙遠的地方可以理所當然成為安置多餘後勤部門的地點？連通紐約的高速鐵路顯然可以讓鄰近地區如費城或紐黑文（New Haven）獲益，但美國的土地太遼闊，光憑地面的高速鐵路不可能讓遙遠的地區重新產生活力。

另一種讓城市起死回生的方法是讓衰退地區的企業減稅。研究顯示，減稅可以大幅促進蕭條地區的就業，但每減稅十萬美元只能創造一份工作機會。姑且不論成本，政府是否應該運用稅務法規來影響經濟活動的配置？向十九世紀的芝加哥或底特律課稅以維持麻州塞勒姆（Salem）人口成長，這麼做是否合理？國家的政策為什麼要鼓勵企業在沒有生產力的地方設廠？

國家政策應該致力於讓每個人更富裕、更有力量，而不是催促人們往某個特定地點移動。聯邦政府沒有必要鼓勵在洛磯山脈發展經濟活動，我們也不認為政府有理由花費數十億美元鼓勵民眾遷往政治立場相近的城市。昂貴的都市更新措施通常只是肥了那些政商關係良好的企業，對衰退地區的窮人來說根本沒有得到好處。即使在蕭條的社區鄰里蓋博物館，也只是抬高了房地產價格與帶來源源不斷附庸風雅的觀光客，對於不關心藝術的承租人來說，反而要負擔更高的房租。

畢爾包古根漢博物館的成功，使人們相信文化機構是一項成功的都市更新策略。弗蘭克．蓋里（Frank Gehry）象徵性的建築作品顯然刺激了觀光業，觀光客從一九九四年的一百四十萬人，增加到二〇〇五年的三百八十萬人；光是博物館本身每年就吸引了一百萬名觀光客。然而，畢爾包也招來一些質疑。研究顯示，博物館只創造出九百份新工作，但巴斯克自治區（Basque）卻因此花了兩億四千萬美元。然而畢爾包更大的問題在於它的成功經驗屬於特例。事實上，每一家古根漢博物館都存在著數十處昂貴的失誤，如同位於英格蘭謝菲爾德的國家流行音樂中心（National Centre for Popular Music），原本希望每年可以增加四十萬名觀光客，結果一九九九年開幕時只達到預估人數的四分之一，同年這家博物館就閉館停業。萊比錫也有一座美麗的美術館，它有著堂皇高聳的陳列室，遺憾的是，如此寬廣的空間反而凸顯出參觀者的稀少。

萊比錫值得學習的地方不是文化策略，而是務實的政策，萊比錫當局接受衰退的事實並且致力減少空屋。二〇〇〇年，萊比錫有五分之一的住房是空屋，總數是六萬兩千五百單位。市政府數十年來一直拒絕接受衰退的事實，此時終於承認這些空屋不可能再住人，因此比較合理的做法是拆除空屋並將其改造成綠色空間。鏟平空屋可以降低城市服務成本，減少安全風險，而且把礙眼的景象轉變為可用的空間。萊比錫設定的目標是拆除兩萬棟空屋。

美國俄亥俄州的揚斯敦（Youngstown）從一九七〇年以來已經流失一半以上的人口，如今也採取與萊比錫相同的做法，希望整個城市能從萎縮到偉大。二〇〇五年，揚斯敦的市長一上任便立即撥款拆除廢棄住房。這些住房有許多早已傾頹不堪。公園、開放空間與寬廣空地取代了原本人口稠密的鄰里。這項政策雖然無法讓揚斯敦的人口回升，卻能讓城市更具吸引力、較不危險而且可以花更少的成本維持運作。至於底特律則終於選出一名新市長大衛．賓恩（David Bing），他了解市民不可能回流，因此空屋應該另有合理的空間使用方式。賓恩市長並不是沒有同情心，他只是了解這當中存在著建築迷思。賓恩認為，即使建築物減少，只要願意照顧自己的市民，底特律仍然可以成為偉大的城市。

博物館、交通運輸與藝術活動確實在城市改造上扮演著重要角色。但計畫者必須務實與期盼穩健的成功，而不是妄想一蹴可幾。現實主義者懂得推動小而合理的計畫，而非虛擲龐大而昂貴的骰子，想一口氣讓城市的未來翻盤。投資基礎建設真正的回報不是觀光收入，而是吸引有技術的居民，尤其是能與世界經濟接軌的居民，這些人才能真正讓城市重新振作。

衰退工業城鎮的復興之路既漫長又艱難。積累了數十年的沉痾，使他們必須破除大工廠與重工業遺產的詛咒。他們必須回到他們的根源，也就是小規模企業經營與商業。除了投資教育，以及以適度的稅捐與管制來維持核心的公共服務，政府其實毋需費神去加速這段過程。不是所有的城市都能東山再起，但人類的創意擁有強大的力量，城市的人口密度更能加強這股力道。

雖然在人們心中經常把貧困與城市衰退連在一起，特別是因為衰退的城市總是吸引追尋便宜住房的窮人前來，但城市貧困不全然是壞事。事實上，我們將在下一章看到，貧窮大多是城市成功的象徵。

注釋

1 二〇〇八年，底特律的人口是七十七萬七千四百九十三人，是一九五〇年一百八十四萬九千五百六十八人的百分之四十二，流失超過一百萬人。根據〈美國社區調查報告〉（American Community Survey）指出，在二〇〇八年底特律居民有百分之三十三點三，過去十二個月的所得低於貧窮線；底特律中位家庭所得是三萬兩千七百九十八美元，是全美中位家庭所得六萬三千三百六十六美元的百分之五十二。二〇〇九年，底特律平均失業率是百分之二十五，是全美平均百分之九點三的二點五倍。

2 以下是全美二十大城及其附近的水路：紐約（東岸）、芝加哥（密西根湖）、費城（東岸）、聖路易斯（密西西比河）、波士頓（東岸）、巴爾的摩（乞沙比克灣）、克里夫蘭（伊利湖）、水牛城（伊利運河）、舊金山（舊金山灣）、辛辛那提（俄亥俄河）、匹茲堡（俄亥俄河）、紐奧良（密西西比河三角洲）、底特律（底特律河）、密爾瓦基（密西根湖）、華盛頓特區（波多馬克河）、紐華克（紐華克灣）、澤西市（哈德遜河）、路易維爾（俄亥俄河）、明尼亞波利斯（密西西比河）、普羅維登斯（Providence，東岸）。出自吉布森（Gibson）的〈人口與百大城市〉（Population of the 100 Largest Cities）。

3 譯注：此戰役為美國獨立革命的第一場戰役。

4 一八六〇年，因水路而勃興的大城市，依人口排列依序是紐約、布魯克林、紐奧良、聖路易斯、芝加哥、水牛城；一九六〇年代則依序則是紐約、芝加哥、底特律、克里夫蘭、聖路易斯。

5 譯注：喬治王時代指英王喬治一世、二世、三世與四世統治的時代，即一七一四年到一八三〇年。

6 譯注：車廠三巨頭是指通用汽車、福特與克萊斯勒。

7 譯注：指徒有外表用來愚弄人的虛假事物。

8 根據一九七七年美國工商普查資料庫，我們得知密西根州韋恩郡的總薪資是一百二十二億三千一百零五萬一千美元，總雇用人口是七十九萬七千三百四十二人，平均年薪是一萬五千三百四十美元。紐約州曼哈頓郡的總薪資是兩百六十三億四千兩百六十六萬三千美元，總雇用人口是一百七十六萬五千九百四十二人，平均年薪是一萬四千九百一十七美元，大約比韋恩郡少百分之三。

第3章

貧民窟有何好處？

日落時分，在里約熱內盧的伊帕尼瑪海灘（Ipanema Beach）喝杯清涼便宜的啤酒，這種簡單純粹的快樂真是世間少有。里約海灘是世上最放縱享樂的城市空間。這裡的天氣如此宜人，海灘上總是聚集著俊男美女。往東邊的海上望去，美麗的海岸線在糖麵包山（Sugar Loaf Hill）的陪襯下更顯明媚。一排排面海的建築吸引眾人的目光，它們占盡地利，可以遠眺遼闊的海景。四十年前，里約還是巴西的首都，遷都之後，它的政治與經濟地位日漸衰微，但里約仍是巴西這個快樂國度中最令人愉悅的城市。里約有著美麗的古老建築與豐富的自然之美，被稱為卡里歐卡人（Cariocas）的當地人憑藉著這些遺產，創造出令人振奮的都市空間。這些地方成為觀光客趨之若鶩的標的，但卡里歐卡人似乎比外國人更樂在其中。

從伊帕尼瑪海灘往山丘望去，人們的視線會被科科瓦多山（Corcovado）山頂上巨大的救世主基督像吸引。然而如果更仔細看，你會發現在這處世外桃源之上似乎沾染著一塊汙漬。這片環繞里約的山丘上建滿了貧民窟，既沒有電力也沒有汙水管線。山丘貧民窟的存在令人錯愕，也極不協調。里約的山丘擁有世界上最美麗的視野，但為什麼這個地方會盤踞著雜亂無章的簡陋小屋？而這裡的法治顯然與乏善可陳的基礎設施一樣形同虛設。貧民區的景象提醒了海灘遊客，里約不只是富人的遊樂天堂，也是一座有一百萬貧民生活在擁擠破爛小屋的城市。

兩千五百年前，柏拉圖曾說：「任何城市，就算再怎麼小，還是會一分為二，一處是窮人的城市，一處是富人的城市。」在每個開發中國家，幾乎每座城市都有一處窮人聚集的地方，也就是貧民窟。在某些地方，如加爾各答或拉哥斯（Lagos），貧窮是如此普遍而極端，使得旁觀者無法不覺得整座城市如同地獄一般。就連在已開發世界，城市窮人的比例也非常高。在美國，城市的貧窮率是百分之十七點七，郊區是百分之九點八。

城市貧窮的普遍令人觸目驚心，這種景象似乎控訴著城市是不平等與剝奪的淵藪。許多城市分析家從巨大城市（megacity）的問題——例如孟買或墨西哥城住著數量龐大的貧民——看到不可忽視的危機。許多人認為，限制巨大城市的成長才是明智之舉，因為擁擠與骯髒使數百萬人過著艱苦而毫無希望的日子。在已開發世界，舒適、同質的郊區生活似乎要比分隔第五大道億萬富翁與貧民窟孩童的城市鴻溝更讓人覺得平等。

然而，以上的描述其實充滿荒謬。從里約到鹿特丹，城市湧現的貧困，反映的不是城市的弱點，而是城市的力量。巨大城市並非大而無當。限制巨大城市成長只會得不償失，因為城市成長可以有效降低鄉村的貧窮。從各方面來看，看似平等的郊區生活為整個社會製造的問題，遠比城市的貧富懸殊來得嚴重，因為郊區生活並非每個人都能負擔得起。

城市充滿窮人，不是因為城市使人窮困，而是因為城市「吸引」窮人前來，這些窮人是抱著改善生活的願景而來到城市。剛到大城市的居民，貧窮率要比長久居住的居民高得多，這顯示經過一段時間之後，城市居民可以大幅改善自己的經濟狀況。從別的地方來到城市的窮人，他們並不是神智不清，也不是判斷錯誤。窮人之所以聚集於城市地區，是因為城市提供他們過去沒有的機會。城市貧民窟最大的問題不在於城市裡擠了太多人，而是這些居民無法與大都會的經濟核心產生連結。廣大的城市貧民確實構成必須面對的挑戰，而這些挑戰將是下一章討論的重點。然而，與其希望這些潛在的移民終其一生都被孤立於農村地區，不如期盼城市能收容安置數百萬農村的貧民。

里約的貧民窟擠滿了人，因為貧民窟的生活遠勝於單調乏味的農村貧困生活。相較於荒涼無聊的巴西內陸地區，里約長久以來一直提供較多的經濟機會、公共服務與休閒樂趣。美國的貧民窟擠滿了逃避種族屠殺或貧窮的移民，也擠滿了非裔美國人，他們不願待在歧視黑人的南方從事辛苦的農村工作。十九世紀曼徹斯特巨大的經濟動力與數量龐大的窮人息息相關，不是因為曼徹斯特失敗，而是因為該城的工廠吸引大批渴望工作的鄉村窮人前來。事實上，我們該擔心的是城市的窮人太少。為什麼這些城市無法吸引無立錐之地的人前來？

在自由社會，人們可以選擇自己的住處，無論是明示地移往他處，還是暗示地待在自己的出生地。城市的人口說明了城市提供什麼。鹽湖城充滿了摩門教徒，因為這裡是成為摩門教徒的好地方。倫敦有許多銀行家，因為這裡適合管理金錢。像里約這樣的城市有許多窮人，因為對窮人來說，里約是個理想去處。無論如何，即使你身無分文，你仍然可以享受伊帕尼瑪海灘的美景。

人群的自由遷徙，意謂著某些成功城市的類型可以讓某些地方更窮困。經濟學強調誘因的力量。當做某件事的好處增加，就會有更多人願意做這件事。窮人從某個地區消失，顯示這個地區缺少某種重要的事物，例如窮人負擔得起的住房、公共運輸或沒有技術的人也能從事的工作。城市貧窮最大的弔詭在於，如果城市為了改善窮人生活而增建公立學校或大眾運輸，那麼城市將會吸引更多窮人前來。

過去三十年來，美國城市逐步完成捷運系統之後，捷運站附近的貧窮率不減反增。這不是因為大眾運輸使人變窮，而是窮人考慮到搭乘捷運可以不用開車前往各地，因而選擇住在離捷運站近一點的地方。事實上，大眾運輸工具載運與吸引窮人是好事而非壞事。

是什麼力量吸引窮人到城市地區？總而言之，他們是為了尋找工作而來。城市的人口密度使交易成為可能，促成了市場的出現。世界最重要的市場是勞動市場，在此，人們將自己的人力資本出租給擁有金融資本的人。但城市的功能不僅在於讓勞工與資本家進行互動，城市也提供廣泛的工作，數量通常多達數千；一座大城市可以擁有多樣的雇主組合。

如果城市裡有一名雇主破產，那麼還會有另一名或兩名甚至十名雇主接替他的位置。這種雇主組合也許無法避免經濟不景氣所造成的全球崩跌，但至少可以確保市場在日常交易的榮枯中順利過渡。只擁有一家公司的城鎮，如賓州的赫爾西（Hershey）只能仰賴一名雇主，因此員工的生活完全取決於這名雇主生意的好壞。紐約或里約熱內盧則非如此，它們有無數來自不同產業的工廠。根據由兩名經濟學家所進行的經典研究發現，一九七〇與八〇年代經濟蕭條期間，雇主的種類不夠多元的城鎮，失業率比平均高了百分之三。

城市工作種類的多樣化也使人們了解自己能做什麼與不能做什麼。數千年來，絕大多數人從事農耕，完全不管是不是每個人都適合務農。在城市裡，人們可以不斷更換公司與產業。藉由跳槽，人們可以學到自己喜歡的東西，而且可以表現得更好。如果愛迪生或福特被迫一輩子務農，那麼對世界將會是極為嚴重的損失。

里約貧民窟

里約貧民窟始於十九世紀末，當時巴西正蹣跚地走出近似封建制度的過去。一八七〇與一八八〇年代，當新世界其他國家，如阿根廷與美國，都能民選自己的領袖時，巴西卻仍在身為葡萄牙歷史悠久的布拉岡薩（Braganza）王室後裔的皇帝統治下，奴隸也依然合法。

十九世紀中葉，里約人口約四成是奴隸，人數在八萬人左右。隨著廢奴主義逐漸成長為政治力量，許多奴隸開始從種植園逃入城市。逃到里約的奴隸聚居的地方，在十九世紀稱為奇隆波（quilombos），這個聚落就是後來里約貧民窟的前身。巴西皇帝佩德羅二世（Pedro II）厭惡奴隸制度，但他擔心政治上的反彈將阻礙他在全國推動廢奴。終於，在一八八八年皇帝出國期間，擔任攝政的公主簽署了巴西的解放宣言，使巴西成為美洲最後一個廢除奴隸制度的國家。然而，皇帝對政治反彈的憂慮果然是對的。隔年，政治有力人士被解放宣言激怒而發動軍事政變，推翻了布拉岡薩王朝。

巴西第一座真正的貧民窟其實不是起源於里約，而是起源於巴西東北部貧困的鄉村地區，巡迴傳教士與廢奴人士安東尼奧（Antonio the Counselor）在這裡建立了一座名叫卡努多斯（Canudos）的城鎮，專門收容脫逃的奴隸，往後還發起抗稅暴動。一八九五年，卡努多斯成長到三萬多名居民，因此安東尼奧的抗稅並非美國的抗酒稅暴動所能比擬。一八九六年，戰爭爆發，巴西政府派遣數千名士兵攻下這座城鎮。在卡努多斯陷落前，約有一萬五千名居民死於這場戰爭。

巴西軍隊雖然獲勝，但吝嗇的政府卻不願支付軍餉給他們。這些退伍軍人只能在里約周邊山丘建立自己的村落，但他們卻無意間模仿了剛擊敗的卡努多斯聚落形式。這處位於山丘的聚落成了所謂的「天恩之丘」（Morro da Providência），於是里約的貧民窟開始成形。往後七十年的時間，數十萬名貧農，其中許多是解放的奴隸來到里約。這些簡陋的住處看起來或許不起眼，卻比過去辛苦工作的種植園好太多了。正如在二十世紀解放的美國黑奴聚居於美國城市，解放的巴西奴隸寧可選擇有遠景的城市，也不願居住於貧困的鄉村。

外國遊客喜歡比較里約的窮人與其他地區的窮人，例如美國貧民窟的窮人，後者過的生活顯然優於前者，然而這種比較是錯的。里約貧民窟的居民不可能像洛杉磯居民一樣擁有許多選擇，應該拿來比較的是外國人難以得見的另一群巴西居民，他們生活在貧窮的鄉村地區。里約有許多地區陷入貧窮，但貧窮的程度絕對比不上巴西東北部的鄉村。據最近的研究指出，一九九六年，里約有九成居民每月所得在八十五美元以上，但在東北部鄉村地區卻只有三成的人生活在貧窮線之上。

即使從城市貧困中找出最悲慘的例子，也仍比不上鄉村地區的惡劣情況。奈及利亞的拉哥斯經常被形容成是個充滿剝奪的地方，但事實上，拉哥斯的極端貧窮率在根據該市的高物價進行修正之後，甚至還不及奈及利亞鄉村地區極端貧窮率的一半。拉哥斯居民約有四分之三可以取得安全的飲用水，這個比例低得嚇人，但還是遠高於奈及利亞任何地區，後者居然不到三成。加爾各答也被認為是遭受嚴重剝奪的地區，但該市貧窮率是百分之十一，反觀西孟加拉邦的鄉村貧窮率則是百分之二十四。近年來，超過一成的西孟加拉邦鄉村居民面臨糧食短缺問題，比較起來，城市居民則不到百分之一。

城市與城市化不只與高度物質繁榮有關。在貧窮國家，城市居民也認為自己比較幸福。從二十五個貧窮國家，即人均國內生產毛額低於一萬美元的樣本中，我取得各國針對自身的城市與非城市人口所做的幸福調查報告，其中有十八個國家的城市居民覺得自己非常幸福的比例偏高，有七個國家比例偏低。此外，有十六個國家的非城市居民覺得自己不幸福的比例偏高，有九個國家比例偏低。

與鄉村不同的是，城市的貧民窟通常可以充當成為中產階級的跳板。例如，曼哈頓的下東城（Lower East Side）雖然貧窮現象十分嚴重，但許多卓然有成的人卻從這裡出身。定居下東城的猶太人，其所根源的文化原本就有重視學習的傳統，恰好他們生活的國家也正快速地擴展學校教育。巴西的奴隸以及他們的後裔，面臨的情況也許不像下東城那麼樂觀。他們數百年來一直處於沒學校可念的窘境，而巴西也不重視人力資本的投資。[1] 儘管如此，里約的貧民區還是出現一些令人矚目的成功故事。

蕾拉．瓦雷茲（Leila Valez）是大樓門房的女兒，她成長於里約貧民窟，十四歲時開始到麥當勞工作。她與擔任美髮師的嫂嫂想盡辦法要讓自己的頭髮不那麼鬈曲。她們了解這種產品的市場有多大；她們四周的人全希望有一頭較不鬈曲的頭髮。這兩位初出茅廬的企業家沒有任何科學背景，但蕾拉的丈夫自告奮勇願意拿自己的頭髮試驗她們調製的混合劑。經過反覆的試驗，蕾拉丈夫的頭禿了，但她們終於成功製造出有效的直髮劑。

蕾拉為自己的產品申請專利，並且把自己的福斯金龜車賣了，將所得的三千美元拿來開設美髮沙龍。她們知道自己的客群在哪裡，她們的產品銷路也非常好。於是蕾拉開始增開分店，而且她一般都找曾來光顧的客人擔任店裡的員工。現在她的公司的美容產品每年的營業額是三千萬美元。某方面來說，蕾拉成了二十世紀初女企業家沃克夫人（Madam C. J. Walker）的現代版。沃克夫人製作的「美好生髮劑」

使她得以脫貧成為最成功的非裔美國商人與當時世上最成功的女企業家。

這段偶然成功的故事，不表示城市的貧困不可怕。事實剛好相反。本書的讀者絕對不想花一個星期，更甭提一輩子的時間待在貧民窟裡。然而儘管貧民窟的生活慘不忍睹，它還是為窮人與整個國家提供了一條通往繁榮的道路。往後五十年，巴西、中國與印度很可能變得更加富有，而這些財富將由與世界其他地區連結的城市創造出來，而非由孤立的鄉村地區產生。

人們自然可以看見窮困巨大城市的真實問題，而且認為這些窮人應該回到他們原先居住的鄉村，然而只有城市才能拯救開發中世界，而非鄉村。許多窮國的土壤極為貧瘠，這是貧窮的原因之一，而要它們成為全球農業的領導者是不可能的。農業生產力的改良總要運用新科技，但新科技卻會減少在農田工作的人口數量。光是這點就難以成功，因為農業改良顯然無法讓每個人都獲得富足。此外，要在窮國的鄉村地區進行開發本身就極為困難，要提供遠距離的基礎建設是相當昂貴的。

貧窮的鄉村如同一扇望向遙遠過去的窗，數千年來少有變遷。城市是充滿動力的旋風，持續地改變，讓某些人致富，也讓某些人受害。城市可能帶來不愉快，但也提供了富裕、健康與光明生活的機會，這些機會全來自於與世界各地的連結。農村生活也許比貧民窟來得安全，但這種安全意謂著世世代代都要過貧困的生活。世界最貧窮的地方，其現狀是極為可怕的，因此，城市的變化多端反而提供人們各種可能，尤其國家參與全球經濟時，最需要的正是城市傳遞的知識。

數量龐大的移民湧入城市，當然會對城市基礎設施帶來壓力；這是反對巨大城市成長常見的一項論點。但是，當新移民的湧入降低了城市長期居民原先享受的道路與飲水品質時，這些新移民卻從完全沒有基礎設施，進展到可以享受合宜的運輸與公用事業。為了讓城市基礎設施保持高品質而不讓人們享受基礎設施，等於是捨本逐末。真正合於倫理，同時對整個國家也能帶來經濟益處的做法是加強投資城市基礎建設，好讓更多人能夠受益。

傳統上，政府在解決城市貧困問題投入的心力總是比鄉村貧困問題多，即使還不足夠。巴西一個多世紀以來的施政模式即是如此。畢竟直到一九六〇年為止，里約仍是巴西的首都，而這些貧民窟仍相當靠近國家菁英的宅邸。從二十世紀初開始，巴西就致力改善里約貧民窟的公共衛生環境。

政府開始在貧民窟推動疫苗接種，最後還設立學校並且給予一些醫療服務。「上帝之城」（City of God）是政府進行的一項嘗試，想藉此改善貧民窟居民的住房品質，有一部以里約貧窮現狀為主題的電影即是受到此一事件的影響而拍攝。[2]治安是比較難處理的問題，然而至少中央政府已將貧民窟的犯罪當成全國性的問題。因此，有些資源專門用來改善城市窮人的生活，不那麼顯眼的鄉村窮人則只能得到較少的資源。

改善里約窮人生活的嘗試只得到諷刺的結果，有越來越多的窮人湧進貧民窟，不斷地重演城市貧窮弔詭。如果政府在城市而非在鄉村提供醫療與教育，那麼這些服務將吸引更多窮人到城市地區。想改善單一城市的貧窮水準，只會適得其反，因為此舉將吸引更多窮人到城市裡，最終反而提高了城市的貧窮水準。

對於里約貧民窟的汙穢感到震驚的美國人，大概是忘了美國自己的城市歷史。里約呈現的極端貧富差距，其實是十九世紀美國城市的翻版。逃避饑荒的愛爾蘭移民通常住在貧民窟裡，例如紐約的「地獄廚房」（Hell's Kitchen）。「地獄廚房」位於曼哈頓最西端從三十四街到五十九街的區域，但這一區在日後逐漸發展成時尚而受歡迎的地區。曼哈頓的上東城（Upper East Side）夾在第五大道與東河（East River）之間，從五十九街延伸到九十六街，此區的房地產極為昂貴，但十九世紀時這裡也是愛爾蘭人的貧民窟。上東城軍械庫隱身在公園大道（Park Avenue）時髦的公寓大樓群裡，感覺極不協調，因為它的資產階級士兵原本是用來保護城市菁英不受桀驁不馴的移民侵擾。

雖然紐約有許多愛爾蘭移民，但是愛爾蘭裔美國人的母城卻是波士頓。事實上，在一八四〇年代，紐約容納的愛爾蘭移民比波士頓多，但後來紐約的愛爾蘭人被大量東歐與其他地區的移民所淹沒。波士頓在馬鈴薯饑荒期間接納了許多愛爾蘭人[3]，往後的移民雖然也有其他不同的種族，但數量相當少。波士頓的愛爾蘭性格，本質上來說是源自波士頓在帆船時代的優勢。一八四〇年代饑荒期間，從愛爾蘭搭船到波士頓，就算不比到紐約便宜，至少也比較早靠岸。如果你是貧窮的愛爾蘭家庭，在缺少糧食的狀況下，先到波士頓棲身會是比較合理的做法。三十年後，當汽船取代帆船時，前往波士頓的船也越來越少，到了十九世紀末，幾乎所有的移民都前往紐約。波士頓在往後的移民潮中缺席，使得這座城市有數十年的時間一直陷於英裔與愛爾蘭裔的衝突之中。

波士頓這座愛爾蘭裔美國人的城市，它的名聲與某個家族息息相關。這個家族就是甘迺迪家族，甘迺迪家族發展的歷史顯示城市貧困提供了許多機會。派屈克．甘迺迪（Patrick Kennedy）於一八二三年生於愛爾蘭的韋克斯佛德郡（County Wexford）。他幾乎沒受過教育。窮困的鄉村一般很少有受教育的機會，而且他出生的時候，天主教仍禁止在愛爾蘭辦學。年輕的甘迺迪在兄長的農場工作，負責種植馬鈴薯與收成穀物。他獲得的一項非農業技能來自於一名比較具有城市氣息的朋友派屈克．貝倫（Patrick Barron），他在一間釀酒廠工作而且教導甘迺迪如何製作木桶。

馬鈴薯饑荒使甘迺迪家原本貧瘠的農場更加艱難。擔心這樣下去可能會餓死，甘迺迪於是跟隨貝倫來到波士頓，貝倫幫他在東波士頓找了份桶匠的工作。波士頓有許多工作機會，這裡的市場可以讓甘迺迪將自己的勞力賣給擁有資本的雇主。此外，波士頓也提供現成的木桶市場，這裡不但是運輸中心，釀酒業也很發達。

與里約貧民窟一樣，東波士頓的人口密度雖然讓窮人能販賣自己的勞力，卻也成為傳染病的溫床，甘迺迪自己就是死於霍亂。儘管衛生條件不良，甘迺迪的兒子還是平安長大，他的名字也叫派屈克。甘迺迪一開始在碼頭工作，等存夠錢之後，他買下一家酒館。不久，他開了第二家，然後第三家，而且逐漸吸引有錢的波士頓人上門。他垂直整合酒館上下游的生意，開始進口威士忌。

甘迺迪依循前麻州州長山姆．亞當斯的做法，將酒與政治結合起來。他於一八八四年首次勝選進入麻州議會，而且連任數屆州眾議員與州參議員。一八八八年，這位貧窮移民之子終於飛上枝頭，在民主黨全國代表大會上發表演說。他的龐大財富使他能將自己的聰明兒子約瑟夫送進哈佛大學。而他的政治地位也使他自然而然地讓兒子迎娶波士頓市長約翰・費茲傑羅（John "Honey Fitz" Fitzgerald）的美麗女兒進門。約瑟夫・甘迺迪起初在政府擔任銀行稽核工作，不久就接管了父親實質掌握股權的銀行。一九二〇年代，約瑟夫在華爾街賺了一大筆錢，他用的手段還算上得了檯面。但重要的是，他及時從股市抽身，並且將資金轉往有利可圖的事業，例如投資房地產與進口英國威士忌。當然，他的幾個兒子後來也成為美國偉大的政治世家。

對於像派屈克・甘迺迪這樣的移民來說，城市有著永恆的吸引力；二〇〇八年，紐約人有百分之三十六在外國出生，百分之四十八在家裡說著英語以外的語言。以全美而言，這樣的比例分別是百分之十三與百分之二十。正如城市為移民帶來好處，移民也為城市做出貢獻。波士頓的繁榮泰半歸功於甘迺迪家族，而紐約則得益於移民的表現，例如安德魯・卡內基（Andrew Carnegie）、艾爾・喬森（Al Jolson）與祖賓・梅塔（Zubin Mehta）。[4]事實上，從一八九一年到二〇〇九年這一百一十八年間，紐約愛樂交響樂團（New York Philharmonic）只有十二年不是仰賴外國出生的音樂指揮來帶領樂團。此外更甭說紐約文化具有的平民元素，如貝果、披薩與宮保雞丁，這些都是移民帶來的禮物。

美國與美國城市由於移民人才的湧入，因而獲得巨大的發展。德裔美國人如德懷特・艾森豪（Dwight Eisenhower）與切斯特・尼米茲（Chester Nimitz），他們領導對抗德國與日本的戰爭。蘇格蘭裔如卡內基與安德魯・梅隆（Andrew Mellon），他們協助建立美國的產業。愛爾蘭裔美國人如甘迺迪家族、艾爾・史密斯（Al Smith）與芝加哥的戴利（Daley）世家，這些人在政壇上占有一席之地。至於當今白宮的主人則是肯亞人之子[5]。美國不是由盎格魯撒克遜人建立的民族國家，是世界各民族的結合體，而大城市，主要就是這些移民做出貢獻的地方。

美國不是唯一能讓移民飛黃騰達的國家。羅伯特・凱恩（Robert Cain）與他的家人遠離愛爾蘭的貧困生活前往利物浦，當時他還是個孩子，成年之後，他跟著船隻出海，在船上擔任桶匠的工作。一八四〇年代，他在利物浦定居下來，利用省下的錢開了一家規模中等的酒廠。他賺了數百萬英鎊，而他的兒子最後成了英國上議院的議員。卡洛斯・史林（Carlos Slim）可能是世界上最富有的男人，他的父母是在墨西哥城從事乾貨業的黎巴嫩移民。從這些以及其他較不知名的例子可以看出，每座城市都能讓人從赤貧成為鉅富，或至少能讓自己擺脫貧窮。

城市的勞動市場使人們可以在沒有農地、牲畜或工具設備下取得工作。甘迺迪家族位於交易的兩端。當身無分文的派屈克・甘迺迪抵達波士頓時，他可以將自己的勞力賣給擁有資本的人。他的兒子年輕時也跟他一樣出賣勞力，但等到他工作一段時間攢下一筆錢時，他可以轉換到雇主那一端。資本家與工人通常是敵對的，罷工時尤其如此。但一般而言，資本可以增加勞動的報酬，城市就是因為擁有資本才能吸引窮人前來。

城市不僅將無資本的工人與有資本的雇主連結起來；城市也提供各種工作機會，使窮人——其實應該說是每個人——可以從中找出自己擅長的工作，如果沒有城市，人們可能永無機會尋覓自己的天分。芝加哥大學偉大的經濟學家喬治・斯蒂格勒（George Stigler）曾經寫道：「在無從得知自己有何才能的狀況下，恩里科・費米（Enrico Fermi）可能會成為一名園丁，而馮・諾伊曼（von Neumann）可能會成為藥局出納。」斯蒂格勒認為二十世紀最優秀的兩個心靈很可能從事毫無前途的工作，這種看法令人驚恐。幸運的是，這兩個人都成長於大城市，而且來自特權背景，他們的數學與科學才能早在年輕時就已受到賞識。同樣地，波士頓使派屈克．甘迺迪得以一展長才，若是在愛爾蘭鄉村，恐怕甘迺迪將遭到埋沒。

理查．萊特移居城市

美國城市有大片土地，只有聚居著非裔美國人與窮人，這說明當鄰里與城市經濟核心切斷連繫時，可能發生的不良後果。然而即使是城市的鄰里，也應該以南方鄉村地區更糟的狀況來加以比較衡量。偉大的非裔美國作家理查．萊特（Richard Wright）生於密西西比州的納奇茲（Natchez）。他與母親搬往北方，首先搬到孟菲斯（Memphis），然後搬到芝加哥，一方面逃離「黑人歧視法」（Jim Crow laws），另一方面尋找經濟機會。萊特在他的自傳《黑男孩》（*Black Boy*）中寫道：「我朝北方前進，腦子裡充滿模糊的念頭，生命可以活得有尊嚴，別人的人格不應該受侵犯，人與人面對面不應該感到恐懼或羞愧，如果人們的運氣不錯，還能活在這世界上，他們也許能獲得某種拯救的意義，因為他們曾經在星辰下掙扎與受苦。」

萊特往北走也許使他能逃離密西西比州嚴酷的種族法律，但北走不一定馬上為他帶來「拯救的意義」。在芝加哥，他一開始先當搬運工，然後當跑腿與洗碗工。與科曼．楊以及當時其他數千名有天分的非裔美國人一樣，萊特想在郵局找份工作來改善自己的生活，但營養不良使他比政府規定的一百二十五磅體重下限少了十五磅。終於，在一九二九年春天，他的體重合於標準，而他也得到當時世界上最大的郵局，也就是芝加哥中央郵局的全職夜班工作。

這是一份可以讓他從事寫作的好工作。更重要的是，這份工作使他與左翼文學沙龍產生連繫。他參加了芝加哥南城（South Side）的十人團體，團員們定期聚會評論時政。萊特在精采而有趣的自傳中提到「我想成為共產黨員」，但「我驚訝地發現團員中許多人早已加入共產黨」。不久，「索爾」（Sol）邀請萊特參加附屬於莫斯科的約翰．里德俱樂部（John Reed Club）。萊特以嘲諷的語氣回答：「我不想成為組織中的一員。」索爾丟了萊特最想要的餌給他：「他們可以幫助你寫作。」

當經濟大恐慌大幅減少芝加哥郵購公司的生意時，萊特也遭到解雇。此後他不斷更換工作，接受委託販賣人壽保險、清掃街道、疏浚溝渠，最後則是在麥克．里斯醫院（Michael Reese Hospital）工作。萊特得到這份工作顯然是因為偉大的城市社會學家路易斯．沃斯（Louis Wirth）的太太注意到他的緣故。她也為萊特爭取新政公共事業促進局（Works Progress Administration）的工作，由他負責撰寫伊利諾州的歷史。萊特於一九三七年前往紐約，在公共事業促進局做事，出版了《紐約全景》（*New York Panorama*），這本書至今仍是描述大城市生活的好作品。

一九三八年，也就是萊特來紐約的第二年，他的短篇故事贏得五百美元獎金。他的第一部作品是一本故事集，書名是《湯姆叔叔的孩子》（*Uncle Tom's Children*），由哈潑（Harper and Company）出版。萊特贏得古根漢獎（Guggenheim Fellowship），他利用這筆獎金完成《土生子》（*Native Son*），並且因為這本書而聲名大噪。在九年的時間裡，從芝加哥到紐約，處於經濟大蕭條時期的萊特居然能從掙扎求生的搬運工搖身一變成為成功的作家。天分以及城市撮合天分與工作的能力，使萊特得以勝出。

許多非裔美國人逃離歧視黑人的南方，萊特也是其中之一。移往北方帶來的經濟利益是相當巨大的。一九二〇年代，南方佃農一年能賺四百四十五美元已算走運。福特車廠的黑人員工一天就能賺五美元，等於佃農的三倍以上。然而像萊特這樣的非裔美國人來到北方，獲得的不只是較高的薪水，也得到了自由。

哈林區文藝復興將一批令人目眩神迷的作家如朗斯頓・休斯（Langston Hughes）與卓拉・尼爾・赫斯頓（Zora Neale Hurston），以及爵士歌手如艾拉・費茲傑羅（Ella Fitzgerald）與比莉・哈樂黛（Billie Holiday）結合起來。全美國都因為像艾靈頓公爵（Duke Ellington）這樣的黑人天才闖入白人世界而受惠。對這些名人，以及對數百萬出身卑微的非裔美國人來說，城市的密度促成了向上流動的動力。

以上的歷史顯示，地區的比較不能只從貧窮來看，也要注意它們協助窮人向上提升的軌跡。如果一座城市吸引一波接一波的窮人前來，協助他們成功，目送他們離開，然後又吸引新一波貧窮的移民，那麼這座城市已經成功發揮社會最重要的功能。如果一個地區成為窮人永遠維持窮困的地方，那麼這個地區顯然已經失敗。

美國貧民窟的盛衰

非裔美國人往北遷徙是美國經歷的一場偉大史詩。二十世紀初，非裔美國人在北方城市相當罕見。一九〇〇年，非裔美國人只占紐約人口的百分之二，芝加哥人口的百分之一點八。數十年過去了，隨著黑人選擇來城市尋找機會，這些比例也逐漸升高。黑人來北方體驗自由與追求繁榮，但當他們抵達時，他們發現這裡的膚色界線雖不像南方那麼明顯，卻也令人畏懼。正如建造一座工廠，制定法律也有固定成本，當城市裡只有一小撮黑人時，北方的種族主義者不認為有制定法律的必要。然而等到黑人數量一多，歧視性的立法也隨之增加，北方城市逐漸找出各種方式將成長的非裔美國人口隔離起來。

喬治・麥克梅臣（George W. F. McMechen）似乎是上個世紀初社會地位爬升得最高的非裔美國人。他畢業於摩根學院（Morgan College）與耶魯法學院，然後前往巴爾的摩與另一名非裔美國人阿什比・霍金斯（W. Ashbie Hawkins）合夥開了一家法律事務所，他們的事業十分成功。麥克梅臣想搬到巴爾的摩一處富裕的住宅區，當時住在這種社區的清一色全是白人。一九一〇年，霍金斯買下麥克庫洛街（McCulloh Street）一八三四號的房子，並且租給麥克梅臣。

這處原本全由白人居住的社區居民群起抗議。當地的孩子朝麥克梅臣的窗戶扔磚塊。當地人為了趕走麥克梅臣，還特別成立鄰里改善協會。白人想向麥克梅臣的合夥人買下這棟房子，但霍金斯要求對方支付當初他購買的三倍價錢。白人鄰居只能罷手，並且決定從修法下手。麥克梅臣有個鄰居是律師——《紐約時報》說他「高明出眾」，霍金斯說他的「事務所門可羅雀」——他花了一番工夫找出巴爾的摩的城市憲章，認定城市有權通過根據種族進行住宅分區的法令。他草擬法案而且毫無問題地讓市議會通過該項法案，最後由市長簽署生效，市長還難以置信地宣布這項法律的支持者是「有色人種最好的朋友」。

類似措施很快地在里奇蒙（Richmond）、亞特蘭大、路易維爾與其他南方城市通過。然而，儘管隔離已在南方許多地區成為法律，但人們仍懷疑種族分區的合法性。麥克梅臣認為種族分區是「不合憲且不公正，同時也構成對黑人的歧視」。霍金斯向法院控告巴爾的摩的法律違憲，他勝訴了，州法院判決種族隔離法律無效。終於，一九一七年，全美有色人種促進協會（National Association for the Advancement of Colored People, NAACP）首度獲得勝利，最高法院判決種族分區是違法的，這或許是美國黑人到當時為止在法庭上獲得的最偉大勝利。

但是最高法院的判決難以扼止白人隔離黑人的想法。在一些城市，如亞特蘭大與芝加哥，暴徒恐嚇那些膽敢進入白人地區的黑人。限制性的房地產契約禁止將房地產出售給不受歡迎的族群。一九四七年研究發現，在戰間期，百分之七十二的紐約新建住宅區立有種族限制契約。

這些限制意謂著非裔美國人不僅住在孤立的地區，還得負擔較高的房價。將近四十年前，經濟學家約翰・凱恩（John Kain）與約翰・奎格利（John Quigley）的研究發現，在聖路易斯，黑人在住房的花費遠高於白人。這項發現與早先的看法一致，之前已有人提出「芝加哥的黑人區居民為每個房間的每立方英尺支出的費用，已經可以買下富人在湖濱公路旁住處的相同空間」。在全美，黑人在隔離較多的城市，負擔的房價總是高於白人。

但是城市也產生了立法推動者，他們一步一步緩慢地推倒貧民窟的高牆。兩名巴爾的摩的律師，瑟古德・馬歇爾（Thurgood Marshall）與菲力普・帕爾曼（Philip Perlman），他們兩人一位是黑人、一位是白人；一位代表全美有色人種促進協會，另一位代表美國政府，兩人一起合作對抗限制性的房地產契約。

他們的論點產生了影響，一九四八年，最高法院判決不禁止種族限制契約，但州政府不能施行這些契約，等於實質終結了這些契約的使用。這裡面出現了一個美麗的諷刺：積極作為的法院為了提升種族平等，要求政府應採取消極不作為的態度。十年後，在紐約市，由黑人、猶太人與其他族裔組成的強大聯盟，推動美國第一個公平住房法律，以禁止私人住宅的宗教或種族歧視。在紐約的領導下，其他地區陸續跟進，又過了十年，在金恩博士遇刺身亡的一個星期後，國會通過一九六八年民權法，禁止全美住房的歧視行為。

這些立法成就使向上流動的非裔美國人得以離開貧民窟，搬進先前只有白人居住的地區。一九七〇年到二〇〇〇年間，美國各地的隔離措施日漸衰微，主要是因為原本清一色的白人地區開始出現少數富裕的非裔美國人。一九七〇年到一九九〇年間，非裔美國大學畢業生的隔離程度下降了約百分之二十五，但高中輟學生的隔離程度下降卻不到一成。

隔離的性質也在改變。一九六〇年代之前，隔離反映了阻止黑人流動的堅固藩籬，它限制了非裔美國人的住居自由，也使他們在隔離較多的城市必須支付較高的房價。今日，隔離比較常見的是反映出自由住房市場的運作情況，白人通常比黑人更願意支付較高的價錢住在絕大多數是白人的社區裡。因此今日在隔離較多的城市，非裔美國人居住的地區反而是比較便宜的——與五十年前完全相反。

種族隔離法律的終止是美國社會的一大成就，但隔離仍持續著，而且令人遺憾的是，族群融合的成功似乎只是加大隔離的傷害。一九六〇與七〇年代的研究顯示，在隔離較多與隔離較少的城市成長的非裔美國人，兩者的發展幾乎沒有什麼差異。直到富有的非裔美國人能離開貧民窟時，兩者才開始出現差異。到了一九九〇年，在隔離較多的城市成長的二十到二十四歲的黑人，與在隔離較少的地區成長的相同年紀黑人相比，取得高中學歷的比例少了百分之五點五，而輟學與失業的比例則高了百分之六點二。隔離較少的地區的非裔美國人所得多了百分之十七。白人無論住的都會地區有無隔離，都不存在重大差異。在隔離較多的城市，年輕的黑人女性成為單親媽媽的比例高了百分之三點二。

三十年前，威廉．威爾森（William Julius Wilson）曾提到，當教育程度最高的非裔美國人繼續留在隔離社區時，他們可以成為整個社區的角色模範與領袖。一旦這些人離開，社區就失去了領導者。此後陸續出現許多證據支持他的說法。此處我們看到了社會學家羅伯特．莫頓（Robert Merton）的明智之處，他提出意料之外的結果經常發生在極具善意的公共行動上。莫頓了解社會的複雜性，也發現公共行動可能帶來意外而不可取的副作用。搬到白人郊區居住的黑人，他們不想回到經常要遭遇死亡威脅的世界，然而少數技術者的出走，使得無法離開的家庭的子女必須面對情況更加惡化的貧民窟。可悲的是，許多隔離的城市反而從可以向上流動的地方轉變成永遠貧困的地方。

內城

美國的城市仍存在著可怕的隔離措施，然而想去除這些隔離並不容易，部分原因在於經濟力量會將富人與窮人扯成兩半。在貧窮集中的背後，隱藏著一個邏輯，這個邏輯導源於窮人傾向於住在美國城市的中心地帶。這種傾向部分反映了運輸形塑城市的力量。所有的旅行形式不出兩種類型：金錢與時間。對富人與窮人來說，通勤的現金成本是一樣的，但是，當高所得的富人要花更多時間通勤與較少時間工作時，會造成他們所得的嚴重損失。因此，富人總是願意花更多的錢讓自己更快抵達工作崗位。這是為什麼曼哈頓與里約的市中心要比周邊的地區來得富有。有錢人可以花更多錢來縮短通勤的時間。

然而，在絕大多數的美國城市，出現了完全相反的現象，窮人住的地方反而比富人更靠近市中心。當城市裡只有一種運輸模式，例如開車或搭地鐵時，富人會住在靠近市中心的位置，而窮人會住得比較遠。但是當城市擁有多元的運輸模式時，窮人通常會住在比較靠市中心的地方以便於使用公共運輸設施。二〇〇九年，美國四口之家的貧窮線是兩萬兩千零五十美元。二〇〇八年，一個典型的非城市家庭要花九千美元在與汽車相關的運輸上。一個有兩名成人、所得兩萬兩千美元的家庭，怎麼可能負擔兩輛車？

紐約、波士頓與費城擁有四個運輸與所得區：內城區，如曼哈頓中城或燈塔山（Beacon Hill），這裡的富人靠步行或公共運輸通勤；第二區，如紐約外側市區的邊緣地帶，或波士頓的羅克斯伯里（Roxbury），這裡的窮人搭乘公共運輸通勤；第三區，如威斯特切斯特郡（Westchester County）或威爾斯利（Wellesley），這裡的富人開車上班；最後是包括了遙遠地區的外城區，比較不富有的人住在這裡並且開車上班。巴黎也有完善的大眾運輸工具，因此也產生了內城區，這裡的富人都是搭地鐵或步行上班。再外圍一點的區域則有窮人住在比較遙遠的地區，但仍然可以藉由鐵路與城市連結。

比較新的城市，例如洛杉磯，較少朝向大眾運輸系統發展，因此沒有內城富人使用的徒步或大眾運輸區域。洛杉磯的有錢人都開車，城市也只分成三區：窮人搭乘大眾運輸工具的內城區，如洛杉磯南中城；富人開車通勤的中間區，如比佛利山莊（Beverly Hills），以及較不富有的人必須辛苦通勤的外城區。

將窮人拉進美國城市中心的力量不光只是運輸而已。有錢的父母為了讓子女進入比較好的學校就讀而搬到了郊區。市中心區通常是歷史區域，此處通常是品質耗損而價格折舊的老房子。正如富人買新車然後再把車賣給比較不富有的人，新住房一般都是蓋給有錢人住，然後等到房子折舊時，再把房子賣給比較不有錢的人。又如有大量廉價二手車可買是窮人的福音，像底特律或聖路易斯這類城市有著大量廉價的中古屋，對窮人來說也是好事一樁。

貧窮與內城運輸的連結提醒我們，有些地方窮是有原因的，我們不應該期待這些地方能快速致富。當一個地區提供窮人們特別喜愛的設施時，如大眾運輸或廉價老房子，這個地方也就容易長久維持貧窮的局面。

政策如何助長貧窮

數十年來，公共政策試圖緩和隔離造成的傷害，但許多善意的干預與其說修補了城市的痛苦，不如說只是證明了華府的無能。其中一項做法是以免稅方式鼓勵企業在貧窮地區設廠，此即美國的活化特區（Empowerment Zones）與英格蘭的企業特區（Enterprise Zones）。我們在上一章曾經提到，活化特區的確能為貧窮地區帶來工作機會，但這種做法很昂貴；要抵免約十萬美元的稅捐才能產生一份工作。此外，我們還不知道這種就業方式是否真能為當地成長的孩子帶來長期的成功。

另一種觀點認為這類取徑只是「為貧民窟鍍金」，我過去的同事凱恩曾經這麼表示。按照這種觀點，只有增加流動，例如發放租屋券，才能解決隔離造成的痛苦。一九九〇年代，住房與城市發展部進行了一場稱為「走向機會」的社會實驗，在急需幫助的單親家庭中隨機地發放租屋券。三分之一的家庭沒有得到任何東西，他們是控制組。三分之一拿到標準的租屋券，他們可以在城市任何一個地點以租屋券支付房租。剩下三分之一拿到的租屋券只能在低貧困社區使用。這項限制是為了讓貧困者住進稍微富裕一點的社區，並且評估該社區對他們的影響。在比較控制組與租屋券領取者之後，我們可以評估不同鄰里對父母與子女的影響。

結果相當混雜。領取能搬到低貧困社區的租屋券的父母，他們變得比較快樂、健康，而且比較不容易成為犯罪被害人，但他們的財務並未好轉。畢竟昔日的貧民窟還是比較靠近工作地點。對孩子們的表現所造成的影響也相當混雜。女孩在課業上的表現變好，而且似乎很快就融入新環境。男孩搬到低貧困環境之後，他們的課業表現得不好，甚至產生更多的行為問題，這再次證明社會政策普遍存在著無法預見的副作用。女孩與男孩呈現的混雜結果反映出過去三十年來的廣泛模式：非裔美國女性要比男性來得成功。

租屋券的立意良善——利用公共基金讓窮人搬進比較好的房子。租屋券的確讓需要資源的人得到資源，而不是讓承包商中飽私囊以及進行大而無當的建設計畫。但租屋券無法解決宏觀的城市社會問題。「走向機會」的研究顯示，我們無法藉由給窮人錢讓他們搬進比較富有的社區來解決城市貧困的問題。

壞的政策總是重視改造地方更甚於幫助人群，但有時候社會企業家只專注於一個地方也能產生很好的效果。將近四十年的時間，「哈林兒童區」（Harlem Children Zone）一直為曼哈頓最有名的非裔美國人社區努力奮鬥。他們建立了密集的社會活動網——例如寶寶學院，負責教導育兒技巧——目標是改善孩子的課業與減少犯罪。某種意義上，他們也許是在「為貧民窟鍍金」，但從另一個角度想，他們給予哈林區的孩子出人頭地乃至於離開哈林區的技術（如果他們想的話）。

二〇〇四年，當紐約開始在各級學校推動更多實驗計畫時，「哈林兒童區」也開放了特許學校「希望學園」（Promise Academy）。學校的課程相當繁重，學生必須長時間上課，而學校也提供成功的財務誘因。學校的領導人大膽延攬最好的老師前來，而且在第一年就開除了將近五成的老師。要進入這所學校就讀是以抽籤決定，我的同事羅蘭德．弗萊爾（Roland Fryer）因為這件事而做了類似樂透贏家與輸家的真實自然實驗。他與另一位合作者從研究中發現，這所學校對學生有著強烈而正面的影響：希望學園的黑人孩子在數學上的表現完全不比白人孩子遜色。這些老師對男孩的教育特別有一套，這是相當不尋常而且令人矚目的。

「哈林兒童區」證明投資隔離地區是可行的，只不過投資的目標必須是孩子，而非運動場或單軌鐵路。然而，「哈林兒童區」的成功是否就表示美國總統歐巴馬（Barack Obama）的想法是對的？歐巴馬曾於二〇〇七年承諾，「一旦我當上總統，我對抗城市貧窮的第一件事就是在全國二十座城市設立類似『哈林兒童區』的學校」。聯邦政府能成功仿造紐約市產生的社會企業成就嗎？其他城市能像紐約一樣吸引了不起的領導者、老師與慈善者，尤其是還要依照華府立下的法規辦事？我希望他們成功，但我懷疑「哈林兒童區」的成就與過去經常出現的全國性干預的失敗，已充分說明解決城市問題最好還是從地方人士做起，而非仰賴聯邦政策。只要城市能吸引足夠的技術人員前來，總會有人想解決城市問題，無論再怎麼無解的難題，終究也能找到解決的辦法。

當貧富隔離的現象不是自然形成，而是政府自己創造出來的時候，就是聯邦採取行動的最好時機。接鄰的兩個地區如果在公共服務上出現極大落差，這種差異勢必影響民眾的居住選擇。有些分類完全是良性的：某一所郊區學校的橄欖球隊比鄰近地區來得優秀，因此吸引重視運動的父母前來。如果我的子女跟我一樣缺乏運動神經，我會希望找一家不那麼重視運動的學校。但我們更應該憂慮的是，學校品質的差異可能使窮人遭到孤立。

東聖路易斯提供城市貧窮弔詭的極端例證：協助窮人的公共政策，居然造成貧窮的大量集中。東聖路易斯位於密西西比河對岸的伊利諾州，與位於密蘇里州的聖路易斯隔河相望。一九八九年，伊利諾州「失依兒童家庭救助計畫」（Aid to Families with Dependent Children）的年給付金額比密蘇里州多了兩成。[6]如果你失業了，那麼搬到伊利諾州是合理的選擇。因此到了一九九〇年，東聖路易斯的貧窮率是百分之四十三，比聖路易斯、水牛城、底特律或其他衰退的「鐵鏽地帶」城市都來得高。自從一九九六年福利改革以來，福利給付的差異本質上消失了，聖路易斯與東聖路易斯之間貧窮率的落差也顯著縮小。

福利差異消失了，但學校品質的差異仍持續著，這種差異有助於解釋為什麼有些中心城市如底特律很窮困，而其他中心城市如巴黎卻很富裕。巴黎擁有幾家世界頂尖的公立高中，富有的巴黎父母夢想讓自己的孩子進入亨利四世與路易大帝中學就讀。但在美國，公立學校的壟斷使中心城市的學區功能不佳。郊區的學校小但更具競爭力，吸引富有的父母前來。

學校產生的隔離現象，在校車這種奇怪的例子看得最清楚。一九六四年民權法通過後，聯邦與州政府開始要求校車搭載學生時，必須讓車上各學區的黑人與白人學生維持一定比例。支持這項政策的人認為這是消除貧民窟思想孤立與改善非裔學生機會的手段。反對這項政策的人，包括美國九成以上的民眾認為這種做法摧毀了學校與鄰里的關係而且強迫孩子長距離地通學。

雙方的論據各得其理，但日後最高法院針對「米利肯訴布萊德利案」（Milliken v. Bradley）下的判決[7]，卻很難看出道理何在。最高法院限制校車只能在學區內搭載學生。這項判決的核心意旨在於城市居民必須讓他們的公立學校消除隔離，但郊區的孩子不需要。如果有反城市的狂熱分子想讓群眾從老城市出走，那麼他大概想不出比這項判決更好的方法。白人社區的居民紛紛離開像波士頓這樣的城市，搬到位於學區外的郊區城鎮居住，例如西久埃特（Scituate）。這些人不想讓他們的孩子搭校車，而最高法院幫他們一個大忙，現在他們只要離開城市，就可以不用搭校車。這項判決反而更孤立了城市窮人。

詭異的是，美國的學校制度無論朝社會主義左派或自由市場右派發展，結果都能減少隔離。如果美國仿效歐洲社會主義最好的一面，給予公立學校充足的經費，讓每一所學校都一樣好，那麼富人就沒有理由離開城市尋找更好的學校。如果美國允許學券制或特許學校這兩種能助長城市學區競爭的制度，那麼學校的品質將會提升，甚至成為有錢父母爭相入學的對象。美國地方公立學校制度的壟斷非但無法幫助城市，反而讓城市變得更加窮困。

城市貧窮並不美麗，當然，貧窮不可能美麗，但里約、孟買與芝加哥的貧民窟長久以來一直提供窮人脫貧的途徑。有時候，向上流動的美夢不一定能實現，但這正表示我們應該繼續留在城市打拚，而非把希望寄託在鄉村生活，在開發中世界尤其如此。城市帶來改變，無論對社會或個人都是如此，對於沒有食物、醫療或未來的人來說，維持現狀絕不是件好事。在這個世界上，有屬於鄉村與貧窮的部分，它的步調就像冰河一樣緩慢，偶爾出現饑荒或內戰的震撼，或者更少見的，因綠色革命而獲益；另一方面，這個世界也有屬於城市與貧窮的部分，它的面貌瞬息萬變。而唯有變化才能帶來機會。

然而，人們不斷宣傳城市對窮人不利的迷思，亦非毫無根據。數百萬窮人湧進城市，或許對移民來說是一種希望的象徵，卻不一定能改善已經在城市住下的中等所得居民的生活。有些城市會制定減少移民進城的政策，例如孟買對建築物做了極其嚴格的限制。這些政策可以討好現有的城市居民，因為他們知道擁擠與堵塞不會讓他們的生活更好。密度可以帶來好處，也有其代價。

如果城市能消除人口密集帶來的種種負面影響，則城市成長將為每個人所樂見。過去三個世紀以來，富國花費了數十億美元對抗城市疾病與犯罪。開發中世界的城市至今尚未贏得這些戰爭，而這將是下一章的主題。

注釋

1 一九九九年，二十五歲以上的巴西人平均上學的年數是四點六年。相較之下，美國的平均是十二點二四年，絕大多數西歐國家超過八年。許多南美洲國家也不差，例如阿根廷是八點四八七年，智利是七點八九年。

2 編注：這裡指的電影為二〇〇二年由巴西導演梅里爾斯（Fernando Meirelles）改編個人同名著作所拍攝的《上帝之城》（*Cidade de Deus*），該片於二〇〇四年獲得奧斯卡四項提名的殊榮。

3 譯注：馬鈴薯饑荒是指一八四五年到一八五二年在愛爾蘭發生的大饑荒。

4 編注：卡內基（一八三五—一九一九年）為美國鋼鐵大亨，原為蘇格蘭移民；喬森（一八八六—一九五〇）為美國知名歌手，原為立陶宛移民；梅塔（一九三六年—）為印度籍帕西指揮家。

5 編注：這裡指的是美國第四十四任總統巴拉克．歐巴馬（Barack Obama，任期從二〇〇九年至二〇一七年）。

6 伊利諾州失依兒童家庭救助計畫每年給付給擁有兩名子女，而無所得的母親五千兩百零九美元，比密蘇里州的四千三百四十一美元多了百分之二十。

7 編注：「米利肯訴布萊德利案」（一九七四年）為美國校車隔離問題的重要案件。法院判決結果為，如果各學區認為已經達到自己的融合目標，可以不再受法院命令限制。該案被視為美國最高法院有史以來第一次推翻了地區法院有關消除種族隔離的計畫，並從法律上免除了白人聚居的郊區參與任何市區消除隔離計畫的義務。

第4章

如何創造無害的居住環境？

在孟買的達拉維（Dharavi），有六十萬到一百萬人口居住在這處占地約五百三十英畝的地區。這裡擠滿大量人潮與充滿積極進取的精神。人們不會在達拉維坐等上「超級大富翁」（*Who Wants to Be a Millionaire*）節目的機會。在一個地板滿是塵土、完全無窗的小房間裡，有兩個人正在回收紙箱，他們將紙箱撕開，把內層翻到外層，然後重新將它們裝訂起來，把有印刷的外層擺在內層。紙箱的空間可以充當寢室，因為舊紙箱睡起來還挺舒服的。隔壁有兩名裁縫正在縫製胸罩，那幅景象會讓你回想起一個世紀前的紐約下東城。

而在那兒附近，有數十名陶工在光線昏暗的房間裡工作，兩旁就是路面滿是坑洞的大街。他們把剛送來的黏土製成容器，然後送到外頭正在猛烈噴煙的大窯裡燒製。在另一個房間，七到八名婦女正在分類二手塑膠物品。這些回收過程讓達拉維看起來相當環保，但即使是最狂熱的環保分子，我也不認為他們會樂於看到有人回收注射針筒。

雖然達拉維充滿進取的活力顯示出城市貧困裡好的一面——充滿企圖心的人們辛勤工作，並且從鄰近城市消費者與各項輸入品中獲利——但該區骯髒的空氣與汙染的飲水凸顯出城市集中的代價。街道並未鋪設完善。就算有汙水管線，也往往與飲水管線混雜在一起。由於超過千名居民才有一間廁所可用，所以看到有人當街便溺已是見怪不怪。在這種情況下，不可避免地疾病奪走太多窮苦印度人的性命。根據一項研究顯示，結核病是孟買人的第二大死因，它的肆虐使當地人的預期壽命比印度其他地區的人少了七年。

一九六二年，心理學家約翰．卡爾霍恩（John B. Calhoun）在《科學人》（*Scientific American*）發表了一篇文章，描述當他創造了一個極為擁擠的鼠群時，所產生的可怕後果。這群老鼠的問題包括幼鼠的高死亡率、同類相食、「狂亂的過動行為」與「病態的孤僻」。我們可以合理懷疑過度擁擠的鼠群是否真能告訴我們人類城市生活的模式，而對其他物種如獮猴進行的實驗中也發現，密度可以帶來和善而不一定是殺戮。不過，卡爾霍恩的研究是個示警，提醒我們密度會產生許多不利的影響。

孟買交通堵塞的情況令人氣惱，計程車往往堵在牛車後面動彈不得。雖然達拉維算是相當安全的地方——這要歸功於功能完善的社會體系，鄰居總是彼此照顧——但一般來說孟買的罪犯也不可小覷，有些惡名昭彰的匪徒專以寶萊塢的明星為犯案對象。然而這些並不是孟買或印度特有的問題，每座老城市都必須努力對抗疾病與犯罪，每座擁擠的城市都必須面對潛在的壅塞問題。密度可以傳布觀念，卻也能散播病菌。

這些問題不是不能解決，但通常需要公部門採取積極作為乃至於具威脅性的干預。公部門的無能經常被拿來做為助長鄉村貧困的藉口：因為城市不衛生，所以人們應該待在鄉村的破房子裡。這是哪門子邏輯！無論從道德還是從現實考量，這種說法都是錯的。開發中國家的城市當局應該學習西方城市在十九世紀與二十世紀初的做法：提供乾淨飲水，以衛生的方式清除居民的排泄物。他們必須讓貧民窟成為安全的居住環境，甚至必須做到許多美國城市未能做到的事：打破孤立，讓貧民兒童也能得到絕大多數生活在大城市的居民可獲得到的好處。西方世界過去兩個世紀以來致力於打擊城市疾病、腐敗、犯罪與隔離，為今日的開發中國家提供了許多教訓，然而遺憾的是要消滅這些事物並不容易。

達拉維的貧民窟同時展現了印度民族了不起的一面，以及馬哈拉什特拉（Maharashtra）邦政府腐敗的一面。雖然這種做法對於像我這種支持自由市場的人來說有些不快，但要解決達拉維的問題，絕對少不了邦政府的干預。事實上，在許多領域上，例如土地使用管制與商業執照，這些都是印度政府可以少管也必須少管的事務，但要解決達拉維貧民窟這種巨大的城市問題，就不能仰賴自由市場機制。城市急需能幹而強有力的政府提供乾淨的飲水、安全的鄰里與快捷的街道。

崇拜民主制度很容易，但有效能的市政府通常需要具有強硬手腕的首長，他要能不受制衡機制阻礙，不迎合每一位市民的想法。老羅斯福（Teddy Roosevelt）在描述如何解決紐約市的犯罪問題時表示，「大部分情況下，『權力分立』理論並不能除去禍害」。我並不是說權力分立沒有用，它確實可以遏止惡劣首長的專權，只是老羅斯福在剷除貪汙問題上，確實因為市府同仁如紐約市警局局長的否決而功敗垂成。老羅斯福想進行不受限制的改革，主要是因為完整而未被分割的權力可以讓既得利益者無法阻止改變。正如我們在戰時願意將更多權威託付給我們的領導人，當我們的街道不安全或我們每一滴飲水都帶有病菌時，我們也希望將更多的權力交付給領導者。

印度有著令人欽佩的民主制度，這在世界窮國中是相當罕見的。然而印度健全的民主制度由於區分成各個根深柢固的選舉區，經常使政府難以強勢推動能大幅改善城市生活的政策。印度民主制度最糟糕的地方，在於政府權力通常落在邦的層級而非城市的層級。而邦總是受到鄉村選民的支配，鄉村選民與美國參議院一樣，每個人平均代表的權值較重。印度城市需要更大的權力才能掌握自己的命運。

金夏沙的苦況

達拉維顯示出人類在艱苦環境中努力求生的能力，但有些城市，例如剛果民主共和國的首都金夏沙（Kinshasa），卻完全失去功能，就算是想過著像人一樣的生活的卑微請求也無從實現。當公部門完全無法處理數百萬貧民聚居於單一城市的各種問題時，城市可能變成一個恐怖的地方，罪犯胡作非為，疾病四處橫行。政府功能的失靈使得城市無法實現核心功能，也就是讓有天分的人彼此連結起來，讓他們能與外在世界串連，提升鄉村水準。除了最具奉獻精神的慈善團體，誰願意甘冒風險來這裡尋求幾乎不可能獲得的報酬？

金夏沙有一個不良的開始。一八八一年，來自威爾斯的探險家亨利・莫頓・斯坦利（Henry Morton Stanley）建立了這座城市，並且命名為里奧波德維爾（Léopoldville），以做為比利時國王里奧波德的貿易站。里奧波德的名字是野蠻殖民主義的同義語，許多非洲勞工被迫到礦場擔任苦力，而殖民者以大規模屠殺做為管理手段。經過一段時間之後，比利時政府逐步改進統治方式，到了一九五〇年代，這座城市幾乎變成一處宜人的地方，但獨立之後，金夏沙卻以驚人的速度衰退。蒙博托・塞瑟・塞科（Mobutu Sese Seko）的統治政權極為腐敗，他將產業收歸國有、對外輕啟戰端，而且未對人力或有形資本進行投資，因而使薩伊（Zaire，蒙博托曾將剛果改名為薩伊）陷入貧困。蒙博托提醒我們，老羅斯福不受限制的改革會帶來什麼憾事——唯有權力掌握在對的人手上，權力集中才有好處，然而誰能擔保對的人永遠正確呢？蒙博托被罷黜之後，經過這幾年的時間，剛果幾乎不能說變得更好，因為數十萬人死於戰爭，而腐敗問題依然未獲解決。

剛果長期動盪的結果，金夏沙雖然沒有運作正常的政府來解決城市問題，但人口仍然快速增加。從一九六〇年以來，金夏沙從四十四萬六千人，暴增成人口達一千零四十萬的大都會。[1]

一人統治的特徵，在於所有權力都來自於獨裁者，因此，獨裁統治下的首都城市平均來說要比穩定的民主國家首都城市規模大上三成。印尼進行的一項腐敗研究顯示，公司領導者如果拍照時與印尼獨裁者站得越近，一旦獨裁者失勢，該公司的股價跌幅最深。如果你想從薩伊的竊盜政治（kleptocracy）中分一杯羹，你必須來金夏沙，與蒙博托打好關係。

有些研究發現，金夏沙有三分之一以上的孩子感染了瘧原蟲。二〇〇四年到二〇〇五年爆發的傷寒疫情，有數百名孩子死亡，數千名孩子遭受感染。金夏沙還有一項重大問題，那就是這座城市長久以來一直是愛滋病的集中地。最早的人體免疫缺陷病毒陽性血液樣本，就是來自於一九五九年里奧波德維爾（即金夏沙）居民身上。一九八五年，一份隨機樣本發現，該城人口有百分之五遭受感染。美國有線電視新聞網（ＣＮＮ）最近還把金夏沙列為全球十大最危險城市之一。

金夏沙的狀況已經很糟了，但剛果其他地區的狀況更糟。美國國務院指出，到金夏沙旅行「白天一般來說是安全的」，但「偏遠地區較不安全，因為犯罪活動極為活躍」。一九九六年到二〇〇三年，戰火荼毒中非內陸地區，數千難民為了逃難，躲到了剛果首都相對安全的地區。金夏沙省出生的兒童，每千人就有七十三人活不到一歲。這大約是美國平均的十倍，但比剛果鄉村地區少。二〇〇一年的調查發現，在金夏沙的某些地區，超過一成的孩子營養不良，這聽起來很糟，但如果與首都以外的地區相比，那些地區有時會超過三成。國營的水公司可悲到無法提供乾淨的飲水。剛果城市居民有三成必須走三十分鐘的路打水，即使如此，還是無法減緩來自內陸鄉村的移民。

金夏沙先是由殘暴的殖民政權建立，而後又遭受邪惡的專制者統治，這座城市被恐怖力量緊緊地掐在手裡。金夏沙的問題似乎無法以今日倫敦或紐約的視角來解決，但紐約與倫敦曾解決過類似的問題。世界上每一座老城市都曾與疾病和暴力奮戰過。即使是金夏沙，這些辛苦戰鬥獲得的最終勝利，應該也能給予它希望。

治療生病的城市

西元前四三〇年，瘟疫經由港口皮拉烏斯（Piraeus）傳入雅典，四分之一的雅典居民因而病死。雅典領袖培里克利斯也成了受害者。大約九百七十年後，瘟疫傳入君士坦丁堡，根據史家普羅科皮爾斯（Procopius）的說法，在高峰期，瘟疫每天可使一萬人以上死亡。又過了三個多世紀，在一三五〇年後，瘟疫定期屠殺西歐的城市居民。十七世紀，與英格蘭鄉村相比，城市地區的死亡率確實高出許多。十八世紀初，瘟疫從歐洲消失，但在亞洲仍未絕跡。之後黃熱病入侵，到了一八三〇年，霍亂也開始在西歐城市肆虐。

早期防治疾病的公共衛生措施絕大多數局限於隔離病患，但像約翰．斯諾（John Snow）這類慎思明辨的城市人逐漸取得防止傳染病擴散的必要知識。斯諾是約克郡人，他是煤礦工人的兒子。十四歲那年，他追隨鐵路先驅喬治．史蒂芬生（George Stephenson）的醫師當學徒。九年後，斯諾一個人步行兩百英里到倫敦，他想在那裡取得成為外科醫師所需的技能。過了兩年，他領到執照而且成為一名成功的醫師與醫學研究者。斯諾從身處的城市學到不少醫學知識。一八五四年霍亂疫情爆發，斯諾從死亡病例中觀察到霍亂的模式，這是他最大的成就。

倫敦是斯諾的實驗室，在當地教士協助下，他訪問居民而且繪製出難得一見的霍亂疫情地圖。這幅地圖標示了每一條街道與每一個病例，顯示出疾病的地理位置。透過考察每個病例的發生地點，斯諾發現在爆發疫情的中心地區有一臺抽水幫浦。他在訪問居民後發現，「在倫敦這個地區，並未出現霍亂的特定爆發點或普遍盛行的現象，霍亂疫情僅限於那些習慣飲用上述幫浦水井的民眾」。附近喝麥酒的民眾仍然很健康；酒精有辦法殺死水中的細菌，這種特性長久以來一直讓城市居民免於染上疾病。

這口水井可能受到附近糞坑的汙染，而糞坑裡含有帶菌的排泄物。當斯諾取走幫浦的把手後，疫情便緩和了。他不是十分了解霍亂的病原體，但他正確斷定霍亂是經由帶菌的水傳布。斯諾的研究提供了一項早期證明，而這項證明如今已被視為理所當然：城市必須提供乾淨的飲水，才能確保市民健康。斯諾的例子說明城市的創新具有自我保護的功能，城市有能力產生解決自身問題所需的資訊。

在美國，各個市政府在十九世紀初開始進行大規模的乾淨飲用水計畫，而這項做法與其說來自斯諾的科學，不如說來自於直覺。他們總覺得骯髒的飲水與疾病傳布有關，因此數年來他們一直努力改善飲水品質。一七九三年與一七九八年，美國各大城市爆發黃熱病疫情，此後費城與紐約便決定提供市民不受汙染的飲用水。在英國建築師兼工程師班傑明．拉特羅布（Benjamin Latrobe）的指導下，費城走上公共建設之路。建造與營運的費用遠超過拉特羅布原先的估計，但費城終究還是獲得一個功能完善的公共飲水系統，使費城市民可以喝到斯庫克爾河（Schuylkill River）上游的水。

紐約走的是民營路線，但紐約節省經費的做法使曼哈頓等上數十年的時間才喝到乾淨飲水。黃熱病爆發後，紐約市議會提案興建公共飲水系統，但州眾議員與落選的副總統候選人艾隆．伯爾（Aaron Burr）卻有不同的計畫。為了左右他的政治對手的想法，也就是市議會當中的聯邦派人士，伯爾特別找了自己的勁敵，也就是有聯邦主義先生之稱的亞歷山大．漢彌爾頓（Alexander Hamilton）擔任他的盟友。漢彌爾頓提出警告，為了資助公共飲水系統，需要課徵一筆稅捐，而這將是一項「負擔」，他因此成功說服市議會接受伯爾的想法，由民間來供應飲水。

然後，伯爾運用他高明的政治技巧，讓新成立的民間水公司特許能順利通過州的立法。特許的關鍵條款准許水公司籌資兩百萬美元與使用任何剩餘資本，前提是產生這些剩餘資本的「金錢交易不得違反州憲與州法或聯邦憲法與法律」。這條看似無害的條款，意謂著只要這家水公司能提供飲水，那麼伯爾就能利用這家公司做任何他想做的事。此外，伯爾也發現，銀行業比水供應更能提供金融與政治的利益。漢彌爾頓不智地為自己擁有的紐約銀行（Bank of New York）樹立競爭者。曼哈頓公司銀行（Bank of Manhattan Company）的事業已經整整維繫了兩個世紀以上，後來發展成大通曼哈頓銀行（Chase Manhattan）與現在的摩根大通銀行（JP Morgan Chase），但這家水公司顯然沒有解決紐約的飲水問題。

為了省下資本，好讓伯爾運用這些資本來從事銀行業務，水公司使用舊水井與建造容量過小的水庫。曼哈頓公司似乎違背了承諾，它並未從布朗克斯（Bronx）取來乾淨飲水，反而在蓄水池裡注入「未知的、來路不明的飲水」。

民營的水公司為許多地方提供了飲水，但存在兩個潛在問題。首先，消費者難以檢驗水質，這表示供應者就算偷工減料也不會影響生意。再者，即使民營水公司可以保證乾淨飲水，消費者也不一定願意或有能力支付足額的水費讓水公司賺錢。在經濟景氣之下，民眾有錢可以支付高水費，而一般而言，水公司也應該會提供乾淨飲水，因為如果不這麼做，就免不了面臨法律訴訟，因此前述的兩個問題都不存在。然而，在漢彌爾頓與伯爾的時代，如果一名富有的市民有能力派僕役到鬧區以外的地方取得乾淨飲水，這名市民想必知道住在貧窮地區的民眾使用的是比較廉價與比較骯髒的鬧區飲水。儘管這名市民已經很小心，但骯髒的飲水仍有可能殺死他或他的家人，因為城市的傳染病疫情可能會先從這些貧窮地區開始，然後藉由廉價而不潔的飲水向外傳布。

這是經濟學家所說的「外部性」（externality），亦即，某人的行為對另一個人造成影響，但這個影響卻無法透過自願性的交易來獲得解決。一個多世紀以來，經濟學家不斷主張外部性需要某種形式的政府干預，飲水也是一樣。由於曼哈頓公司並未解決紐約的乾淨飲水問題，透過飲水傳染的疾病仍一而再、再而三的出現。紐約市偶爾會在某一年的傳染病流行中失去超過百分之零點五的人口，這是正常年份死亡率的兩倍，一八三二年霍亂流行便造成這樣的結果。

最後，紐約市依循費城的做法，花費了數百萬美元（如同漢彌爾頓所警告的）於公共飲水供應上。克羅頓水道（Croton Aqueduct）的建設成本是九百萬美元（相當於二〇一〇年的一億七千萬美元以上），從一八四二年以後開始提供紐約的飲水，而乾淨的飲水很快就產生影響。一八六〇年後，死亡率在六十年間有了驚人的變化。南北戰爭結束後每千人有三十人死亡，到一九二〇年代，減少到每千人約有十人死亡。

到了一八九六年，全美各地有將近一千七百個公共飲水系統，市府當局花在飲水的經費，與聯邦政府花在軍事與郵政以外的經費一樣多。在巴黎，喬治─尤金・歐斯曼男爵（Baron Georges-Eugène Hausmann）身為拿破崙三世的代理人，擁有近乎無限的權威來建設下水道系統，這個系統至今仍在運作，它的地下水道吸引了不少觀光客前去遊覽。

經濟史家維納・特羅斯肯（Werner Troesken）做了大量研究，顯示城市對飲水進行投資，大幅降低了傷寒與其他疾病的發生率。乾淨飲水甚至減少了非經飲水傳染的疾病死亡率。特羅斯肯與他的合作夥伴約瑟夫・費里（Joseph Ferrie）進行的研究，正好呼應了一個世紀以來乾淨飲水對麻州的影響，他們發現從一八五〇年起，芝加哥傷寒死亡率的降低，與其他疾病死亡率的大幅降低同時發生。其他疾病死亡率的降低，也許是因為經由飲水傳染的疾病被誤認為其他疾病，或者是因為經由飲水傳染的疾病削弱了人體的免疫系統，使得其他疾病得以趁虛而入。無論原因是什麼，費里與特羅斯肯相信，一八五〇年到一九二五年「芝加哥死亡率的下降，其中有三成到五成與引進乾淨飲水有關」。

乾淨飲水能進入到城市之中，原因只在於當局對基礎建設進行了大量公共投資。達拉維貧民窟如果想跟巴黎街頭一樣免於經由飲水傳染的疾病，也應該採取類似的做法，要不是由政府推動，就是經由適當補貼與管制的民間公司來進行。

街道的清潔與腐敗

儘管由於飲水潔淨使得疾病大幅減少，但直到一九〇一年為止，紐約的出生預期壽命仍比美國其他地區少了七歲，原因主要是傳染病的流行。一個世紀之前，美國就跟現在許多開發中國家一樣髒亂，而且也跟今日的開發中世界一樣出現貪汙腐敗限制公共服務效能的情形，腐敗使得十九世紀美國城市的衛生條件較為惡劣。

紐約獲得乾淨的街道，歸因於警政醜聞，這場醜聞使得惡名遠播的民主黨黨機器塔瑪尼協會（Tammany Hall）暫時遠離權力核心。政治體系限制了地方的權力，這一點令人詬病，但是完全授予地方自主權限亦非良策。在制度運轉良好的情況下，多層級的政府（聯邦、州與城市）可以彼此制衡，不同政黨分掌不同層級的政府時更是如此。如果聯邦政府未干預州的事務，那麼南方的非裔美國人就不可能獲得公民權利。紐約市能早日獲得乾淨的街道，是共和黨州參議員針對民主黨主政的市政府警察局進行調查的結果。

貪汙猖獗的情況詳細記錄於州參議員厚達一萬頁的報告中，即使是最冷漠的讀者也會對當中的內容感到震驚。調查員訊問惡名昭彰的警員「揮棒者」．威廉斯（"Clubber" Williams），光憑警員的薪水，他怎麼買得起紐約的住宅、康乃狄克州的鄉村別墅以及遊艇，威廉斯回答說：「我在日本買了不動產，而這筆不動產增值了。」這份報告成了紐約一八九四年選舉的背景，塔瑪尼協會因此輸掉大選，由共和黨企業家威廉．斯壯（William L. Strong）贏得市長寶座。

斯壯原本希望由老羅斯福擔任街道清潔工作，但老羅斯福卻想擔任紐約市警局局長。於是斯壯轉而請喬治・魏林上校（Colonel George Waring）出任該職，老羅斯福以少有的謙遜表示，魏林是「比我更合適的人選」。當然，魏林也跟老羅斯福一樣，熱切地推動無限制改革。早在四十年前，魏林就已開始從事公共衛生工作，當時他才二十多歲，負責監督中央公園的排水工程。他曾為北軍招募六個騎兵團，將娟姍牛（Jersey cattle）引進國內[2]，並且協助發展沖洗式馬桶。當孟菲斯遭受一連串經飲水傳染的疫病肆虐，並且引發全國矚目的災害時，魏林也受命前往該市建設下水道系統。一八九五年，集工程師、農民與一流騎手於一身的魏林開始主掌紐約街道的清潔工作。

魏林馬上成了避雷針。他上任第一年，支出就超過預算的百分之二十五。當魏林批評「大共和軍」（Grand Army of the Republic）是「一群該死的酗酒流浪漢」時[3]，就像今天有人罵美國退休者協會（AARP）是「一群懶惰的福利騙子」一樣，一場政治風暴免不了席捲而來。然而魏林在回應時表示，他只是把美國最有勢力的遊說團體稱為「退休金無賴」，即使紐約州議會要求他收回這句話，他也拒絕讓步。魏林堅持將紐約街頭閒置不用的車輛沒收充公，此舉使得「被派去沒收卡車」的街道清潔人員與「試圖阻止卡車被收走的義大利暴民」之間發生推擠拉扯，進而引發「莫特街暴動」（Riot in Mott Street）。他因此熬夜計畫因應這場風暴。即使魏林接二連三地引發騷動，《紐約時報》在報導中仍認為，在他到任後的前七個月，「確實讓紐約的衛生情況起死回生」。

魏林的活力、誠實與稱職贏得了民眾支持，加油打氣的聲浪完全掩蓋了誹謗的雜音。此外，魏林也獲得柏油這項新科技的幫助。一八八〇年代，紐約街道一般都是以礫石打底，將矩形的花崗石塊鋪設在上面。清掃這些街道比清掃鵝卵石容易多了，但塵土沙石仍到處飛揚。柏油是一種黏稠類似焦油的物質，它可以用來結合小石子與礫石，不久，人們開始以這種材料來鋪設街道。一八六〇年代，當歐斯曼男爵在鋪設貫穿巴黎的大道時，他發現柏油鋪成的路面既光滑又容易管理。到了一八九〇年代，紐約市也改用柏油鋪路。有多起指控提到塔瑪尼協會與民間柏油公司有不法貪汙情事，但光滑的街道終究鋪設完成，魏林的下屬清掃街道時也更為輕鬆。

一八九八年，美西戰爭結束，魏林辭去職務前往古巴改善衛生環境，卻在當地感染黃熱病去世，儘管如此，他留下了一座更乾淨與更衛生的城市。從一九〇一年到一九一〇年，紐約的男性預期壽命增加了四點七年，紐約與全國預期壽命的差距縮短了一半。預期壽命最大的增長來源是嬰兒死亡率的降低，這反映了醫學知識的普及、衛生條件的改善與更好的醫療設施。

斯壯市長的行政團隊無法終結紐約市的貪汙亂象。斯壯最後還是敗給了塔瑪尼協會推出的人選，這名當選人壟斷了紐約市的販冰產業，而且獲得大筆財富。但與特維德老大（Boss Tweed）時代相比，市府貪汙的情況已經改善很多，因為紐約市民的教育程度提高，在政治上更具影響力。一般來說，貪汙會隨著教育程度提高而減少，因為市民變得比較少仰賴黨機器老大在檯面下提供的安全網，而且比較有能力組織起來反對貪汙。但是，直到新政引進比較完善的簿記之前，黨機器政治仍無法從絕大多數的美國城市絕跡，而這再次顯示多層級的政府有正面效果。

黨機器政治的舊模式讓各地黨老大可以分配工作與施惠給選民以換取他們的選票。支持黨機器的移民家庭可以仰賴協助，讓家中的年輕人獲得工作、在遭遇火災時得到援助或在感恩節時獲贈火雞。這些服務全來自黨機器老大看管的市府財庫。新政大大加強了聯邦安全網，因而削弱了地方政治人物以施捨來交換選票的能力。為了獲取金錢，地方領袖必須小心翼翼記錄現金流。黨老大的時代成為官僚的時代，許多人走上了專業官員之路，魏林就是典型的例子。

道路越多，交通越不順暢？

傳染病將城市連結人群的巨大優勢轉變成死亡的原因。交通堵塞同樣也削弱了這項優勢，因為人們變得難以在城市裡四處遊走。過多的垃圾使城市街道成為健康的危險因子；過多的駕駛人使城市街道成了停車場。提供乾淨飲水需要工程的解決方式，但提供不壅塞的交通需要的不只是科技層面。我們的街道只有在用路人不過度使用道路時才能發揮效用，對此我們必須用上經濟學家的工具。開車創造了負面的外部性，因為一般而言每個駕駛人都只會考慮自己的成本與效益。駕駛人通常不會考慮他們開車上路會讓其他用路人的速度減慢。因此，修正外部性的最佳方法就是讓使用道路的人付費。

將飲水引入城內、將汙水排出城外是一項艱鉅的任務，這挑戰了工程技術的極限。但交通堵塞不僅是一項工程挑戰，同時也是一項心理挑戰，這是因為每一項改善都可以改變駕駛人的行為，然而駕駛人的行為改變之後，實際上卻抵銷了改善的成果。數十年來，為了解決車輛太多道路太少的問題，我們不斷鋪設更多的道路，但每開通一條新路或一座新橋，就會吸引更多車輛前來。經濟學家吉爾斯・杜蘭頓（Gilles Duranton）與馬修・特納（Matthew Turner）發現，汽車行駛增加的里程數實際上與新開通的道路里程數是一比一的關係，他們稱這種現象為道路堵塞的基本法則。

從交通問題中可以明顯看出，要滿足人們對免費事物的需求是不可能的。道路的建造成本昂貴且使用的效益很高，但美國的用路人似乎認為免費開車上路是人權法案承諾的基本權利。蘇聯過去曾以人為的方式讓消費商品維持低價，結果造成商品架上空空如也，店門外則是大排長龍。基本上，當民眾可以免費開車行駛於城市街道時，就會產生相同的情形。

榮獲諾貝爾經濟學獎的加拿大經濟學家威廉·維克利（William Vickrey）想出改善交通堵塞的最佳方式。維克利首次思索大眾運輸的難題，是在一九五一年他參與市長的委員會，負責改善紐約財政的時候。維克利的任務是為地鐵釐定票價，他發現，「私家車與計程車的使用者，或許也包括公車的使用者，大體來說，這些人負擔的成本並不包括他們使用交通工具所增添的成本」。當我們開車時，我們認為自己應負擔的成本有時間、汽油與車輛的折舊，但我們通常沒有考慮到自己也將某些成本（如失去的時間）加諸在別人身上。我們不認為自己造成交通堵塞，因此，我們經常過度使用公路。

經濟學家面對這種問題，理所當然地認為應對駕駛人課以完整的通勤成本——這意謂著加徵一筆費用，使駕駛人負擔他們的車輛對道路其他部分加諸的成本。維克利在一九五〇年代末期針對華府的公車系統提出他的核心見解，在報告中，他首次主張應針對駕駛人造成的交通堵塞向駕駛人收費。維克利受自己身處的城市所啟發，他的想法再次證明城市的創新具有自我保護的功能。在推行電子收費系統（E-ZPass）之前的數十年，維克利已經想到以電子系統來課徵堵車稅（congestion charges），而且他建議交通尖峰時間的堵塞情形尤其嚴重，此時應提高收費。

數十年來的經驗證明維克利是對的。鋪設更多道路，也無法解決交通耽擱的問題，但堵車稅卻可以。一九七五年，新加坡推行簡單的堵車稅，凡是開進市中心的車輛均課以較高的費用。現在這套系統已經電子化而且更加複雜，城市因此不再出現堵塞的現象。二〇〇三年，倫敦開徵堵車稅，交通堵塞也獲得大幅改善。

那麼，為什麼堵車稅在美國如此罕見？這是因為政治的考量凌駕於經濟之上。對數千名駕駛人課徵新費用顯然不受歡迎，結果造成眾多駕駛人在路上動彈不得，白白損失數百萬小時的珍貴時間。維克利死於心臟病，他在深夜開車，被人發現俯靠在方向盤上已無氣息。我一直懷疑他在深夜開車是為了避開交通堵塞。

在美國，因交通堵塞而損失的時間，價值高達數十億美元，但在開發中世界，交通堵塞造成的損失更大。開發中世界的堵塞更極端，而且缺乏其他可替代的交通工具，例如地鐵。建築物低矮，因此市區更往外蔓延，加上可怕的人行道，使步行成為不切實際的選項。在孟買，交通堵塞可以讓城市生活陷入停頓。因此對孟買而言，解決交通堵塞已不只是便利問題，也是為了確保城市能滿足最基本的功能，也就是讓民眾結合在一起。

讓城市更安全

城市連結人群的優勢，不僅受到交通堵塞拖累，也因為犯罪而失色不少。恐懼使民眾閉門不出，不僅切斷與他人的連繫，也無法享受城市生活的好處。恐懼是數千人擠進稠密城市之後最常出現的副產物。城市的群居生活有助於觀念與疾病的散布，但也容易助長犯罪。

數世紀以來，城市騷動的威脅迫使市民不得不以繳稅與犧牲自由的方式來尋求安全。近代警察的雛型出現於路易十四時代的巴黎，當時的巴黎或許是歐洲最大的城市，而且顯然充斥著暴力與騷動。事實上，巴黎首次成為「光明之城」（City of Light）是在十七世紀，當時主掌治安的官員開始推行大規模的街燈計畫，使夜晚的巴黎不再那麼危險。

美國惡名昭彰的銀行大盜威利．薩頓（Willie Sutton）曾說，他搶銀行是因為「那裡有錢」。但從絕大多數的例子來看，犯罪案件其實多半是窮人搶窮人。犯罪被害人通常是貧窮的年輕男性，就像犯罪加害人一樣。主要原因在於人們參加幫派是為了尋求保護免受其他罪犯欺凌。

在世界大部分地區，犯罪不成比例地集中在城市地帶。一九八九年，人口超過百萬的大城市中，有兩成以上的居民曾在前一年成為犯罪被害人，另一方面，在人口不到一萬的小鎮裡，曾經受害的居民不到十分之一。一九八六年，平均來說，城市人口增加一倍，謀殺案發生率就增加了百分之二十五。

城市容易出現犯罪，主要是因為來到城市的窮人也帶來了貧窮的社會問題，如犯罪。城市也助長犯罪，因為城市地區人口非常集中，這些人全是潛在的受害者。在渺無人煙的鄉村道路上當小偷恐怕難以維生，反觀地鐵的人潮卻提供大量的錢包讓扒手竊取。我曾經估算過，都會地區犯罪的平均所得要比都會以外的地區多了兩成。

城市與犯罪之間的連結，也反映出在龐大而通常彼此互不相識的城市中執法的困難。在「妙探尋凶」（Clue）這款遊戲裡，玩家要抽絲剝繭剔除疑犯才能找到殺人凶手。真實世界的警察通常也是如此，不同的是，在城市中調查變得更為困難，因為有太多嫌疑犯需要查證。根據統計，城市人口每增加一倍，成功破案的機率就減少百分之八。

犯罪率與城市規模有著可靠的相關性，但在各個城市與不同時間所顯現出的差異，通常與執法、所得或任何可測量的事物無關。里約貧民窟的幫派動不動就開槍，但孟買的貧民窟卻相當安全。儘管在電影《貧民百萬富翁》（*Slumdog Millionaire*）中呈現出孟買犯罪橫行的樣貌，但孟買整體的犯罪率在印度所有城市來說算是非常低的。孟買的貧民窟缺乏一種我在里約貧民窟或一九七〇年代紐約貧困地區感受到的危險氣氛。這種差異不是因為孟買警方在治安維護上做得很好，而是實際上孟買比里約還要窮困。

孟買貧民窟的安全無虞，最好的解釋是這些地方雖然窮，卻是功能良好的社會空間，它們就像珍·雅各五十年前的作品《偉大城市的誕生與衰亡》中描述的格林威治村（Greenwich Village）。這些地區的居民會留意街頭巷尾的風吹草動。一有不法的行為馬上就會糾舉出來，然後予以處理，只不過這些行動不是來自警方，而是社區的自發行為。

城市犯罪率的起伏，有時很難找到解釋的理由。謀殺是唯一一種可以用來衡量公共安全長期變遷的犯罪，因為其他犯罪往往因為各種理由而未能獲得完整報導。當警察單位特別無能或腐敗時，官方公布的犯罪率反而會下降，因為民眾不願報警處理。

犯罪史家艾瑞克·蒙科能（Eric Monkkonen）蒐集了兩百多年來紐約發生的謀殺案資料。從一八〇〇年到一八三〇年，謀殺案件減少，然後又開始增加，在南北戰爭期間達到高峰。整個十九世紀，街頭幫派主宰了移民鄰里社區，而紐約警察又極為腐敗，一般來說，這段時期每年每十萬名紐約人就有三到六名遭到謀殺。不過，腐敗與殺人之間似乎確實存在著某種薄弱的連結。從一八六五年到一九六一年，塔瑪尼協會主政期間，殺人事件大約比改革時期多了百分之十二。

謀殺案件在十九世紀晚期逐漸減少，一九〇〇年後又開始增加，然後在咆哮的二〇年代（Roaring Twenties）達到高峰，每十萬人就有五點四人遭到謀殺，直到一九五〇年代才降到四點一人。一九三九年到一九五九年，全國殺人案件比率大約降低了百分之二十九。一九三〇年到一九六〇年殺人案件數量的改善，到了一九六〇年到一九七五年間完全付諸東流，這個時期的城市似乎遠較過去無法無天。紐約的謀殺率增加到原來的四倍，在一九七五年時達到每十萬人有二十二人遭到謀殺。

關於犯罪率波動的問題，經常找不到明顯的原因。在這段時期，美國越來越富足，而紐約也越來越擴大，因此我們無法以窮困或城市規模來解釋為什麼在某個十年犯罪率會突然上升或下降。一九六〇年到一九七五年犯罪率爆炸性的成長，引發各界的廣泛討論，但終究未能達成一致共識。有人猜測，犯罪率的增加與這個時期年輕人口的增加有關，犯罪與年輕人有極高的關聯性，但據史帝文．李維特估計，年輕人口的增加頂多只能解釋這個時期犯罪增加的五分之一。其他的解釋包括城市工業經濟的惡化或警察效能的降低，但同樣地，還是沒有可衡量的變數來解釋這種變化。

犯罪在時間與空間上出現難以解釋的變化，就某個角度來看，這種變化也與城市中偶然出現的藝術與創意無來由的爆炸性成長相呼應。這兩種現象都是社會互動產生力量的例證。一名藝術家，如布魯內雷斯基與海頓（Joseph Haydn），可以在他生活的城市裡引發一連串的創新。同樣地，少數城市犯罪者破壞了維持城市安全的社會規範，因此使犯罪變得更吸引人。瘸幫（Crips）這個龐大的幫派組織現在據信已吸收了三萬名以上的成員[4]，當初卻只是由幾名年輕人建立的。由於城市增強了個人的影響力——這一點有好有壞——而且因為個人的選擇與天分難以預測，因此使得犯罪潮這種城市現象令人百思不解。

犯罪潮也許很難解釋，但它們的衝擊卻非常明顯。從一九四〇年到一九六〇年，紐約人的健康狀況與美國其他地區居民不相上下。紐約與全國白人預期壽命的差距從未超過六個月。但從一九六〇年到一九九〇年，紐約男性與紐約以外地區男性的預期壽命差距拉開到二點七年。紐約以外的男性變得比紐約男性更為健康。預期壽命的差距並未出現在女性身上，部分是因為絕大多數謀殺案的被害人都是男性。

許多因素造成紐約男性死亡的數量不斷增加。像是愛滋病出現而開始導致紐約人死亡，其受害者多半是男性。從一九六〇年代到一九八〇年代，紐約人因心臟病死亡的比例也在增加，或許是因為毒品或壓力的影響。紐約中央公園成了無人地帶，只有那些有勇無謀的人才會在夜裡進入。一九二五年，作詞家羅倫茲．哈特（Lorenz Hart）曾形容紐約是「專為女孩與男孩製作的美妙玩具」。五十年後，紐約似乎成了強盜的玩物，而且毫不「美妙」。

然後，從一九七五年到二〇〇五年，紐約的謀殺案發生率從每十萬名居民近二十二人被殺，減少到略微超過六人。謀殺案減少，連帶地強暴、搶劫與其他嚴重犯罪數字也跟著降低。犯罪率的增加，有許多難以解釋的地方，同樣地，犯罪率的降低也反映出某種社會力量，而這些社會力量是無法衡量或控制的。關於這點，約翰．唐諾修（John Donohue）與李維特曾提出相當具說服力的主張，他們認為墮胎合法化有助於減少犯罪。

此外，即使犯罪率的變化通常跟警察沒什麼關係，但治安工作與犯罪率的確有一定關聯。由蓋瑞・貝克（Gary Becker）開創的犯罪與懲罰經濟學便是從以下前提開始的：犯罪者並非毫無理性。犯罪者與其他人一樣，都會對誘因做出回應。如果對犯罪者加重懲罰，犯罪將會減少。犯罪者在預測自己可能遭受的懲罰時，取決於逮捕的可能性與逮捕後懲罰的嚴厲程度。犯罪的合理性實際上可以說明為什麼犯罪者的再犯率會高達九成以上。如果犯罪者是理性的，他們會在坐牢前考慮後果，那麼一旦真的被逮捕，監牢的束縛不可能改變他們原先犯罪的念頭。一名職業籃球員過去好幾場比賽都五犯離場，我們不可能期盼這名球員會突然改變打球風格。如果某人明知會被逮捕還認為犯罪是好主意，那麼這樣的人事後怎麼可能認為犯罪是壞事？

許多統計數據支持這種直觀的想法，認為加重懲罰可以減少犯罪，不過許多研究卻發現，犯罪的減少與其說是因為刑度加重，不如說是逮捕率提高。像里約與波哥大（Bogotá）這些南美城市有著極高的謀殺案發生率，這可以從謀殺的低定罪率來解釋。在美國，大約有五成的謀殺案可以成功定罪。在波哥大與里約，殺人犯被送進牢裡的卻不到一成。因此這些地方有這麼極端的犯罪問題並不令人意外，因為犯罪的成本很低。在拉丁美洲，人們比較喜歡以解決貧困問題來回應高犯罪率，因為他們認為犯罪伴隨著貧困而生。遺憾的是，這項策略施行最成功的還是在美國，而非拉丁美洲。

美國在一九六〇年代爆發犯罪潮與暴亂之後，初步達成的共識是讓城市更繁榮才能讓城市更安全。只要美國專注於解決貧困問題，犯罪問題就能迎刃而解。為了解決暴動問題，克爾納委員會（Kerner Commission）建議美國「立即採取行動，在未來三年創造兩百萬份新工作——公部門一百萬，私部門一百萬——吸收最困苦的失業者，並且降低所有工人，無論黑人白人因未充分就業而造成的物質匱乏」。

遺憾的是，當時沒有人知道如何才能為城市失業者創造出兩百萬份新工作，如何更全面地解決貧困問題，或如何扼止城市製造業的衰退。此外，光憑所得增加是否就能大幅減少犯罪，兩者的關係其實並不明顯。在即將進入一九七〇年代之際，甚至連自由派人士也開始主張以更直接的法律與秩序來預防犯罪。

一九七三年，人們曾視尼爾森・洛克斐勒（Nelson Rockefeller）為共和黨內自由派的希望，他簽署了《洛克斐勒毒品法》，對持有四盎司以上非法毒品的人處以最低十五年有期徒刑、最高無期徒刑的制度。在一九七七年紐約市長選舉中，柯奇以支持死刑與對手互別苗頭。柯奇開啟了潮流，他的後繼者，包括朱利安尼，都支持治安的「破窗」理論，即使是微小犯行也要施以嚴懲，例如為了逃票而跳過地鐵閘門。嚴刑峻法自然獲得市民的支持，因為犯罪似乎獲得控制。

從一九八〇年到二〇〇〇年，美國刑事體系——監獄、看守所、緩刑或假釋——的囚犯數目，從一百八十萬人增加到六百四十萬人。監獄無法改造罪犯，但監獄的確藉由威嚇來扼止犯罪，而且更重要的是可以讓罪犯遠離街頭。有許多研究檢視監禁對犯罪程度的影響，一般來說，當刑期延長一倍，犯罪率下降約百分之十到四十。李維特認為，監獄的監禁效果通常比威嚇有更大的效果。美國公民自由聯盟（ACLU）曾提起法律訴訟，要求過度擁擠的監獄應釋放犯人。李維特針對這個事件進行了一次經典性的研究，他發現在犯人獲釋之後，鄰近地區的犯罪率上升了，他估計監獄人口每降低百分之十，暴力犯罪就增加百分之四。根據這個數字，監獄人口的增加可以解釋一九九〇年代暴力犯罪下降的四成。

數百萬年輕人因非暴力的毒品犯罪而被關進監獄。有些人如果獲釋，很可能犯下更大的罪行，因此監禁他們有助於降低犯罪率。然而，這些年輕人其實仍具有生產力。為了降低犯罪率，增加監禁率所造成自由與前景的喪失，代價不免相當高。我無法判斷提升公共安全的利益是否勝過犯人及其社群需付出的代價，但我強烈希望未來可以找到代價較少的方式。

從貝克的邏輯出發，他認為降低犯罪程度的另一種方式，就是雇用更多警察。一九九〇年代，紐約市的警力增加了百分之四十五。全國的警力增加了百分之十五。李維特估計，警力增加百分之十，犯罪就降低百分之五。如果人們接受這個數據，則警力增加就能解釋為何全國犯罪減少了七分之一，或許還能解釋紐約暴力急速下降了四分之一。警力增加需要經費，但至少在成本效益上不會比延長刑期差。

世上有白吃的午餐嗎？我們能否靠不增加警力又不監禁數百萬年輕人來減少犯罪？過去二十年來，已有兩項策略為人熟知，這兩種做法的目標都是改善警察的資訊流通。其中一項策略是運用科技；另一項是仰賴城市互動。即使我們無法自信滿滿地說這些做法能跟加重刑度或加強警力一樣有效，但其效果是不容否認的。

警察一直相當倚重新科技，例如指紋鑑識、汽車、測謊機、無線電對講機與一一九通報系統。一九九〇年代，最新的高科技浪潮衝擊了執法單位，有些地區如紐約，開始使用創新的資料處理系統，將警力部署在出現麻煩的區域。這種想法源自於捷運警察傑克．梅波（Jack Maple），他在紐約捷運系統地圖上做標記，藉此顯示哪些地區最常出現搶劫案件。他利用這種方式分配警力，就像斯諾一樣，他製作地圖，而且發揮了城市自我保護的創新功能。

這項系統逐漸發展得越來越複雜，一旦犯罪發生，大批警察可以快速趕往地鐵站。地鐵搶劫案件大量減少，新任紐約市警局局長威廉・布雷頓（William Bratton）採納梅波的做法。兩人後來創設了警政管理系統（CompStat），這是一種電腦統計系統，讓轄區警員與長官能確切知道何處出現犯罪，並且做出相應的行動。警政管理系統使紐約變得更安全，並明確指出哪些地方最需要警力，也讓警察更能為自己轄區內的犯罪負起責任。

警政管理系統仰賴流行的新科技來改善執法，「社區警政」（community policing）則仰賴個人接觸。社區警政的核心是警察應與鄰里保持良好關係，利用面對面的互動關係來蒐集資訊，以預防犯罪。罪犯，特別是幫派分子，通常受到他們所屬社區的包庇，一方面是出於恐懼，另一方面即使是最凶狠的幫派也還是會照顧自己的鄰居。然而，社區警政的觀念雖然簡單，執行起來卻非常困難。

警察通常是外人，因為他們來自不同的地方與種族，與他們巡邏的社區格格不入。此外，早期的警察訓練模式通常會打斷警察與社區的連結。許多城市採行警力輪調的方式，定期將警察移往新的社區，藉此削弱行為不檢的警察（如「揮棒者」威廉斯）與行賄居民之間的連結，以減少腐敗。但一九六〇年代的暴動——通常是由地方團體攻擊警察揭開序幕——促使警局積極投入與社區的關係，並且改善鄰里間對警察的敵視態度。

一九九二年，暴力降臨到波士頓的晨星浸信會（Morning Star Baptist Church），一場葬禮演變成敵對幫派的鬥毆事件。社區領袖絕大多數是神職人員，他們決定聯合起來創立「十點聯盟」（Ten Point Coalition）。這是個宗教領袖聯盟，旨在減少波士頓貧窮社區的暴力活動。這些領袖的支持，使波士頓警方得以與麻煩叢生的地區建立緊密的紐帶關係，從而擴大警察的影響力，也因此大幅降低犯罪率。

今日，波士頓警局有許多社區警政組織，包括「守望相助隊」與社區顧問團。巡邏的員警表示，婦女通常是他們最重要的接觸對象，而少數族裔的女性員警特別容易建立起社區與警局的溝通橋樑。警政管理系統與社區警政善用了城市在空間中散布知識的能力。雖然我們很難看出它們的負面影響，但我們也缺乏確實的資料證明，無論是社區警政還是類似警政管理系統的計畫可以大幅降低犯罪率。這些方法的引進，本身如同一場缺乏對照組的實驗，不過無數的案例研究也顯示，這些策略的確有助於維護城市街頭的安全。

二〇〇一年九月十一日，當兩架波音七六七客機撞毀世貿中心時，警政管理系統與社區警政並不能讓兩千七百九十四名紐約人免於死亡的浩劫。儘管有這麼多紐約人表現出非凡的勇氣，例如那些英勇犧牲的打火英雄，他們的照片至今仍閃耀在我母親住的那條街的消防局裡，許多人仍懷疑紐約是否有能力回復原貌。他們擔心城市的集中將成為恐怖分子難以抗拒的目標，而這些人要的就是毀滅我們的文明核心。但是，幾乎沒有任何證據顯示，城市無法在恐怖主義的威脅下倖存。從歷史來看，無論在哪個國家，恐怖主義都無法嚇阻城市化或高樓大廈的興築。耶路撒冷與倫敦都面臨接二連三的恐怖主義威脅，但這兩座城市的人口並未因此停止成長。城市擁有強大的資源——大量的警力、觀察敏銳的市民、堅固的基礎建設——這些資源使城市至今仍能保護自己，即使是最恐怖的威脅，城市也能堅若磐石。

衛生的好處

大量人口居住在狹小土地上，可能造成嚴重的衛生風險，但二〇〇七年在紐約市出生的孩子（如果當時的死亡率維持不變），卻預期可以比全美國的孩子多活一年半。洛杉磯、波士頓、明尼亞波利斯、舊金山與其他許多城市也自豪地宣稱，它們的年齡調整死亡率低於全國平均。[5] 人口密度每平方英里五百人以上的郡，平均預期壽命要比每平方英里不滿百人的郡多九個月。從一九八〇年到二〇〇〇年，每平方英里五百人以上的郡，要比少於此數的郡，平均預期壽命多延長了六個月。

紐約人良好的健康狀況並非憑空發生。紐約市在飲用水上花費了鉅額公共投資。一名強悍而近似軍事領袖的人物，大幅增加所轄部門的預算以維持曼哈頓街道的整潔。大量警察與高監禁率使紐約成為安全的城市。負責任且獲得充分授權的公共領袖贏得每一場戰爭，他們投入大量金錢並且擴大了公部門。開發中世界的城市遭遇了各種麻煩，如果它們想要變得安全而衛生，就必須經歷類似的艱難過程。

但這些投資只能解釋為什麼大城市不再是殺戮戰場。城市傳染病與殺人案件的減少，無法解釋許多類似紐約的城市為什麼比全國其他城市來得健康。二十五歲到三十四歲的曼哈頓居民，他們的死亡率為什麼比全國同年齡層的民眾少了六成，這點是最容易理解的。意外事故與自殺是這個年輕族群的兩大死因，而這兩種現象在大城市較為罕見。這個年齡層的紐約人死於車禍的機率比全國少了百分之七十五以上。同樣是喝醉，自己開車遠比搭乘公車來得致命。

紐約年輕人的自殺率是全國平均的百分之五十六左右，這顯示自殺在鄉村地區較為普遍。[6] 阿拉斯加州、蒙大拿州與懷俄明州的自殺死亡率是麻州、紐澤西州與紐約州的二點五倍以上。這些結果部分反映了寂寞感，而這種感受可能來自於地理上的孤立，但另一方面，我與大衛・克特勒（David Cutler）及凱倫・諾貝格（Karen Norberg）針對年輕自殺者所做的研究也顯示，小鎮擁槍的比率是大城市的四倍。[7]年輕人自殺的案件中，絕大多數與槍枝有關，而且許多研究發現，當槍枝較普及時，也比較容易出現自殺。這項事實乍聽之下有點詭異，因為人要自殺不一定非要用槍不可。在美國，擁有槍枝與狩獵有非常密切的關係，這說明了為什麼年輕人的自殺率往往與一個郡狩獵執照的發放數量成正比。

城市年輕人的低死亡率反映了公車的充足與槍枝的稀少，但老人的低死亡率的原因則是個謎。全國五十五歲到六十四歲民眾的死亡率比紐約高了百分之五點五，六十五歲到七十四歲的死亡率高了百分之十七，七十五歲到八十四歲的死亡率則高了百分之二十四以上。教育、就業或所得的差異似乎無法解釋這個落差。

前紐約市長彭博為了降低吸菸人口，曾大幅提高菸稅而且規畫合法的吸菸區，但紐約早在他上任之前就已經比全國來得健康。或許是步行使紐約人變得更健康，但這能解釋紐約人比較少罹患癌症嗎？洛杉磯也比全國來得健康，但洛杉磯人很少走路。我認為紐約老人的健康反映出城市生活的強韌，但我不能排除「選擇」也可能扮演一定角色。健康不佳增加了退休的可能，而退休增加了離開紐約搬到較溫暖的地方居住的可能。

紐約、洛杉磯與舊金山這些城市的健康狀況反映了過去到現在的驚人轉變，在過去，人口密度通常意謂著死亡。縱觀人類歷史，比鄰而居助長了傳染病的散布，使冒險聚居一處的人喪失性命。為了扼止霍亂與黃熱病的傳布，人們勢必要投入大量資金興建龐大的供水系統，正如一九九〇年代為了減少犯罪，就必須投入大量經費於治安工作。要讓數百萬人居住在狹小的土地上，需要強有力的公部門來打擊犯罪與消滅疾病，這或許解釋了為什麼紐約人要比堪薩斯州的鄉村民眾更願意支持大政府。

流行性的疫病還會一再發生。克羅頓水道完成後，曼哈頓有了乾淨飲水，但經過很長一段時間之後，一九一八年遍及全國的流行性感冒與之後的愛滋病又奪走了數百萬條性命。今日，城市疾病的傳布已受到公共衛生投資的限制，而自我保護的城市創新也跟過去一樣重要。愛滋病毒的發現，起源於一名正在治療病患的巴黎臨床醫師，他連繫上巴黎巴斯德研究院（Pasteur Institute）一群研究反轉錄病毒（retrovirus）的研究者。城市健康仰賴城市生活裡各種創造健康的面向——品質良好的醫院、資訊快速流通、較少的車輛與槍枝——這些面向可以控制住人口密度可能導致的疾病傳布。

卡爾霍恩的警告仍相當重要：城市密度或許可以創造奇蹟，但這些奇蹟並非毫無代價。兩千四百年前，瘟疫襲擊了雅典，一九八〇年代，愛滋病重創了紐約，這對世界造成很大的損失。犯罪與交通堵塞仍如影隨形；它們對開發中世界正在成長的城市危害最大。但城市要成功，這些問題並非不可超越的障礙。城市創造出自己的鬥士，例如斯諾醫師、魏林上校與維克利，他們致力改善城市使其成為適合人居之地。這些鬥士通常能獲得成功，而當他們終能高唱勝利時，城市地區已不只是變得適合人居，而且還令人愉悅，因為這群全心投入的天才不只讓城市具有生產力，也讓城市充滿樂趣。

注釋

1 根據世界銀行的資料，金夏沙（當時仍叫里奧波德維爾）一九六〇年的人口是四十四萬六千零十三人。到了二〇〇七年，整個大都會區達到一千零四十四萬九千九百九十八人。

2 編注：這個品種的牛擁有黃褐色的斑毛，身材較嬌小，牛乳顏色較黃，乳脂率及蛋白質率都較高，是適合製作起司、奶油、乾酪等乳製品的乳牛品種。

3 譯注：「大共和軍」是指南北戰爭後，北軍退伍軍人組成的協會。

4 編注：瘸幫為一個美國的非裔幫派，一九六九年由雷蒙・華盛頓（Raymond Washington）等人於加州成立，曾是獨立的幫派，至今已發展成為一個在美國各大都市的分支所組織的幫派網絡。

5 美國的年齡調整死亡率是每十萬人有七百六十點三人；洛杉磯的年齡調整死亡率是六百二十四點四人；波士頓的年齡調整死亡率是七百二十九點一人；明尼亞波利斯的年齡調整死亡率是七百零一點一人；舊金山的年齡調整死亡率是六百零一點二人。

6 二〇〇七年，阿拉斯加州的自殺死亡率是每十萬人有二十二點零九人；蒙大拿州是十九點四二人；而懷俄明州是十九點七三人。麻州是七點六二人；紐澤西州是六點六九人；而紐約州是六點九人。

7 人口少於五千人的社區，家庭擁槍的比例是百分之四十二點八，但在人口超過一百萬人的大城市，家庭擁槍的比例卻只有百分之十點五。

第5章

倫敦是個奢華的渡假勝地嗎？

溫斯頓・邱吉爾（Winston Churchill）與小羅斯福（Franklin Delano Roosevelt）被視為在世界上擔當重任的人物，他們是堅強而毫不畏懼的卓越領袖，但在龐德街（Bond Street），他們的銅像卻一邊坐著抽菸、一邊聊天，眼神看起來像是剛享用了一頓昂貴的法國大餐，現在正等著結束購物的克蕾門汀（Clementine Churchill）與艾蕾諾（Eleanor Roosevelt）與他們會合。這兩個人的友誼在最黑暗的時刻挽救了倫敦，而現在他們似乎沉浸在倫敦最新的面貌裡，一座讓人愉悅的城市。沒有任何地方比龐德街更能讓人感受到倫敦的奢華鋪張，這裡的商店讓人回想起倫敦過去的優雅，充滿著各種價格昂貴的小玩意兒：特大號的格拉夫（Graff）鑽石、百達翡麗（Patek Philippe）名錶、香奈兒服飾、盧布登（Louboutin）紅底鞋，以及蘇富比目前拍賣的任何物品。

龐德街位於舉世聞名的偉大城市遊樂場的中心，這是一座充滿可供觀覽、購買、品嘗與學習的城市。如果昂貴之物不是你的目標，那麼你可以到離龐德街不遠的克雷里吉飯店（Claridge's），看看裡頭收藏的裝飾藝術（Art Deco）奢侈品，並享用戈登・拉姆齊（Gordo Ramsay）的美味料理。如果你走在與龐德街平行、兩旁聚集了許多優雅的前維多利亞時代店鋪的伯靈頓商店街（Burlington Arcade），然後跨越皮卡迪利街（Piccadilly），看看皮卡迪利商店街（Piccadilly Arcade）販售的華麗背心，那麼接下來很快你將抵達為邱吉爾縫製襯衫的 New & Lingwood；他的雪茄商 JJ Fox；他的鞋商 John Lobb；與他的酒商 Berry Brothers and Rudd。這些商店至今仍販售產品給世界各國的菁英。

當然，倫敦還有其他更高尚的娛樂。這座城市的思想裝飾，其中有些位於伯靈頓商店街旁堂皇的帕拉迪奧式大樓（Palladian mansion）內，例如林奈學會（Linnean Society）、皇家天文學會（Royal Astronomical

Society）與皇家藝術學院（Royal Academy of Arts）。從這裡搭計程車到西區的劇院或去國家美術館（National Gallery）看那裡典藏的瑰寶只要幾分鐘的時間。山繆・強森（Samuel Johnson）[1]說過的話至今仍能引起人們的共鳴：「當一個人對倫敦感到厭倦的時候，他對人生也會感到厭倦；因為人生所能得到的一切愉悅，全在倫敦找得到。」

愉悅具有強大的力量，倫敦帶給人們的樂趣不只是旅行雜誌上的浮誇內容。城市的愉悅可以決定一座城市是否成功。人的才華是流動的，它會尋找好地方去消費與生產。根據《富比士》（*Forbes*）的報導，倫敦的舒適吸引了三十二名億萬富翁，占世界最富有人士的比例之高令人印象深刻。這些極富有的倫敦人約有一半不是英國人，如拉克希米・米塔爾（Lakshmi Mittal），他在印度賺取財富，卻住在肯辛頓宮花園街（Kensington Palace Gardens）的豪宅裡，而這座宅邸是他在二〇〇四年花了一億美元買下的。有些億萬富翁來英格蘭是相中這裡的稅捐優惠，但在英格蘭他們選擇了倫敦，因為倫敦可以讓他們享受有錢人的派頭。

典型十九世紀城市座落在工廠具生產優勢的地方，而典型二十一世紀城市則比較可能位於工人有消費優勢的地方。一個世紀之前，廠商必須結合特定地點如利物浦或匹茲堡，因為港口與煤礦等自然特質決定了工業的發展。全球運輸成本下跌意謂著廠商可以不受地理條件束縛，自由在人們想居住的地方設點。有些公司因此選擇在郊區或「陽光地帶」設廠，但逐漸地，像倫敦這種具吸引力的城市也以生活品質為號召引誘企業與企業家前來。

一九七〇年代，我住在曼哈頓，紐約的犯罪與汙染使這座城市成為不適合居住的地方，民眾也紛紛搬離。紐約的房價不是特別昂貴，因為它不是那麼令人嚮往。只有少數瘋子願意住在曼哈頓，然後通勤到城外的工作地點。在史柯西斯（Martin Scorsese）的經典電影中，紐約被描繪成一處充滿恐怖犯罪的地方，但到了二十一世紀，紐約卻成為繁華的遊樂場。直到二〇〇六年房地產崩跌之前，紐約房地產增值的速度遠快於所得，這反映出人們願意支付較高的價格，只因為他們想住在紐約。

倫敦、紐約與巴黎之所以如此舒適，原因之一是這些城市擁有數世紀以來對建築、博物館與公園的投資利益，也獲益於城市擴大人類創意的能力，這不僅讓城市變得有趣，也讓城市保持勤勉。城市創新不只意謂著新型的工廠或金融工具；也意謂著新的菜餚與戲劇。總而言之，像倫敦這樣一座人才濟濟的城市，使人有機會與自己感興趣的人物進行互動。億萬富翁喜歡居住在倫敦與紐約，原因之一是他們可以與其他億萬富翁來往，而後者也許能了解他們特殊的艱苦與辛酸。

隨著人們越來越有錢，人們將越來越以愉快及生產力為標準來選擇住所。而為了要了解城市為什麼成功與城市未來是否能繼續繁榮，我們必須了解城市如何維持舒適宜人，與消費城市如何獲得成功。

規模經濟與環球劇場

二〇〇三年，聰明而富進取心的奧斯卡獎得主凱文・史貝西（Kevin Spacey）搬到倫敦，成為老維克劇院公司（Old Vic Theatre Company）的藝術監督。許多美國人覺得這項決定就像這名特立獨行的演員所做的其他行為一樣難以理解。史貝西生於紐澤西州，成長於加州。當然，好萊塢應該可以留住這麼一位電影巨星。如果他如此執著於劇院的現場表演，那麼還有百老匯，他也曾在這裡一再獲得成功。到底是什麼吸引像他這麼受歡迎的演員到倫敦泰晤士河南岸的劇院？

倫敦劇院對史貝西與世界各地觀眾的吸引力，反映了城市恆久不變的優勢。首先，現場演出的劇院牽涉到龐大的固定成本。任何人只要有五年演出經驗就可以登臺演出，但是現代西區劇院的經驗包括了大型舞臺、複雜的燈光照明與音響設備，此外，通常還要有華麗的內部空間。戲劇演出的固定成本還牽涉到演員背誦臺詞與熟稔角色所需的時間，這些工作在絕大多數五年經驗的表演者的身上通常可以略過。戲劇對一般人來說是負擔得起的娛樂，即使是老維克劇場的蘭貝斯區（Lambeth）貧窮觀眾也是如此，因為固定成本由數千名觀眾共同分攤。

劇院、歌劇院與博物館的固定成本解釋了它們與城市的連結。廣大的城市擁有數量龐大的觀眾，能共同分攤精緻戲劇的成本。今日的百老匯由數千名觀光客支持，但在五十年前，百老匯卻深受許多當地紐約人喜愛，他們會定期來這裡看戲。

英語世界第一座重要的公共劇院於一五七六年由詹姆斯·伯貝吉（James Burbage）建造完成，它有一個恰如其分的名稱：「劇院」（Theatre）。在十六世紀時，倫敦急速增長，快速增加的人口對娛樂的需求也日漸殷切。伯貝吉把他的劇院建在靠近倫敦的地方，但在倫敦城牆外的法定專區，風評不佳，妓院、酒館與戲院全設在這裡。

中世紀劇院主要富含宗教性，許多教堂被當成劇院，因為教堂本身的結構正好適合做為表演場地。在文藝復興與宗教改革之後，英格蘭人發展出世俗戲劇的興趣。英格蘭喜劇於一五五〇年代首次出現，產生了一些劇作，如《羅夫．羅伊斯特．多伊斯特》（*Ralph Roister Doister*）與《葛頓老太婆的針》（*GammerGurton's Needle*），這些劇作現在除了前伊莉莎白時代的極端主義者，大概沒有人會演出。[2]到了一五六〇年代，高起的舞臺變得相當普遍；學者熱烈辯論過去的宮廷戲劇是否有過這種舞臺。貴族出現了一些戲劇製作的需求，但是即使是最早對戲劇產生興趣的貴族，也不想每晚都看到相同的戲碼，因此戲班開始滿足更廣泛的觀眾需要。

伯貝吉屬於女王寵臣萊斯特伯爵（Earl of Leicester）支持的戲班成員。即使伯爵是一名慷慨的金主，但戲班還是必須定期巡迴演出以增加收入。藉由旅行，演員們接觸到廣泛支持他們的觀眾，但巡迴也不可避免地壓縮了演出的場數。正如短期的中世紀市集演變成永久的商業城市，巡迴的戲班也演變成固定的戲劇公司。倫敦城市地區的成長使常設的機構成為可能，演員們可以留在固定地點演出，觀眾前來觀賞，百老匯今日仍如此運作。伯貝吉的劇院是這項傳統的開端，而後緊接著幾家伊莉莎白時代的劇院紛紛出現，如幕帷（Curtain）、玫瑰（Rose）與環球（Globe）。

倫敦劇院在初期發展階段還沒有戲劇學校，所以演員要彼此學習，例如伯貝吉頗有名氣的兒子理查就是向父親拜師學藝。更令人印象深刻的是，一連串偉大的劇作家——馬洛（Christopher Marlowe）、瓊森（Ben Jonson）、莎士比亞（William Shakespeare）——在倫敦的戲劇社群裡彼此接觸交流而創造出英格蘭戲劇最初的偉大作品。有關莎士比亞在倫敦戲劇圈最早的文字記錄出現在一五九二年，當時他正飽受羅伯特．格林（Robert Greene）的輕視。格林是一名生活略嫌放蕩的劇作家，莎士比亞筆下的法斯塔夫（Falstaff）可能以他為藍本。湯瑪斯．基德（Thomas Kyd）與馬洛是「大學才子」（University Wits）[3]，這些作家受過良好教育但行為不檢，而且似乎曾在倫敦人口稠密的街道上與酒館中彼此切磋學習，或許莎士比亞也在其中。

關於這些互動，我們只知道一些片段，但他們的劇作顯然彼此影響——穿插的文本內容顯示出創意的連結。格林也許抨擊過莎士比亞，但這不影響年輕的莎士比亞取材格林的小說《潘多斯托》（*Pandosto*）寫出《冬天的故事》（*The Winter's Tale*）。人們普遍認為基德寫下了《哈姆雷特》（*Hamlet*）的原型，並且在一五八九年公演。基德也可能是《李爾王》（*King Leir*）的可能作者（連同格林），因此可說是莎士比亞作品的先驅。基德的室友是英格蘭戲劇狂人馬洛，人們指控他是間諜、無神論者、祕密的天主教徒、老菸槍與一切糟糕事物的關聯者。

莎士比亞的劇作，如《哈姆雷特》與《皆大歡喜》（*As You Like It*）都直接引用了馬洛的作品。《威尼斯商人》（*The Merchant of Venice*）與馬洛早期的《馬爾他島的猶太人》（*The Jew of Malta*）之間的關係，長久以來一直受到關注。人們也認為《迪多，迦太基女王》（*Dido, Queen of Carthage*）影響了《女王殉愛記》（*Antony and Cleopatra*）。浮士德博士（Doctor Faustus）與馬克白（Macbeth）的道德選擇似乎相當類似。有些專家，如哈佛大學的史蒂芬·布萊特（Stephen Greenblatt）深信馬洛與莎士比亞彼此認識。當時倫敦戲劇社群的規模不大，而我們沒有理由不相信這種說法。

莎士比亞與馬洛之間的連結無損於莎士比亞的卓越，相反地，它提醒我們天才知道自己必須向鄰人借用觀念。倫敦也有一些演員經過長期的學習，是透過直接參與戲劇演出，研究身邊的資深表演者的演出方式而來的。莎士比亞必然是以這種方式學習演出技巧，而在兩個世紀後的艾德蒙·基恩（Edmund

Kean）也是如此。二十世紀的英國舞臺巨星，如勞倫斯・奧立維耶（Lawrence Olivier）、約翰・吉爾古德（John Gielgud）、佩姬・阿什克羅夫特（Peggy Ashcroft）與雷夫・理查森（Ralph Richardson），他們一起演出、彼此指點並且面對面地協助訓練未來的舞臺明星。當奧立維耶開始在老維克劇院擔任國家劇院公司監督時，曾指導過年輕的彼得・奧圖（Peter O' Toole）演出《哈姆雷特》。史貝西來到老維克劇院，說明他認為倫敦才是英語世界戲劇的中心，而倫敦仍將繼續扮演著其他地區無法擔綱的教育與娛樂角色。

倫敦數量龐大的觀眾使老維克得以負擔昂貴演出的固定成本，但城市的規模也使小型實驗劇場得以生存。「第二城市」（The Second City）開始於一九五九年，地點位在芝加哥的一處廉價空間，這裡原本是中國人開洗衣店的地方。他們的小型演出憑藉一定數量的觀眾而得以維持，大約一百人就能過得去，但是他們若是在一九五〇年代的美國小鎮，是否也能找到一定程度對前衛喜劇有需求的人？直到今日，像紐約與洛杉磯這樣的大城市仍存在著實驗性質的喜劇劇場，如「正直市民團」（Upright Citizens Brigade）。

現場演出與城市創新的散布有關，因為新藝術現象最初之所以能撼動人心，主要是現場演出的緣故，而在經過一段時間之後才以電子形式散布。大城市數量龐大的觀眾有助於分攤支付給現場ＤＪ的成本。ＤＪ庫爾・赫克（Kool Herc）在一九七〇年代初首次以唱片轉盤做為樂器，不斷地來回搓動與更換唱片。立志成為表演者的閃手大師（Grandmaster Flash）在西布朗克斯家中舉辦宴會時，聽到赫克的樂曲，頓時產生許多靈感。如果唱片是樂器，那為什麼不加點歌聲呢？閃手大師與ＭＣ梅利・梅爾（McMelle Mel）被尊奉為開山祖師，這兩名以布朗克斯為據點而發跡的合作夥伴，將饒舌與搓動唱片的音樂融合在一起。Def Jam 唱片公司起初與布朗克斯的嘻哈ＤＪ傑西・傑（Jazzy Jay）、饒舌樂曲提倡者羅素．西蒙斯（Russell Simmons），以及參與龐克搖滾樂團的紐約大學學生瑞克．魯賓（Rick Rubin）透過城市連結起來，讓嘻哈音樂引領風潮而蔚為主流，而後又出現了嘻哈團體 Run DMC、LL Cool J（女人都愛酷詹姆士的縮寫）與野獸男孩（Beastie Boys）。

分工與咖哩羊肉

今日，當提到大城市的夜間娛樂時，一般人比較會想到的是到餐廳用餐，而非上劇院看戲。既然有這麼多人選擇外食而非上劇院，正可證明對大多數城市而言，大餐廳是比大劇院更重要的娛樂項目。二〇〇八年的美國，在食品雜貨店工作的人數是全套服務餐廳的一點八倍。但在紐約，這個比例不僅反過來，而且落差更大；在曼哈頓，餐廳的工作人數是食品雜貨店的四點七倍以上，而在一九九八年到二〇〇八年間，曼哈頓餐廳的就業人數增加了百分之五十五。[4]

劇院的例子說明城市在支付固定成本上擁有優勢，而餐廳則顯示城市容許分工與專門化帶來的利益。亞當．斯密提到，分工受限於市場的程度，「幾間房舍與小村落散布在渺無人煙的鄉野中，如蘇格蘭高地，每個農夫必須充當自己家裡的肉販、麵包師傅與釀酒人」。孤立意謂著每個家庭必須自己準備糧食。在斯密的時代，城市已經有肉販與釀酒人。今日，城市有各式各樣的餐廳提供不同的菜色、價格與氣氛，種類繁多到讓人頭暈目眩。

在人煙稀少的遙遠市郊，到餐廳需花費三十分鐘，住在這裡的家庭，無論是否精於烹飪，多半選擇自己下廚。我的家人偶爾必須忍受我的可怕廚藝，光是這點就足以構成對市郊的強烈不滿。在城市裡，人們外食比較容易，而且可以輕易找到訓練有素的廚師，他們有能力將各種食材結合成一桌美味佳餚。城市的飲食者也能利用專門化的基礎設施，如高檔的廚房與高雅的餐廳，這些設施的成本由數百或數千名消費者共同分攤。

專業廚師的存在，本身就是一種專門化的層次。當然，大城市的分工不僅如此。紐約、舊金山、芝加哥或倫敦有數百家知名餐廳，他們從世界各個角落蒐羅各種食材，融合各地的烹調風格，而且一次滿足富有與貧窮消費者天差地別的喜好。

客棧與酒館的歷史相當古老，至於餐廳——指真正以烹飪來吸引客人的地方——則始於十八世紀末的巴黎。今日，一般認為馬杜蘭．羅茲．德．香特瓦索（MathurinRoze de Chantoiseau）是歷史上第一位餐廳老闆。英文的 restaurant 之所以如此奇特地用來形容吃東西的地方，主要是因為羅茲在當時販售一種養生湯，可以讓巴黎人恢復元氣。城市密度創造出販售專門商品的市場，養生湯就是這樣的商品。羅茲的餐廳讓客人分開坐定，提供他們不同的餐點選擇，依照他們點的食物收取不同的費用，而非固定的價格。他巧妙地規避外燴同業公會的嚴苛規定，公會不准會員支付龐大金額讓自己成為國王的官方辦席人，並藉此名義對外販售食物。

羅茲餐廳的問題在於，他的食物並不是那麼美味。即使費了很大的工夫，終究難以提升養生湯的口味，而羅茲自己其實是個企業家，並非主廚。儘管如此，羅茲在巴黎人口稠密地區經營飯館的做法，很快就開啟了創新風潮。一七八二年，倫敦大酒館（La Grande Taverne de Londres）在巴黎開張。根據讓．安特爾姆・布里亞—薩瓦蘭（Jean Anthelme Brillat-Savarin）這位最偉大的美食家的說法，該餐廳的主廚「率先結合了四項核心要素：高雅的用餐房間、機靈的侍者、上等的酒窖與超凡的廚藝」。

在廣大的城市市場出現之前，奢華的菜餚就像世俗戲劇一樣，是貴族的消遣娛樂，他們是唯一富有到足以擁有自己的廚師與戲班的消費者。城市企業家想到，如果他們能找到足夠的客人來享用食物與戲劇，那麼他們就能擺脫王公貴族的資助。當然，這些客人只有在城市裡才能找到。當戲劇與烹飪逐漸成為公眾而非私人的消遣娛樂時，每一項創新知識也就散布得更快。好餐廳不僅能訓練主廚，也能激勵顧客在家提升自己的廚藝。

餐廳如同酒吧或咖啡館，是對昂貴的城市空間做出調適的一種方式。城市公寓通常廚房小得可憐，而且沒有飯廳。外食是一種與人分享公共空間的方式，城市人因此可以不用每天窩在自己的小房間裡。所以就某個意義來說，城市把民眾從私人空間引領到公共區域，使他們成為社會化與炫耀性消費的中心。十九世紀的新富可以到高級餐廳 Le Grand Véfour 或到 Maxim's 用餐，他們可以炫耀自己的財富，而不用在自己家裡大張旗鼓地舉辦宴會。

城市如同一條橫跨大陸的管線，不僅能傳播數學與行銷技巧，也能將烹飪知識傳遞到世界各地。曼哈頓的 Delmonico's 可能是美國第一家聘有法國主廚的知名餐廳，它推出的紐堡龍蝦（Lobster Newburg）與烘焙阿拉斯加（Baked Alaska）等等鍍金時代（Gilded Age）的大菜[5]，令紐約老饕眼睛為之一亮。許多人將法國的餐飲觀念引進到倫敦，其中最偉大的人物是奧古斯特・艾斯科菲耶（Auguste Escoffier），他曾在巴黎與尼斯學習餐飲業，而後於一八九〇年代在倫敦的薩伏衣燒烤（Savoy Grill）與麗池飯店（Ritz）擔任主廚。艾斯科菲耶創造了自己的菜餚，如梅爾巴蜜桃（Peaches Melba）與羅西尼牛排（Tournedos Rossini）。他也訓練出幾名弟子，他們將他的理念跨海帶到紐約的餐桌上。

儘管倫敦有艾斯科菲耶這樣的名廚，但在四十年前，比較知名的倫敦菜餚居然是像蘇格蘭蛋（Scotch Egg）這種可怕的豬肉料理，而非充滿創意的美食。然而今日的倫敦擁有世界上最好的幾家餐廳。從國外延攬優秀廚師，讓有天分的料理人彼此切磋琢磨，倫敦藉由這種方式脫胎換骨，成為億萬富翁或其他更多人能大飽口福的好去處。盧氏兄弟（Roux brothers）從法國來到倫敦，他們開了倫敦第一家米其林指南評選的三星餐廳。他們訓練出新一代的英國名廚，例如大名鼎鼎的拉姆齊，而後這些主廚又訓練了其他廚師。

倫敦有些最令人興奮的餐廳，從比法國更遙遠的地方引進了新觀念。印度是維多利亞女王的皇冠上最閃亮的珠寶，從她統治的時代開始，積極進取的印度人開始來倫敦尋求發展。今日，有二十萬以上的倫敦人生於印度，百分之五以上的倫敦人有印度血統。正如羅馬尼亞人將煙醺牛肉帶到紐約，義大利人把義大利麵帶到芝加哥，印度人也把咖哩羊肉帶到了倫敦。在倫敦出現的印度大餐，清楚顯示移民為城市帶來的好處。大城市住著各色各樣的居民，即使是最專門的料理也存在著大量需求，反觀美國的小城鎮如果要迎合這麼廣泛的口味，大概會感到難以應付，他們只能把所有想得到的食材與做法結合起來，然後用「歐陸菜」這個名字糊弄過去。

今日倫敦的印度餐廳當然不只是賣咖哩。二〇〇一年，米其林指南打破了法國高級烹飪傳統，給予倫敦兩家印度餐廳星號。其中一家兩星餐廳主廚發揚了城市企業家的精神，自己開了一家餐廳，取名為

「維內特・巴提亞的廚房」（Rasoi Vineet Bhatia）。二〇一〇年，這家餐廳獲得美國知名美食評鑑「薩加特調查」（Zagat）二十七分的評價，只比拉姆齊獲得的最高分二十八分少一分。[6]倫敦頂級的印度主廚一般都出生於印度，但他們仍需花費數年的時間在倫敦餐飲界與人競爭。他們的料理是實驗性的，而且以非凡的烹飪才能將亞洲傳統呈現在世人面前。我們有充分的理由認為，這種融合印度與歐洲的菜色絕對比孟買當地的料理更勝一籌。

城市擁有許多愉快的事物與環境，這說明了為什麼城市人這麼喜歡參與公共娛樂。我們花了十二個月以上的時間追蹤調查，比較特定所得、教育、婚姻狀況與年齡的人士，發現與鄉村居民相比，城市居民有百分之十九更可能去聽搖滾或流行音樂演唱會，百分之四十四更可能去逛博物館，百分之九十八更可能去看電影，以及百分之二十六更可能到酒吧小酌。這些比較高級的娛樂以現實的互動為主，而非被動地看電視，因此特別能吸引比較富有與教育程度較高的人士。如果世界越來越富有，教育程度越來越高，那麼城市在娛樂方面的優勢將變得更有價值。

鞋子與城市

飲食與戲劇是城市具備優勢的兩個領域，另一項則是時尚。早在十八世紀，倫敦已經吸引世界一流的裁縫師前來，至今仍有許多裁縫師在薩維爾街（Savile Row）開業，這條街正好與龐德街及伯靈頓商店街平行。大量生產與廉價的經銷成本使人們可以在網路上或塔吉特（Target）買到便宜衣物[7]，而這些高品質的衣物很可能讓我們的祖父母稱羨不已。儘管如此，在城市裡，絕大多數人穿的與買的仍是比較昂貴的衣服。

從一九九八年到二〇〇七年，曼哈頓的服飾用品業人數增加了五成以上。雖然經濟衰退必然導致人數下滑，但長期趨勢顯然還是正向發展。儘管網路購物興起，但紐約市時尚精品店與大型百貨仍然擴大規模，因為紐約富有的市民寧可多花點錢享受在名貴服飾店採購的樂趣。美國的服務經濟絕大多數是為了滿足中產階級的需求，但曼哈頓銷售人員主要服務的卻是城市上層資產階級與特地開車進城購買周仰傑鞋子的郊區人士。

曼哈頓精品店的成功，反映出服飾需求的增加，而且民眾需要的絕不僅是保暖蔽體而已。消費者願意在城市購買昂貴服飾，顯示人們希望穿上賞心悅目、做工精細的衣物，使自己呈現出美麗的一面。在多元複雜的城市裡，衣物可以彰顯穿戴者的品味與收入。由於城市擁有更多樣的社交關係與更複雜的社會互動，因此服飾在城市裡也扮演著更重要的角色。這項因素或許有助於說明，在人數超過百萬的城市家庭裡，為什麼女性服裝占家計總支出的比例比非城市家庭高了百分之四十二。

《慾望城市》（*Sex and the City*）影集中城市居民對鞋子的熱愛，背後存在著一項統計事實。大城市家庭花在鞋子的金額（以占家庭總支出的比例來說），比非城市家庭高出百分之二十五，這也許是因為他們購買較昂貴的鞋子，不過也可能是因為他們在城市人行道上快速行走使皮革更快磨損。如同《慾望城市》所呈現的，城市居民想展現出具吸引力的外貌，而這也反映出大城市人口密度促使居民產生浪漫的連結，而在這種情況下創造出來的婚配市場，其重要性不下於勞動市場。

作為婚姻市場的倫敦

倫敦有不少極富創意的調酒師，他們可以調出嶄新而令人驚奇的雞尾酒，例如聖馬丁巷飯店（St. Martins Lane hotel）調製的「蘋果接骨木花科林斯」（Lychee and Elderflower Collins）。但對許多單身人士與少數迷途的已婚者來說，喝杯好酒只是來酒吧的次要目的。酒吧是個製造羅曼史的地方。城市比其他地區更能吸引單身者，部分是因為城市密度使人更可能認識未來的另一半。工廠與公司匯聚於稠密地區，同樣的理由也可以用來說明聚集在城市裡的男男女女。

城市在婚姻市場上扮演的角色，可以幫助我們了解城市稠密地區不尋常的人口統計資料。二〇〇八年，曼哈頓島上有一百四十萬十五歲以上人口。其中有三分之一（四十六萬人）已婚而且與配偶同住。大約有一半人口從未結過婚，另外有十三萬九千人離婚。以全美而言，十五歲以上人口有一半已婚而且與配偶同住。二十五歲到三十四歲的曼哈頓人要比其他地區的美國人更可能維持單身。

人口稠密的城市基於許多理由可以吸引年輕單身人士前來。是個適合辛勤工作與獲得知識的地方。郊區可以滿足年輕父母的需要，因為這裡有較好的學校與較大的房子，但城市能吸引年輕單身者，因為這裡有許多適合年輕單身者尋求樂趣的地方。人口密度再加上酒吧與餐廳林立，使城市成為和其他數千名年輕單身者相遇的理想處所，這些人前來城市也是基於相同的理由。

城市是吸引單身者的磁石，但也能吸引絕大多數經濟狀況良好的夫妻前來，因為夫妻兩人都有能力在大城市的勞動市場中找到適合的工作。研究者朵拉・寇斯塔（Dora Costa）與馬修・卡恩發現，夫妻中有一人擁有大學學歷，約有四成會住在大都會地區，夫妻兩人均有大學學歷，則約有五成會住在大城市裡。

二十世紀初，富裕的女性很少出來工作，受過高等教育的成功男性可以在資源豐富的內陸地區經營事業，就算他的妻子無法在當地找到體面的工作也無妨。今日，身為產業鉅子的另一半有更多的機會成為一名精力充沛的女律師，這樣的女性應該不會願意住在事業無法發展的鄉村地區。因此，像華盛頓特區與洛杉磯這些大城市逐漸吸引想一求發展的夫婦前來，他們可以在那裡找到適合他們的好工作。

城市能聚集人群，不僅僅是基於浪漫關係。城市居民可以與各方面志同道合的朋友連繫。例如巴黎以文學沙龍著稱。紐約有一群同好組成「阿爾岡昆圓桌」（Algonquin Round Table）。十九世紀的政治運動，例如義大利的「統一運動」（Risorgimento）與阿根廷的「一八三七年世代」（Generation of 1837），都是興起於米蘭與布宜諾斯艾利斯的咖啡廳與書店裡的知識分子聚會。在人口比較不稠密的地區，人們共進晚餐的對象相對單純，這是在城市以外居住的一項隱性成本。

一八九二年，西奧多．德萊瑟（Theodore Dreiser）從印第安納州的一處小鎮來到芝加哥，為《芝加哥環球報》（*Chicago Globe*）撰稿。往後四十年，他成為美國城市生活的記錄者，以卓越的見識記述城市工人階級的辛苦生活以及當權者的過失。他筆下最著名的角色是嘉莉．梅寶（Carrie Meeber），這是他第一部小說《嘉莉妹妹》（*Sister Carrie*）中的主角人物。

小說一開始，嘉莉搭乘火車離開威斯康辛州的鄉間來到工業城芝加哥。芝加哥給了嘉莉經濟契機，更重要的是，芝加哥讓嘉莉得以脫離單調無聊的農村生活。在享受大城市的愉悅與誘惑中，嘉莉處心積慮「毀了」幾個城市佬的人生，但德萊瑟清楚留給我們一個訊息，那就是嘉莉的人生整體來說還是比待在農村然後嫁給五英里外的一名認真工作的農民來得有趣得多。

嘉莉妹妹略嫌利欲薰心的人生，反映出城市是個容易獲得愉悅的地方，但這也顯示傳統社會規範往往在大城市裡蕩然無存。如果嘉莉在威斯康辛州的農村無所顧忌地與有婦之夫出遊，她早就遭到排擠放逐。但在芝加哥，她的行為也許敗壞名聲，使她無法躋身上流社會，但仍然找得到許多跟她同一類型的人。同樣的狀況也發生在弗蘭克·考伯斯衛特（Frank Cowperthwaite）身上，他是一名主角人物，但卻缺乏傳統小說中主角特有的英雄氣質，這個人雖然發生許多醜聞，卻還是能在城市中結交到許多朋友。據說考伯斯衛特存在著真人版本，德萊瑟似乎是以電車大亨查爾斯·約克斯（Charles Yerkes）為藍本而創造了這個角色。無論是好是壞，城市長久以來一直使人免於社會規約的束縛。在農村，社會的規則可以輕易執行，因為違反規則的人會被切斷社會關係並因此受苦，就像霍桑（Nathaniel Hawthorne）筆下那名佩戴紅字的主角，必須忍受孤獨之苦。

然而在大城市，總是存在著各種新的網絡可資嘗試，非政府團體想要嚴格執行他們的行為規則，恐怕得訴諸法外暴力才行。有些城市——如清教徒的波士頓與喀爾文教派的日內瓦——想要維持社會紀律，但這些做法終究無法成功。城市自然發展的結果，就是像巴黎或芝加哥一樣，是一個限制較少的生活世界。

什麼時候高薪成了一件壞事？

富有且教育程度高的人士總是渴望新的消遣，這些人很自然被吸引到大城市來，因為只有城市才專精於創造新的娛樂。新奇本身是一件奢侈品。唯有富人才會對錦衣玉食的生活感到厭倦。隨著世界越來越富有，貧富差距越來越大，越來越多人願意花錢體驗嶄新而昂貴的事物，而這些體驗通常在大城市最容易得到。大量出版品與網站努力（但仍不可避免遭遇失敗）蒐羅像巴塞隆納、洛杉磯與東京這些城市每星期新推出的藝術展覽、餐廳、音樂會與其他活動。這些經驗多如牛毛且稍縱即逝，我們幾乎不可能從中評估城市整體的生活品質。我們怎麼可能仔細檢視這些活動，並且判定哪些城市或多或少正成為一處令人愉悅的生活地點？

經濟學的一項基本原則是免費的午餐少之又少，市場上要求的是利益交換。投資人可以選擇高報酬的資產，前提是他們願意承擔較大的風險；郊區居民可以獲得較大的居住空間，但必須花上更長的通勤時間。比較各個城市地區，在薪資、物價與生活品質之間存在著三種交換方式。大部分的情形，高薪資總是與高物價連動；高住房成本是接近高薪資城市的代價。然而，如果根據物價與個人技術加以修正之後，實際薪資將因地而異。有些城市，如聖地牙哥與檀香山，實質薪資低得不尋常，至於其他城市，如德州的達拉斯與明尼蘇達州的羅徹斯特，實際薪資則是高得不尋常。[8]

住在檀香山的人應該一股腦兒地往達拉斯跑嗎？當然不是。高實質薪資是為了補償羅徹斯特的嚴寒與達拉斯的酷暑。低實質薪資是享受聖地牙哥與檀香山愉快生活的代價。一分錢一分貨，如果城市的房價相對於所得偏高的話，你可以斷定這座城市必定有過人之處。如果一個極吸引人的地區擁有高薪資與低物價，那麼一定會有數千名新居民湧入，屆時生活成本一定馬上就會提高。

我曾經估計美國哪些都會區最昂貴，在保持薪資不變的前提下，我發現前十座城市有九座位於加州沿海地區，第十名則是檀香山。當你注意哪些城市在比較所得之下擁有較低的物價時，你會發現這些城市要不是太冷，如阿拉斯加州的安克拉治（Anchorage），就是太熱，如德州的米德蘭（Midland）。墊底的前十名城市，例如底特律或紐澤西州的特倫頓（Trenton），則是因為其他的問題，如犯罪與失業。

實質薪資——根據當地物價而予以修正的所得——是評估城市是否適合居住的有效工具。如果某些地方的實質薪資低得不尋常，表示當地生活品質一定很高。如果某些地方的實質薪資高得不尋常，那麼這些地方一定有不對勁之處。有點弔詭的是，在紐約這樣的城市裡，一般來說實質薪資降低反而是人們對紐約舒適生活趨之若鶩的一項明證。

一九七〇年，城市規模與實質薪資之間存在著強烈的正向關係。地區人口增加一倍，實質薪資就增加百分之三。這種連動關係在一九八〇年也依然成立。一九七〇年代，整座紐約市宛如戰場一般，雇主必須給工人津貼才能鼓勵他們忍受城市的各項問題。這種高實質薪資是城市失靈——令人痛苦的犯罪率與城市設施的停頓——而非城市成功的徵兆。

從一九八〇年起，地區人口與實質薪資的關係先是不再呈現正向關係，而後逐漸轉為負向。二〇〇〇年，人們為了住進紐約，往往願意接受「較低」的薪資，這意謂著在物價增幅大於薪資增幅的狀況下，人們仍願意前來紐約。紐約的生產力並未下降，相反地，反映生產力的名目薪資在紐約反而達到歷史新高。但是房價在紐約居住與娛樂的強勁需求帶動下，超過了名目薪資的增幅。如果房價是在整座城市變得更適合人居之下，相對於名目薪資更加提升，那麼實質所得確實有可能在城市大獲成功時下降。曼哈頓從戰場成為遊樂場，這樣的變化使人們願意以低於實質薪資的形式支付在這裡居住的特權。

從上述的經濟邏輯可以看出，相對於所得的高房價代表城市適合居住，而基於這項邏輯，我試圖為美國各郡進行排序，以顯示哪些地方最適合居住，我將從一九八〇年美國各郡相對於該郡居民中位所得的房價高低進行評估。高度適合居住的郡——也就是在這項指數排名前四分之一的郡——平均人口增加了四成。在這項指數後四分之一的郡，平均人口並無增長。高度適合居住的郡的實質中位所得增加了百分之二十八，而後段的郡的實質中位所得只增加了百分之十四。消費城市正在興起。

在城市生活的需求增加，也造成反向通勤的出現。在某個地方居住，而在另一個地方工作，這種現象顯示人們對家鄉舒適生活（或低房價）的肯定。我們知道紐約的房價並不低，但有越來越多的人選擇住在紐約而到紐約以外的地方工作。以全美來說，從市中心到郊區工作的人口比例從一九六〇年的百分之二點四，增加到今日的百分之六點八。有越來越多的人願意支付城市昂貴的房價而在別處工作，這種現象充分顯示大城市的舒適生活已經越來越受到人們的重視。

其他可以顯示城市吸引力的要素，例如觀光客的多寡，也可以做為城市成功的指標。這種相互關係在英格蘭與法國是成立的，在美國也是如此。民眾越來越傾向於以生活品質為根據來選擇居住地點，而技術人員搬到吸引他們的地方居住之後，也會為當地經濟注入一股活水。聰明富進取心的人士是城市經濟力量最重要的來源，當這些人越來越繁榮富足，他們也越在意生活品質。

在各種公共設施當中，哪一種最能吸引技術人員？教育程度越高的人特別願意支付較高的價格獲得安全的街道與優秀的學區。消費城市的重要性日漸提高，這股趨勢應該有助於讓市民領袖監督地方政府做好基本工作：維護治安與改善公立學校。餐廳與劇院固然吸引人，但它們的重要性遠不如治安與學校，同時也不是政府該干預的對象。只要城市不要過度管制娛樂活動，那麼只要城市一繁榮，餐廳與劇院自然而然就會出現。

消費者追求愉悅，這一點可以為經濟不景氣帶來啟示。市政當局不能以削減市政預算的方式，如減少治安開支來回應蕭條。想讓城市無法撐過經濟危機，最簡單的方式就是讓城市成為危險的無人地帶。不安全的街道將迫使技術工人搬離城市，而他們正是城市重生的核心主力。

紐約、倫敦與巴黎是世界最頂級的消費城市，但除了這些地點之外，世上還有許多充滿樂趣的地方。大學城如維吉尼亞州的夏洛特鎮（Charlottesville），吸引了許多退休人士；拉斯維加斯藉由賭場進行投機事業，因而成為全美成長最快速的大城。事實上，拉斯維加斯的資助者過度熱衷投資城內的餐廳與賭場，結果經歷了一場最戲劇化的房市泡沫。等到過度建設的陣痛期過去，拉斯維加斯又重回以往的中型城市，但仍然能為遊客帶來一定的樂趣。

紐約、倫敦與巴黎面臨的問題有點不同。穩健的經濟與豐富的娛樂生活使這些城市成為眾人趨之若鶩的目標。人們想住在那裡，而當住房不足時，房價自然一飛衝天。如果最吸引人的大都會無法提供更多的住房，那麼這些地方就可能會淪為精品城市，也就是說，這些城市將成為只能滿足富人愉悅與需要的地方。這些成功的城市所遭遇的各項建設阻礙，將是下一章要討論的主題。

注釋

1 編注：十八世紀英國文豪，曾在一七三九年發表諷刺詩〈倫敦〉而成名，並於一七四七至一七五五年完成《詹森字典》的編撰作業，在《牛津詞典》出現前，是最具權威的英語字典。

2 我要澄清一點，當我說「前伊莉莎白時代的極端主義者」時，指的是正面的意思。

3 譯注：「大學才子」是指伊莉莎白時代受過大學教育的英格蘭劇作家。

4 一九九八年，在紐約郡（曼哈頓）的餐廳工作的人有五萬七千六百八十人。到了二〇〇七年，增加了百分之四十四，達到八萬三千兩百五十七人。

5 譯注：鍍金時代是指美國在南北戰爭結束後到十九世紀末為止，持續約三十年的經濟成長期。

6 譯注：「薩加特調查」是一九七九年時由紐約市人提姆與妮娜·薩加特（Tim & Nina Zagat）這對夫妻建立的餐廳評分方式，滿分是三十分。

7 譯注：塔吉特是美國排名第二的零售業者。

8 根據美國商會研究協會（American Chamber of Commerce Research Association, ACCRA）的生活成本指數指出，羅徹斯特、檀香山、聖地牙哥與達拉斯分別是九十六點七、一百六十二點八、一百三十六點四與九十二點一。全美的平均生活成本定為一百，每個地方以一百為衡量標準來釐定指數，因此指數比一百高出越多，表示生活成本越昂貴。羅徹斯特（明尼蘇達州）、檀香山、聖地牙哥與達拉斯的中位家戶所得分別是六萬六千一百九十七美元、六萬零五百三十一美元、六萬二千六百六十八美元與四萬零七百九十六美元。美國商會研究協會調整中位家戶所得，是以每個地方的家戶所得除以該地的生活成本指數（除以一百）。這四座城市的美國商會研究協會調整中位家戶所得分別是六萬八千四百五十八美元、三萬七千一百八十九美元、四萬五千九百四十三美元與四萬四千二百八十五美元，顯示與羅徹斯特及達拉斯相比，聖地牙哥與檀香山的實質所得其實很低。

第6章

摩天大樓有何好處？

在巴黎，以步行的方式從凱旋門沿香榭麗舍大道走向羅浮宮，這段旅程宛如一趟歷史行腳。從擁有兩百年歷史的凱旋門開始，這座讚頌法蘭西帝國勝利的建築物，其前身是歷史更悠久的羅馬提圖斯凱旋門（Arch of Titus）。接著，我們走在世界最知名的大道上，法國王后瑪麗・安托瓦內特（Marie Antoinette）曾騎馬經過這裡，希特勒曾在這裡耀武揚威，而現在則有無數遊客一邊吃著冰淇淋，一邊飽覽沿途風光。這條大道行經克里雍大飯店（Hôtel de Crillon），海明威（Ernest Hemingway）曾在這裡小酌，而在凡爾賽和會（Versailles Peace Conference）期間，伍德羅・威爾遜（Woodrow Wilson）也曾在那裡下榻。大道也經過杜樂麗宮（Jardin des Tuileries），這是過去王室休憩玩樂的地方。大道最後停在一座博物館面前，這棟建築物最初在十二世紀時是一座堡壘，現在卻收藏了數千年歷史的重要文物。在香榭麗舍大道上散步，就像巴黎給人的感受一樣，使人忘記時間的流逝：這種亙久不變的城市經驗，與香港和新加坡那種充滿動態的城市，街景總是不斷處於變動的狀況，感覺大不相同。

然而，巴黎必然有它的起點與建築者。今日的巴黎充分證明「保留過去」的價值，但只要稍微回溯歷史，我們便可以看到巴黎本身是容許人們做出巨大改變的實例。巴黎最吸引人的部分幾乎全出自於某人之手，這個人就是喬治—尤金・歐斯曼，他在短短一個世代之內就讓巴黎改頭換面了。

談到巴黎時，你會想到什麼景象？也許你想到的是沙特（Jean-Paul Sartre）常去的雙叟咖啡館（Les DeuxMagots）的牛奶咖啡，這家咖啡館就位於聖日耳曼大道（Boulevard Saint-Germain）旁。聖日耳曼大道與聖米歇爾大道（Boulevard Saint-Michel）一樣，是歐斯曼剷平許多雜亂舊市街後開闢的。如果你喜歡先前描述的沿著香榭麗舍大道步行看到的凱旋門景致，那麼這也是歐斯曼的傑作。大道與凱旋門都在歐斯曼之前建成，但他設計的廣場卻創造出清晰寬敞的視野。你喜歡巴黎街道兩旁整齊得不可思議的五層樓建築物嗎？那也是歐斯曼的巧思。巴黎歌劇院？也是歐斯曼。在吸引人的法蘭西風情底下，有著區分飲用水與汙水的下水道系統。這仍要感謝歐斯曼。從一八五三年到一八七〇年，歐斯曼拆除了巴黎半數以上的建築物。事實上，歐斯曼是以毀滅的方式來保存巴黎。

巴黎是個井然有序的整體。我們之所以喜愛巴黎偉大的紀念性建築，是因為這些建築一目了然，完全未受到鄰近建築物的遮蔽。顯然，巴黎並沒有依照草根城市專家的建議逐步加添密度。不僅如此，巴黎的整齊劃一是因為出自某位大建築師計畫下的產物，而他在皇帝充分授權下放開手來大肆建設。

莎士比亞說：「城市即人。」這話說得一點也沒錯，但人需要建築物。城市靠建設與擴充而成長，當城市停止建設時，人們就無法感受城市神奇的便利性。事實上，保存一座城市必須摧毀一部分城市。現代的巴黎想保留歐斯曼時代的建築風格，使得原本人人負擔得起的巴黎變成一座只有富人才能享受的精品城市。許多偉大的藝術家在巴黎度過他們貧困的發展時期，但今日的窮藝術家有辦法在巴黎市中心生存嗎？一旦對建設過度限制，可能使城市的發展停滯與房價居高不下。

將城市過去最美麗的部分保留下來，意義十分重大，但不表示要讓城市永久不變。過度保存將使城市無法提供居民需要的新穎、高聳與更好的建築物。在巴黎、紐約與孟買，高度限制這種來路不明的靈丹妙藥，大概只有某些城市計畫專業人士才會當寶。這種做法不僅錯誤，而且影響城市與世界的未來。如果城市的歷史成為城市的絆腳石，則城市將失去自身最大的資產：建設與擴展的能力。

發明摩天大樓

在《舊約聖經．創世紀》中，巴別塔的建築者宣布：「來吧，我們要建造一座城，和一座塔，塔頂通天；為要傳揚我們的名，免得我們分散在全地上。」這群最早出現在人類歷史的土地開發商，正確了解到城市可以連結眾人，然而上帝卻懲罰他們，因為這些人一心只想表彰地上的榮耀，卻忘了天上的榮耀。往後兩千多年，西方的城市建造者把這則故事銘記於心，因此他們完成的最高建築物一直是教堂尖塔。羊毛紡織中心布魯日是擁有第一座世俗建築物的城市，市民為了慶祝該市製衣業的發展，於是蓋了一座高三百五十四英尺的鐘樓，其高度超越宗教建築物，即鄰近的聖多納廷主教座堂（Cathedral of Saint Donatus）。

十五世紀末，世俗的布魯日以羊毛擊敗了宗教崇拜，但其他地區還需要四個世紀的時間才能讓世俗建築超越宗教尖塔。到一八九〇年為止，紐約三一教堂（Trinity Church）高兩百八十四英尺的尖塔——離華爾街的證券交易所只有一個街廓的距離，我的曾祖母常到那裡禱告——一直是該市最高的建築物。或許當這座宗教偉構被約瑟夫．普立茲（Joseph Pulitzer）的《紐約世界報》（*New York World*）所在的摩天大樓超越的那一刻起，非宗教的二十世紀才算真正開始。大約在同時間點，巴黎為了表彰自身的日益繁榮，也建造了高一千英尺的艾菲爾鐵塔，它甚至比巴黎聖母院（Cathedral of Notre Dame）還高了七百英尺。

巴別塔之後，高度不僅成為在固定土地面積上提供更多空間的方式，同時也成為權力的象徵。三一教會的鐘樓與古斯塔夫．艾菲爾（Gustave Eiffel）的鐵塔並未提供可用的空間。它們是榮耀上帝與法國工程水準的紀念性建築。普立茲的世界大樓（World Building）固然是為了榮耀普立茲而興建，但有實際的用途。世界大樓可以將普立茲一手建立的龐大新聞帝國完全容納到一棟建築物裡，使記者、編輯與普立茲之間的互動更加密切。

數百年來，建築物越來越高聳，有限的土地在容納更多人的同時，卻不用逼迫這些人擠在如棺材般大小的房間裡，就像東京遠近馳名的膠囊旅館一樣。不過，直到十九世紀為止，往上發展的速度相當溫和，頂多是用四層到六層樓的建築取代兩層的矮房子。這段時期，高度主要受限於建築成本，以及人類對攀爬樓梯的忍受度。教堂的尖塔與鐘樓可以蓋得高聳入雲，因為它們的內部空間非常狹小，而且只有極少數人才需要攀爬上去，例如敲鐘人。高層建築在十九世紀之所以能夠出現，主要是因為美國發明家解決了這兩項難題，可以不需要加厚底層的支撐牆，又可以讓人員安全往返各個樓層。

艾利沙．歐提斯（Elisha Otis）並未發明電梯；據說是兩千兩百年前阿基米德（Archimedes）在西西里島建造了第一座電梯。路易十五在凡爾賽擁有一座個人電梯，用來與情婦私會。不過，電梯要成為大眾運輸工具，除了需要動力來源，也需要安全。馬修．博爾頓（Matthew Boulton）與詹姆士．瓦特（James Watt）提供早期蒸汽引擎做為工業電梯的動力，在此之前要不是以繩索拉動，就是以水力推動。隨著引擎的改良，電梯的速度與動力也跟著改善，可以從礦坑裡運出大量的煤，或從船艙裡運出大量的穀物。

但是人類還是很害怕搭乘電梯前往比較高的樓層，因為電梯很容易損壞，也許會讓他們從高處摔落到地面。而這項問題在歐提斯手中獲得解決，他是紐約州雍克斯（Yonkers）鋸木廠的銲接工人。歐提斯製造的安全煞車不僅可以裝設在電梯設備裡，也可以安裝於火車上。一八五三年，他帶著這項發明參加在紐約舉辦的世界博覽會。他讓自己站在平臺上，平臺由繩索拉著，接著有人戲劇性地拿斧頭砍斷繩索。平臺略為往下掉，但由於裝設了安全煞車的關係，平臺很快就停了下來。歐提斯的電梯馬上引起轟動，而他的公司也成為電梯的世界領導品牌。

最早裝設動力安全電梯的兩棟大樓都位於紐約市，分別是位於百老匯的百貨公司與第五大道飯店。一八七〇年代，電梯使得建築物出現突破性的進展，例如理查德・莫里斯・杭特（Richard Morris Hunt）的紐約論壇報大樓，樓高十層。而跨過大西洋，倫敦聖潘克拉斯火車站（St. Pancras Station）也達到十層，並且以兩百六十九英尺的高度擊敗杭特在紐約的摩天大樓。

然而聖潘克拉斯車站如同堡壘般的外觀隱約地透露了高層建築的核心問題。這座車站缺乏現代摩天大樓必定要有的低成本建材：承重鋼骨。像聖潘克拉斯車站或紐約論壇報大樓這種傳統建築，在底層部分需要極堅固的牆壁來支撐高層重量。說得更明白一點，底層的牆壁必須加厚，如此，除非你蓋的是細長的尖塔，否則成本一定過高。

承重鋼骨是摩天大樓的主要特徵，其適用的工程原則與早期輕骨式構架的房屋是一樣的。在輕骨式構架的房屋裡，由輕骨（由標準木板組成，如二乘四英寸、二乘八英寸、一乘十英寸）來支持結構物的重量。因此牆壁實際上如同垂掛在構架上的窗簾。輕骨式構架的房屋減少了支撐房屋的成本，而成為十九世紀美國農村地區房舍的主流。摩天大樓與輕骨式構架一樣，將重量集中在構架上，只是摩天大樓使用的構架是鋼鐵，而鋼鐵在十九世紀末逐漸成為人們負擔得起的建材。

一八八五年，威廉・勒・巴隆・詹尼（William Le Baron Jenney）於芝加哥建造了高一百三十八英尺的家庭保險大樓（Home Insurance Building），這棟大樓通常被認為是第一座真正的摩天大樓，但詹尼是否真是摩天大樓的首創者，建築界對此仍存在激辯。這場辯論反映出摩天大樓的發展就像城市絕大多數的特質一樣，並不是在社會真空中發生，亦非一蹴可幾。詹尼的「第一座摩天大樓」不完全是鋼骨建築。它只有兩面鋼筋防火牆。兩年之前，丹尼爾・伯爾南姆（Daniel Burnham）與約翰・魯特（John Root）也在芝加哥完成了蒙托克大樓（Montauk Building），這棟大樓也使用了鋼筋。工業建築，如紐約的麥克庫洛彈丸製造塔（McCullough Shot Tower）與巴黎附近的聖圖安碼頭倉庫（St. Ouen Docks Warehouse），在數十年前就已使用了鋼骨構架。

詹尼建造的原始摩天大樓是一項拼湊品，他把芝加哥許多建築師的觀念，連同自己的發明一起結合起來。其他的建築師如伯爾南姆與魯特、他們的工程師喬治・富勒（George Fuller），與詹尼之前的學徒路易斯・蘇利文（Louis Sullivan），進一步發展這種觀念。一八九〇年，蘇利文做出重大突破，他在聖路易斯設計了溫萊特大樓（Wainwright Building），省略了大量裝飾用的石造建築。詹尼的建築物是維多利亞式的，但溫萊特大樓卻清楚朝現代主義高樓發展，而且成為現在許多城市天際線的特徵。

艾茵・蘭德（Ayn Rand）的小說《水源》（*The Fountainhead*）大略是以蘇利文的學徒弗蘭克・洛伊德・萊特（Frank Lloyd Wright）的早期生平為藍本。蘇利文與萊特被描繪成孤鷹、賈利・古柏（Garry Cooper）式的英雄與凡事只靠自己的模範。但實際上他們不是。他們是偉大的建築師，而且是城市創新連鎖中不可或缺的一環；萊特根據蘇利文形式遵循功能的觀念而加以創新，而蘇利文又以詹尼為基礎而加以發展，至於詹尼則是根據彼得・威特（Peter B. Wight）的防火發明而加以延伸。

他們的集體創造——摩天大樓使城市能在相同的土地區域上增添樓地板面積。在市中心房地產需求增加的情況下，摩天大樓就像個天賜之物。問題是這些市中心上面已經蓋了大樓。除了芝加哥這種因為大火而創造出一大片空地的城市，其他城市都必須拆掉舊建物才能進行建設。

紐約對空間的需求更甚於芝加哥，於是摩天大樓很快就出現在曼哈頓。一八九〇年，普立茲的世界大樓運用了鋼柱，但它的重量主要還是仰賴七英尺厚的石牆支撐。一八九九年，以鋼骨支撐高度達三百九十一英尺的公園街大樓（Park Row Building）超越了世界大樓。一九〇七年，伯爾南姆在美東完成了他的代表作熨斗大樓（Flatiron Building）；一九〇九年，威特的國家設計學院（National Academy of Design）被拆除，原地改建為七百英尺高的大都會人壽大樓（Metropolitan Life Tower），這是當時世界最高的建築物。一九一三年，伍爾沃斯大樓（Woolworth Building）達到七百九十二英尺，直到一九二〇年代末，它一直是世界最高的建築物。

雷夫寇特的萬丈雄心

那些高聳的建築物不只是紀念性建築。它們使紐約成長，產業擴張。這些建築物讓工廠主與工人擁有更多空間，這不僅合乎人道，也讓生產更有效率。這一切之所以能夠實現，完全要歸功於曼哈頓幾位重要的建築者，雷夫寇特（A. E. Lefcourt）就是其中之一。

雷夫寇特就像何瑞修．艾爾格（Horatio Alger）書中的主角一樣[1]，他出身貧困，青少年時期開始為人送報擦鞋。即使後來他在零售業找到一份全職工作，他仍舊繼續在清晨送報，晚上為人擦鞋。等到他存夠錢之後，他買了一張面額一千美元的國庫券，並且將這張國庫券別在自己的襯衫上。雷夫寇特二十五歲時，他的服飾業雇主決定退休；他表示願意買下公司，讓這名雇主嚇了一跳。大約十年的時間，雷夫寇特把事業擴展到一年兩百萬美元的營業額（相當於二〇一〇年的四千萬美元以上）。

一九一〇年，紐約市爆發了大反叛，六萬名製衣工人發動了長達十個星期的罷工。雷夫寇特當時才三十出頭，他在這場鬥爭中站在管理這一方，擔任服飾製造業保護協會的主席。儘管法院願意全力支持製造業的立場，但雷夫寇特還是接受仲裁者，未來的最高法院法官路易斯・布蘭戴斯（Louis Brandeis）的條件，簽訂日後所謂的和平議定書（Protocol of Peace）。匹茲堡的亨利・克雷・弗里克（Henry Clay Frick）因鎮壓霍姆斯岱罷工（Homestead Strike）而在歷史上留下臭名，雷夫寇特則因尋求不流血，且對雙方有利的中間立場而獲得推崇。

一九一〇年夏天，就在雷夫寇特與工會交涉的同時，他開始了房地產開發商的新事業。他把全部資本投入到西二十五街一棟十二層高的大樓上，並且把公司搬遷到這裡。他陸續蓋了好幾棟類似的大樓，協助將自己的產業從昔日的血汗工廠移動到現代的製衣廠區。舊鬧區的製衣廠區擁有鄰近港口的優勢，而雷夫寇特選擇的新廠區則位於賓州車站與中央車站之間，具有鄰近鐵路的好處。鐵路使紐約繼續擁有運輸上的優勢。運輸科技塑造城市，而位於兩座大火車站附近的曼哈頓中城則帶來了人潮，岩床也扮演一定角色，但它的影響並沒有那麼大。

雷夫寇特發現自己喜歡房地產更甚於製衣業。往後二十年，他蓋了三十一棟大樓，其中有許多是摩天大樓。雷夫寇特為這些高樓裝設了歐提斯電梯，這些大樓占地一百五十英畝，囊括了一億立方英尺，而且容納了與特倫頓一樣多的員工。《華爾街日報》（*Wall Street Journal*）表示：「人們光憑想像摧毀的紐約市歷史建築，還比不上他實際摧毀的數量多。」到了一九二〇年代初，紐約的貧民窟、廉價公寓與鍍金時代建築都已變成了摩天大樓，像雷夫寇特這樣的建商，每年為紐約增添了十萬的住房單位，使城市在成長的同時又能維持合理而負擔得起的價格。

到了一九二八年，雷夫寇特的房地產價值估計已達到一億美元，相當於今日的十億美元。他甚至還成立以自己姓名為名的全國性銀行。雷夫寇特的樂觀並未被股市崩盤所擊倒，一九三〇年，他還計畫推出五千萬美元的建案，堅信該年將是「推動大建設的一年」。但雷夫寇特錯了。隨著紐約經濟的崩跌，他的房地產帝國也四分五裂，一棟棟的大樓逐一賣出以支付投資者。雷夫寇特於一九三二年去世，死時身上只有兩千五百美元，彷彿是由於傲慢而遭到懲罰，與巴別塔的建造者有著類似的命運。

我認為雷夫寇特與許多建商一樣，他們雖然關心金錢，但更關心自己能留下多少建築遺產。這些建築物容納了許多深具創意的心靈，因而讓紐約迥異於其他城市。曾有兩名經濟學家想了解建築高度對經濟生產力的影響，他們針對擁有能降低建築成本的自然特徵（如岩床）的地區，與自然環境使建築較為困難的地區進行比較，結果發現勞動生產力與薪資在建築密度容易發展的地區明顯偏高。

雷夫寇特最著名的大樓雖然沒有冠上他的大名，但日後卻成為整個音樂風格的象徵：布里爾大樓（Brill Building）。從一九五八年到一九六五年，藝術家雲集於布里爾大樓，創造出一系列膾炙人口的歌曲，如 Twist and Shout、You've Lost That Lovin' Feeling，以及與高樓湊得上邊的 Up on the Roof。[2] 城市終究與人際的連結有關，但建築物——如雷夫寇特建造的——卻能讓這個連結變得更容易。透過建築，雷夫寇特讓製衣工人的生活更舒適，也為其他領域的創意心靈增添了新的空間。

管制紐約

紐約市不斷往上發展，這股趨勢不是沒有反對聲浪。一九一三年，同樣身為建築師的第五大道委員會主席發起了一場運動，想「避免第五大道毀於一旦」。在此同時，第五大道兩旁仍羅列著富麗堂皇的高樓，這些全是阿斯特（Astor）家族與洛克斐勒家族的地產。反對成長的活動分子認為，如果不將建築高度限制在一百二十五英尺以下，那麼第五大道將宛如一座峽谷，如此將對房地產價格、壅塞的交通以及整個紐約市帶來毀滅性的影響。而從過去到現在，凡是反對變遷的人士都會提出類似的論點。這個委員會的主席是一名優秀的建築師，但卻是一名拙劣的預言家：高密度的人口其實與第五大道相得益彰。

一九一五年，在百老匯與拿梭街（Nassau Street）的街角處，也就是紐約鬧區的心臟地帶，安盛（Equitable）人壽保險公司蓋了一座高五百三十八英尺的大樓，裡面涵蓋了近兩百萬平方英尺的辦公空間，而它造成的陰影足足有七英畝之廣。這棟大樓成為反對高樓者攻擊的焦點，他們希望能多看到一點的陽光。市民組成的政治聯盟於一九一六年通過紐約市劃時代的土地使用分區法規，規定建築物可以提升高度，但周長必須縮減。紐約之所以會有這麼多類似廟塔的建築物，大樓越高聳就越細長，就是為了符合一九一六年頒布的有關高樓外牆內縮的規定。

這項規定改變了建築的外觀，卻無法扼止一九二〇年代營建業的景氣。高聳的大樓說明了這股非理性的熱潮。二〇〇九年紐約市前十高的大樓有五棟落成於一九三〇年到一九三三年，其中包括帝國大廈（Empire State Building）。[3]這些大樓舊址的發展始於一九二〇年代末期的活躍年代。像雷夫寇特這樣的建商信心滿滿地認為他們一定吸引得到租戶，而銀行也樂於貸款給他們。

一九二〇年代末，克萊斯勒大廈、川普大樓（40 Wall Street）與帝國大廈的建築者在紐約競築世界第一高樓。弔詭的是，紐約最高聳與最具代表性的兩座高樓，克萊斯勒與帝國大廈，是以販售汽車所得的資金建造的，而想將美國城市從垂直轉往水平擴展卻正是汽車產業。結果，獲勝的帝國大廈，綽號「空殼大廈」（Empty State Building），一直要到第二次世界大戰結束後才獲得充分運用與開始獲利。帝國大廈的建築者很幸運，這棟大樓的建築成本低於預算，因為在興建時正值經濟大恐慌，因此有大量廉價的鋼材可供使用。

一九三三年之後，紐約放慢了建造摩天大樓的速度，而法規也越來越複雜。從一九一六年到一九六〇年，原始的土地使用分區規定被修改了兩千五百次以上。一九六〇年，城市計畫委員會（City's Planning Commission）通過新的分區法規，大量增加對建築的限制。厚達四百二十頁的法典取代了簡單的空間分類：商業區、住宅區與其他等，分區的數量多如牛毛，令人頭暈目眩，而且每個分區只允許從事種類有限的活動。法令規定了十三種住宅區，十二種工業區與不下四十一種商業區。

每一種分區都嚴格限制活動的種類。營利的美術館禁止設在住宅區，但可以設在工業區，至於非營利的美術館則禁止設在工業區，但可以設在住宅區。住宅區與一些商業區不許開設美術社。在R5區，醫院每五張病床必須在街道以外的地方設一個停車位，在R6區，醫院每八張病床必須設一個停車位。法令規定之繁瑣，可以從它對告示牌的管制獲得明證：「公寓大樓，包括公寓式飯店，或其他已獲得准許的非住宅區建築或其他建物，告示牌的面積不能超過十二平方英尺，上面只能載明允許的用途，建築的名稱或住址，或管理單位的名稱。」

新法也刪除了外牆內縮的複雜規定，卻以複雜的容積率制度來取代——容積率指建築樓地板面積與建築用地面積的比率。舉例來說，「最高容積率二」的意思是指建商可以在整片建地上蓋兩層樓，或是在一半的建地上蓋四層樓。在住宅區R1、R2與R3，最高容積率是〇點五。在R9區，最高容積率大約是七點五。如果建商願意在建築物前方設置廣場或其他公共空間，則高度限制可以放寬。如果說一九一六年的法規創造出來的標準建築是一個從人行道開始逐層內縮的結婚蛋糕，那麼一九六一年法規創造出來的標準建築就是一個玻璃鋼構的長方紙盒，前方有一塊開闊的廣場。

對高度的恐懼

紐約市的土地使用分區規定越來越嚴格，對新開發案也進行各種限制。二次大戰後，紐約加強管制建案與租金，因而使民間開發更加困難。紐約另行提供大量的公共補助建案，例如史岱文森鎮（Stuyvesant Town）與林肯中心（Lincoln Center）。但到了一九五〇與六〇年代，無論是公共還是民間計畫都逐漸受到草根組織者（例如珍．雅各）的反對，他們越來越善於發起運動反對大規模開發案。

珍・雅各與大城市的榮耀有著千絲萬縷的關係。一九三四年，她畢業於斯克蘭頓（Scranton）的中央高中，隔年她前往紐約，因為她認為紐約會比東北部的賓州來得有趣。珍・雅各到哥倫比亞大學上推廣課程，但並未取得大學學歷。日後她還婉拒許多大學頒給她榮譽學位。我跟珍・雅各首次見面是在一九九三年，我對她印象最深的就是她對於自己自學成功感到自豪。珍・雅各最早是以自由作家的身分在《先鋒論壇報》（*Herald Tribune*）上針對紐約市發表文章。她的地位逐漸提升，最後成為一本專門討論建築的月刊《建築論壇》（*Architectural Forum*）的副總編輯。她嫁給建築師羅伯特・雅各（Robert Jacobs），然後決定在西村（West Village）的哈德遜街（Hudson Street）生兒育女。

珍・雅各直到八十幾歲依然思緒清楚，她過人的才智與她在紐約市的經驗，產生許多深刻的先見之明。一九五〇年代，她清楚看出城市更新的愚蠢，這些更新計畫打算以巨大而孤立於市街之外的高樓來取代功能良好的社區。珍・雅各反對既有的城市計畫思維，這些計畫想創造單一功能的鄰里，而珍・雅各支持多元發展。一九六〇年代，她領悟到城市在傳播知識與觀念，以及創造經濟成長上扮演的角色。一九七〇年代，她了解城市其實比充滿綠意的郊區對環境更有利。她的洞察力來自於她是一名極具天賦的觀察者，而她生活與工作的地方又在紐約。她的知識來自於她以步行的方式巡迴街頭，而且張大了眼睛仔細觀察，這種方式至今仍是了解城市運作的最佳途徑。

逐漸地，珍・雅各也開始涉入城市發展的鬥爭中。身為格林威治村的居民，她反對當局開闢道路穿過華盛頓廣場公園（Washington Square Park）。當分區支持者不斷推動單一功能分區時，珍・雅各卻成為多元功能分區的擁護者，反對「把紐約隔離成一座座經濟各自獨立的小島，認為此舉將造成無止盡的可怕後果」。她強烈反對無零售商店的公共住房計畫，並且嘲弄這些計畫只會使整個地區的功能單一變得毫無生氣。她批評林肯中心是「一具僵硬的屍體」。

一九六一年，也就是城市計畫委員新分區計畫生效的那年，委員會與珍·雅各針對拆除格林威治村十六個街廓進行城市更新一事發生激烈爭執。珍·雅各取得法院命令，中止了該項計畫。她聚集了廣泛的支持者闖進委員會的計畫會議，占領了主席臺。她暗指這裡頭出現了官商勾結。最後，她掀起了輿論的關注，使原本強烈支持計畫的市長宣布放棄。

同年，在促成市府讓步的幾個月後，珍·雅各出版了她的經典名著《偉大城市的誕生與衰亡》。這本好書調查並且讚揚二十世紀中葉紐約的行人世界。她提出理由來支持她的多元功能分區主張，認為街頭生活是城市生活與城市安全不可或缺的要素。她反對高密度的住宅，因為這會使居民遠離街頭。在低矮建築的世界裡，居民可以監視屋外的道路，保障行人的安全。在高層建築的世界裡，居民不可能去注意腳下的街頭生活。

街頭因高層建築而受害，這種說法有一定的道理，至少當這些高樓的設計不良而且不利於街頭生活時是如此。與住在獨棟家庭住宅的民眾相比，住在高樓的民眾成為犯罪被害人的機率高了百分之六——甚至在控制每一名潛在被害人的個人特質變因之後，仍得出這樣的結果。住在高樓的居民，住宅雖然比較不容易遭竊，但居民本身比較有可能在街頭遭遇搶劫。然而從富人的數據來看，住宅的高度與犯罪卻不存在關連性。對此我的解釋是，這些事實顯示這些由窮人居住的高層住宅通常屬於公共住宅，因此出現貧困集中與一樓無零售商店的現象。這些狀況意謂著街頭會被一些麻煩製造者所支配。

比較多元的社區會有比較多的開店者與工作者。在比較富裕的地區則有門房。少數完善的城市計畫可以確保高層建築有充足的步行空間以維護街頭安寧。曼哈頓中城與香港都不缺乏行人，兩地的犯罪數量也偏低。

珍．雅各反對城市更新，這種立場使她極為厭惡高層建築。在《偉大城市的誕生與衰亡》中，她認為城市社區要繁榮，每英畝必須居住一百到兩百個家戶。城市裡每英畝至少要住有一百個家戶才能產生足夠的交通流量來維持餐廳與商店的活力。她也認為每英畝兩百個家戶是個「危險信號」；一旦社區密度超過這個臨界數字，就可能喪失活力死氣沉沉。曼哈頓典型的公寓，例如我成長時期居住的地方，樓地板面積大約一千三百平方英尺。如果每英畝要容納兩百個家戶，則建築物必須要有六層樓高，這約略等同於電梯時代來臨前公寓的標準高度。

珍．雅各也許很了解自己生活的低矮社區的好處，但我們不確定她是否了解高層建築的活力所在。曼哈頓高聳社區的一樓店面如果能有充足的活動，則這個地區並不會像珍．雅各所說的那樣死氣沉沉。高層社區也可以有許多有趣的商店與餐廳。每英畝三百或三百以上的家戶，這樣的密度或許不是每個人都能接受，但人口的多樣性會產生各種生活需求，而有些人的確想住在高層建築裡。珍．雅各個人偏好格林威治村風格的社區，這一點不難理解，我也喜歡格林威治村，但個人的喜好並不能做為公共政策的基礎。由政府發號施令推動單一風格的城市主義，就跟政府強制推行單一風格的文學一樣不合理。

珍．雅各堅信密度適中的好處，這項信念使得她反對高層建築，如紐約大學九層樓高的圖書館，一如她反對單一功能分區與新高速公路。珍．雅各的城市觀絕大部分奠基在她本身在格林威治村的居住經驗，包括那裡的小酒館與高度才兩、三層的低矮住宅。她喜愛老建築物，而且認為新摩天大樓無法容納她所喜愛的多元功能社區。

珍．雅各想保護老建築物，但她的經濟推論似乎出現了混淆。她認為保留老舊低矮的建築物，可以壓低房價，使剛開始創業的企業家可以負擔。然而這種說法顯然違背了供需法則。保留老舊的單層房屋而不讓它改建為四十層高的大樓並不能壓抑房價。事實上，反對興建新大樓必定會造成人口稠密地區房價居高不下。房屋供給量增加，幾乎總能讓房價下跌，相反地，限制房地產供給只會讓房價攀高。

房屋供給與房價的關係不僅僅是經濟理論的問題。空間供給與房地產成本之間的關係其實相當複雜多樣。但簡單地說，房價高的地方建物稀少，而大興土木的地方房價不會太貴。有幾篇報告顯示，新建物能降低房價，而限制建設的地區房價提高。其中一篇論文很聰明地以建築的自然障礙，如丘陵地來說明，地形崎嶇的地方比較少有新的建物，因此房價偏高。

或許新蓋的四十層建築物不一定願意容納經營不善獲利微薄的公司，但藉由新空間的提供，可以緩和城市其他地區房地產的壓力。城市更新造成的房價上漲現象，可以透過新建物的提供來加以緩和。新建物的成長使空間的價格變得可負擔，並且確保窮人與獲利較少的企業能夠留下，這有助於讓正在發展的城市更加成功與多元，而非限制建築高度與固定住房數量。高度限制確實能增加日照量，而保存舊建物也的確保護了歷史，但我們不應該佯裝這些好處毫無代價。

保存的危險

一九六一年，也就是珍．雅各的大作出版那一年，賓州鐵路公司（Pennsylvania Railroad）正準備拆除老舊的紐約車站。一九〇八年，鐵路公司在三十三街建造車站，當時正是鐵路時代的巔峰。老賓州車站是一座美麗的建築物，採用多立克柱式（Doric）圓柱，候車室是以卡拉卡拉浴場（Baths of Caracalla）為藍本。設計這座車站的建築師抱持跟珍．雅各相同的見解，認為建築物的高度將危害城市生活，因此堅持降低高度。

降低高度的決定最終反而造成車站的毀滅。雖然這棟建築物確實被公認為是一項建築傑作，但在二十世紀鐵路運輸衰頽之下，維持這棟建築物顯然不合理。到了一九五〇年代末期，賓州鐵路公司決心從地段絕佳的曼哈頓中心地區獲取更多利益。他們拆除這棟美麗的建築物，另外蓋了一棟今日大家都不太喜歡的車站，以及一棟三十四層樓的辦公大樓。大樓租金可以彌補一點鐵路營收衰退的損失。

賓州鐵路公司採取的行動完全合法，但老車站深受鑑賞家與一般通勤者的喜愛。美麗的車站即將被拆除，促使人們推動保存運動以保護這座紐約最美麗的老車站免於遭受拆除的命運。一九六二年，市長羅伯特．華格納（Robert Wagner）成立地標保存委員會（Landmarks Preservation Commission）。為了避免有人混淆市長的動機，《紐約時報》報導的副標題這麼寫著：「華格納任命新機構十二名委員——建築師們反對拆除賓州車站。」

一九六五年，儘管房地產業者強力反對，地標保存委員會還是成為常設機構。這個機構起初像是對保存運動者施小惠。被列為地標的建築物數量（七百座）差強人意，委員會的權力受制於市長，他可以否決委員會所做的任何決定。

然而，就像熵一樣，政府機構的管轄範圍會逐漸擴大，因此這個溫和、幾乎只具象徵性的團體逐漸掌握了城市的大片區域。到了二〇一〇年春，紐約地標保存委員會已有權管理兩萬五千處地標建築與一百處歷史地區。曼哈頓九十六街以南的非公園地區有百分之十五以上現在屬於歷史地區，任何外觀的改變都必須經過地標委員會批准。

二〇〇六年，開發商阿比．羅森（Aby Rosen）提議在上東城心臟地帶，也就是麥迪遜大道（Madison Avenue）九百八十號的舊蘇富比—帕克—伯內特大樓（Southeby-Parke-Bernet Building）興建高二十二層的玻璃鋼骨大樓。舊建物本身並未被列為地標，但羅森與普利茲克獎（Pritzker Prize）得主諾曼．福斯特勳爵（Lord Norman Foster）卻提議保留原建築的正面。新大樓矗立在老建物之上，正如前泛美大樓（Pan Am Building）聳立於中央車站一樣。附近的社區不希望這裡出現更高的大樓，於是他們向地標保存委員會請願。湯姆．沃爾夫（Tom Wolfe）經常為文批評紐約市與房地產產業的問題，他投書《紐約時報》，在一篇約一千五百字的文章中指出，如果地標委員會同意這項計畫，就違背原有的使命。沃爾夫勝利了。

為了回應批評者（我也是其中之一）對麥迪遜大道九百八十號這個案例的看法，沃爾夫在《村聲》（*Village Voice*）中表示，「根據他們的理論邏輯，結論將會是開發中央公園……當你考慮讓數千人住在中央公園，如果他們允許在這裡蓋樓，那麼問題就迎刃而解了！」但是，在人口稠密的地區興建住房，其優點在於不需要犧牲綠地，無論是中央公園或是其他遠離市中心的地方。從保存運動者的觀點來看，在其他地區興建住房可以減少拆除舊建築的壓力。人們可以看似合理地主張，如果地標委員會決定一棟建築物可以拆除，那麼他們就應該要求原址改建的建築物高度不能超過原來的建築物。

限制發展將使受保護地區變得更昂貴，也使土地更集中於某些階級。平均而言，住在曼哈頓歷史地區的人有百分之七十四比住在這個地區以外的人要富有。住在歷史地區的成年人中四分之三有大學學歷，相較之下，其他地區則是百分之五十四。與別的地區相比，住在歷史地區的人有兩成的機率更可能是白人。歷史地區的富裕居民說服地標保存委員會禁止興建高層建築，這種行為如同一些受限制的郊區居民希望定下五英畝的面積規定，以與社會底層的民眾保持距離。問題不在於窮人能否負擔得起麥迪遜大道九百八十號，而是限制新屋供給講使城市難以滿足房屋需求，因而將推升城市各地的房價。

房價的基本經濟學非常單純——供給與需求。紐約、孟買與倫敦都面臨與日俱增的住房需求，但這些需求如何影響價格則取決於供給。建築更多的住房可以緩和需求增加對價格的衝擊，也讓人能負擔得起城市的居住成本。這是一九二〇年的紐約——當時紐約建造了數十萬戶住房而成為一般人負擔得起的城市——以及今日可負擔的高成長城市如芝加哥與休士頓所給予我們的啟示。從一九五五年到一九六四年的戰後景氣時期，曼哈頓每年提供一萬一千戶以上的住房單位。一九八〇年到一九九九年，正當紐約房價高漲之際，曼哈頓每年允許新增的住房平均卻只有三千一百二十戶。新屋減少意謂著房價上漲，而從一九七〇年到二〇〇〇年，曼哈頓住房的中位價格增加了百分之兩百八十四（已去除通膨因素）。

以紐約市來說，在高樓頂端增設一平方英尺的生活空間，價格不到四百美元。超高大樓（亦即五十層以上的高樓）的價格的確上漲不少，但就一般的摩天大樓來說，一間嶄新、舒適的一千兩百平方英尺公寓，價格不會超過五十萬美元。土地的確相當昂貴，但在四十層的大樓裡，一千兩百平方英尺的住房只使用了三十平方英尺的曼哈頓土地，不到一英畝的千分之一。當大樓達到一定的高度，土地成本變得十分微小。如果沒有法規限制新建案，那麼價格最終將會相當接近建造成本，每間新公寓大約是五十萬美元左右。與休士頓兩千五百平方英尺的房子只需要二十萬美元相比，這個價格顯然昂貴許多，但與紐約目前這種公寓要一百萬美元以上的行情相比就顯得非常便宜。

芝加哥瀕臨密西根湖的黃金湖岸（Golden Coast），土地非常有限。這裡的住房需求也許不像曼哈頓那麼高，但仍相當搶手。而你只要花上曼哈頓一半的價格，就能在芝加哥買下相同的公寓，還附帶美麗的湖濱景色。芝加哥的建築成本比紐約廉價，但沒有到半價那麼便宜。兩座城市最大的差異在於芝加哥市府比紐約市府（至少在彭博市長之前是如此）更鼓勵興建新屋。密西根湖畔矗立起一座座高樓起重機，讓民眾負擔得起芝加哥的房價。

絕大多數致力反對新開發案的人都自認為是英雄，而非惡棍。畢竟，在麥迪遜大道興建新大樓顯然將激怒許多名人，而少了這棟新大樓對整座紐約市來說差別並不大。然而問題是，許多的獨立決定加總起來將阻礙整體建設。分區法規、上空使用權、高度限制與地標委員會共同構成了管制網，使興建新屋越來越困難。在彭博上臺之前，紐約的管制浪潮使得該市的樓層高度越來越矮。以公寓大樓為例，我發現一九七〇年代落成的大樓有八成超過二十層，但一九九〇年代卻不到四成。電梯與鋼骨摩天大樓使地狹人稠的地區擁有廣大的生活空間，但紐約的建築法規卻扼止了這個過程。

住房供給的成長不僅能決定價格，也能決定一座城市的人口數量。新建物與人口成長的跨區統計關係幾乎完全正相關，因此當一個地區增加住宅總量的百分之一，人口成長就將近是百分之一。結果，當紐約、波士頓、巴黎限制新建物時，這些地方的人口將會停滯。如果限制夠嚴格的話，這些城市的人口甚至可能在住房需求增加的狀況下開始出現人口減少的現象，因為富有的小家庭會移入，而貧窮的大家庭會遷出。

珍．雅各對於歷史悠久的低矮城市社區的愉悅與力量提出了卓越的見解，但她對高密度水準的力量卻缺乏信心。我在珍．雅各從紐約搬往多倫多的前一年出生，往後十七年我一直住在曼哈頓。我住的社區完全不像低矮的格林威治村。我成長的地方全是白色、覆蓋著玻璃的高樓大廈，這些在二次大戰後落成的房子為像我父母這樣的中產階級提供了可負擔的住房。這裡也許不像格林威治村那麼有魅力，但它有許多有趣的餐廳與充滿特色的店鋪與行人。這裡的治安也很好。這裡雖然有許多摩天大樓，但仍不失為一處運作良好、充滿活力的城市空間。擁有許多高樓且千變萬化的香港是一個更極端的例子，這裡的繁華市街完全可以與高聳入雲的建築物水乳交融。

不是每個人都應該住在高層住宅。許多城市人，如珍．雅各，喜歡住在陳舊、低矮的社區。然而，還是有許多人喜歡住在高處，而政府不應該剝奪他們的夢想。限制高樓大廈不保證有趣而多樣的社區能夠出現。它唯一能保證的就是房價上漲。

富裕社會的民眾希望擁有舒適寬敞的住家。今日美國在「陽光地帶」的郊區興建了這類住房，吸引了許多城市人前往德州。然而寬敞又負擔得起的住房也可以建造在舊城市裡。我們可以擁有一個讓更多人生活在市中心的城市未來，但要做到這一點，首要之務就是去除管制，不要再對高層建築進行限制。

巴黎的再思考

一個世紀之前，巴黎與紐約提供了完全不同的城市發展版本。巴黎的建設是由上而下。由皇帝構思願景，然後交由他的官僚男爵來完成。紐約的天際線是由數千名不受拘束的建築商在市場支持下建造起來的。紐約是一場混亂而華麗的即興演奏，傑出樂手僅稍微留意一下身旁樂手的演奏，而巴黎則是審慎構築的交響樂。紐約的混亂較具活力，但巴黎的秩序產生較安全的建築。一九〇〇年，美國城市發生火災的次數遠多於歐洲。今日我們很難論定嶄新的摩天大樓是否改變了紐約的榮耀本質；但在巴黎，反對改變的人總能提出更好的論點。

巴黎並非一直充滿秩序與美麗。一八五〇年以前，有數十萬名貧窮的巴黎人聚居於狹窄的街道與老舊的房子裡。巴黎訂定土地法規已有數百年的歷史。當亨利四世於一五八九年建立波旁王朝時，他頒布了建築法規，並且開始營造堪稱巴黎最美麗的廣場：佛日廣場（Place des Vosges）。然而巴黎早期的計畫卻迷失在城市的迷宮之中。稠密的巴黎人口造成的混亂，成為罪犯與革命分子理想的藏身之處，從一七八九年開始，他們曾三度推翻君主政權。十九世紀初的巴黎也許是珍．雅各喜愛的典型，卻不合拿破崙三世的胃口，於是他找來了歐斯曼男爵。

卡爾．馬克思（Karl Marx）認為拿破崙三世的統治其實只是他的伯伯拿破崙一世悲劇的滑稽重演，儘管如此，第二帝國的城市更新政策卻絕不是一場笑話。年輕的波拿巴（Bonaparte）在世界城市建築史上的地位，就跟拿破崙一世在軍事戰略上的地位一樣崇高。拿破崙三世對於巴黎的重建為何如此投入，對此的解釋相當多。他想將藏匿革命分子的擁擠街道剷平，代之以寬廣的大道以利於剿滅叛徒。此外，皇帝不只是建築防衛空間而已，他還希望公共工程能為他贏得民心以及讓他留名青史。

皇帝是個大忙人，他對外征戰，對內又要取悅美麗的皇后。他需要一名極為能幹的官員，既要對他完全忠誠，又要跟他一樣願意花費金錢氣力來改造首都。歐斯曼男爵就是他要的人選。歐斯曼生於一八〇九年的巴黎，幾個月後，拿破崙一世在瓦格拉姆（Wagram）擊敗奧地利。歐斯曼家族來自於法國境外，他們是日耳曼地區的新教徒，在拿破崙時代的法國菁英政治下受到重用。歐斯曼的祖父是一名將領，被皇帝擢升為男爵。父親負責拿破崙大軍的後勤補給工作。

歐斯曼就讀於亨利四世中學，這所中學至今仍是世界知名的學校，畢業後攻讀法律與音樂。一八三〇年，革命擁立了資產階級路易腓力（Louis-Philippe）登基為王，歐斯曼也於此時進入公職體系並且被派到波爾多（Bordeaux）市郊的小鎮內拉克（Nérac）。他在地方上努力工作了好幾年，直到波拿巴取得政權才為他帶來機會。塞納省（Seine）的前任省長因為反對拿破崙三世宏偉的城市計畫而遭到解職，於是這名野心勃勃的男爵抓住這個機會成為新任省長。

如果你想重建一座城市，最好背後能有一名專制者支持你，而歐斯曼所做的事在民主時代是無法想像的。他驅逐貧民，將他們的家變成寬廣的大道，使巴黎成為一座紀念性城市。他削除盧森堡公園（Luxembourg Gardens）的外圍來開闢城市街道。他拆除了古老的地標，例如聖日耳曼德佩修道院（Abbey of Saint-Germain-des-Prés）的監獄。他花費了二十五億法郎，相當於一八五一年巴黎市總預算的四十四倍。這些支出與巨大改建使巴黎從擠滿大量貧民的破舊城市，搖身一變成為上層資產階級的城市名勝。

歐斯曼的某些創新，如布洛涅森林（Bois de Boulogne），是讓巴黎更加美麗與健康的公共空間。其他的發明則是為了改善行人城市引進新的運輸形式，如鐵路與公共馬車。歐斯曼也讓巴黎稍微變高一點。一八五九年，城市的高度限制從五十四英尺增加到六十二英尺。此外，歐斯曼時代的巴黎沒有電梯，在民眾必須自己爬樓梯的狀況下，巴黎的樓房不可能太高。當時，高層的住房往往價格低廉，原因就在於必須費力地爬上爬下，然而貧困的藝術家卻爭相住進巴黎的閣樓，因為這裡擁有美好的視野。

歐斯曼的時代尚未出現電梯，但已經有公共馬車與蒸汽火車。為了讓這些速度較快的交通工具能夠普及，歐斯曼努力鋪設更寬廣更筆直的道路。當他嘗試切斷一些大道時，他其實正醞釀著一些新的科技發明，這些發明正是珍．雅各反對用在曼哈頓下城區的高速公路前身。與日後的建築者一樣，歐斯曼也遭遇一些人士的批評，他們指控他收賄與做假帳，想藉此破壞他的計畫。人們可以找到許多正當的理由來反對歐斯曼，但這位不動感情的阿爾薩斯官員最無可懷疑的就是他的誠實無欺。他的花費也許龐大，但絕對合法。

古斯塔夫．加伊波特（Gustave Caillebotte）著名的一八七七年作品——這幅畫現收藏於芝加哥美術館（Chicago Art Institute）——內容是歐斯曼建造完成的巴黎街頭雨中景象，這是一座紀念性的、毫無個人臉孔的城市，行人彼此之間毫無連結，他們的步伐也漫無目標，圍繞在他們身旁的是毫無生氣的華麗建築。這幅畫適切地描繪出珍．雅各所說的街頭生活崩解的形象，城市由於標準化與街廓過大而造成這種結果。其他的批評者則是厭惡這些公寓大樓所顯現的全然陰鬱的景象。有些人批評許多巴黎家庭因為被趕離原來的住處而遭受痛苦。反帝制人士則認為拿破崙三世營造的這些紀念性建築只是一種愚蠢的自我膨脹與誇示。

然而如果建築的目的是為了帶給觀賞者愉悅，那麼歐斯曼的重建顯然極為成功。在他之前，凡是來到巴黎的人莫不嫌棄它的醜惡。在他之後，巴黎卻成為世人心目中美麗城市的象徵。每年有數百萬遊客前來巴黎觀賞歐斯曼的遺產。而數百萬巴黎人則是花費大筆財富在他建造的巴黎居住。歐斯曼不僅解決了技術問題，像是如何取得乾淨引用水與讓火車進入巴黎，他也留下了一座令世人珍愛的城市。

歐斯曼為巴黎帶來的改變是世界其他城市未曾經歷過的，而他的成果是風格統一的城市傑作。但到了二十世紀，歐斯曼的作品成為拒絕接受修改的建築圖象。一八五九年調高高度限制使歐斯曼額外獲得不少樓地板面積，到了一九〇二年，主要幹道的高度限制調高到九十八英尺，狹窄街道放寬則較為有限，這些限制規定一直持續到半個世紀之後。

一九一四年，弗蘭茲．斐迪南大公（Archduke Franz Ferdinand）遇刺，此後世界歷經為期四十年的恐怖歲月，但巴黎的高度限制在這段時期完全沒有改變。同樣在一九一四年，法國的人口與繁榮在德軍入侵下遭受慘重破壞，巴黎甚至差點被攻陷。在一九二〇年代人口極端不足的時期，與一九三〇年代經濟蕭條的時代，法國無力重建巴黎。一九四〇年代，另一場大戰再次讓法國陷入赤貧。一直要等到一九五〇年代，法國的經濟才再度好轉，人們開始產生讓長久停滯的巴黎現代化的想法。一九六七年，巴黎市議會解除了高度禁令。獲得授權的技術官僚希望建造更新更高的大樓，而且亟欲去除他們的眼中釘——巴黎老舊的中央市場（Les Halles）。

在戴高樂（Charles de Gaulle）與龐畢度（Georges Pompidou）時代，巴黎仍少有變化。一九六〇年代的巴黎，與一九二〇年代的紐約並無共通點，但巴黎在這個時期終於興建了一棟名符其實的摩天大樓。高六百八十九英尺的蒙帕納斯大樓（Maine-Montparnasse Tower）於一九六九年開始興建。兩年後，巴黎中央市場被拆除，同年完成了未來主義風格的龐畢度中心（Pompidou Centre）。但這項改變招致已經習慣巴黎原貌的人士的憎恨。蒙帕納斯大樓成為不受歡迎的建築，此後再也沒有人主張在巴黎市中心興建摩天大樓。巴黎市民對中央市場的拆除感到傷痛，就像紐約人哀悼老賓州車站的消失一樣。法國是比美國強調管制的國家，當它的統治者決定不改變時，改變就不會發生。一九七四年，官方再度對巴黎市中心設下八十三英尺的高度限制，這項禁令一直生效到二〇一〇年。

巴黎舊市區有高度限制，但周邊地區卻沒有這項禁令。今日，巴黎絕大多數的摩天大樓全密集分布在拉德芳斯（La Défense）這處廣大地區。相對於巴黎舊市區的平坦，拉德芳斯的高樓群簡直是高聳入雲。它擁有近四千萬平方英尺的商業空間，頗有美式辦公園區的架勢。在拉德芳斯星巴克喝著拿鐵的行政助理們不僅可以遙望凱旋門，這裡的生活與工作宛如置身於放大版的維吉尼亞州水晶城（Crystal City）。

拉德芳斯將摩天大樓彼此區隔興建，藉此在保存與成長之間求得平衡。某方面來說，這項解決方式頗有新意。在當地工作的民眾搭乘地鐵只要二十分鐘就可到達舊市區，若是步行則需一小時。搭乘地鐵也意謂著拉德芳斯的商業活動仍與位於舊市區的巴黎官員有著緊密連結。拉德芳斯是歐洲最集中的商業中心之一，我們可以預期這裡的技術員工能產生足夠的經濟活力。這個地區在使巴黎成長的同時，又能保留原有的城市風情。

然而拉德芳斯的大樓並不能滿足人們最想居住的巴黎市中心的住房需求，後者因為住房極端缺乏而導致房價居高不下。最合理的做法是在需求最多的市中心，而非城市邊緣興建高層住宅。巴黎市中心新住房的不足，意謂著連小公寓都能賣到一百萬美元以上。[4] 飯店房間通常一晚要價五百美元以上。如果你想住在市中心，你必須付出高昂的代價。人們願意支付高價，因為巴黎實在太有魅力，但他們之所以非支付這麼高的代價不可，主要是因為市府當局決定限制該區住房數量的緣故。我們幾乎可以這麼說，一般民眾無法在巴黎市中心居住，是因為市府設下一道門，不許中等所得的民眾進入。

許多歷史悠久的美麗城市可以仿效拉德芳斯做為實行的模式。一方面保留核心地區的歷史面貌，另一方面在鄰近地區興建數百萬平方英尺的商業空間。只要高樓地區的建築物能完全不受限制，那麼這個區域就能為整座城市提供一個安全閥。拉德芳斯的關鍵爭議在於它是否離巴黎市中心太遠。它與舊市區的距離保存了市中心的歷史原貌，但許多人因此無法享受步行到歷史咖啡廳享用午餐的樂趣。

遺憾的是，在提供最需要的空間與保存美麗舊市區之間找到平衡並不是那麼容易。我的偏好使我期望像拉德芳斯這樣的發展模式能出現在離巴黎市中心較近的地方，或許是龐畢度希望的地點，也就是蒙帕納斯車站（Gare Montparnasse）附近。但我也了解其他人的想法，他們認為巴黎太珍貴了，因此在新開發的地區與歐斯曼的大道之間應該留下足夠的空間。此外，巴黎是一個極端的例子。在世界其他地區，限制發展的聲音是比較微弱的，而且沒有任何地方對發展的限制，會像印度大城孟買一樣造成那麼大的傷害。

雜亂無章的孟買

一般人很少有能力負擔在巴黎市中心或曼哈頓的生活花費，儘管如此，法國與美國仍然可以生存。在開發中世界，獨斷限制建築高度造成的問題更為嚴重，因為這種做法妨礙了大城市讓窮國轉變成中產階級國家的可能。限制高度的法規使印度城市過於低矮與過於昂貴，導致絕大多數印度人無法連結彼此或外在世界。在開發中世界，貧窮通常意謂著死亡，而限制城市成長將造成更多貧窮，因此我們可以大膽地說，印度的土地使用計畫是攸關生死的問題。

孟買是一座充滿驚人活力與進取心的城市，從高級的金融業與電影業，到達拉維擁擠的貧民窟，處處均可看出這一點。如果孟買所有的民間才智都能有相應的政府與其配合，那麼它的政府部門應該早就完成下水道與提供乾淨飲水，而不致造成城市過度蔓延與過度管制的現象。開發中世界的一項詛咒是政府承擔太多與核心責任無關的事務。一個無法提供乾淨飲水給民眾的政府，憑什麼管制匯兌。

孟買政府部門的失靈，與孟買民間力量的成功形成強烈對比。西方遊客可以躲得過孟買貧民窟到處便溺的景象，卻躲不過失靈的交通運輸網路。從機場到孟買舊鬧區與地標印度門（Gateway to India），十四英里的路程可以花上你九十分鐘的時間。火車也許可以加快你的旅行速度，可是要在尖峰時間與大批印度民眾擠進火車，恐怕很少有西方人有這份勇氣。二〇〇八年，估計每天至少有三人被擠出火車外而死亡。孟買平均單程通勤時間約五十分鐘，大約是美國的兩倍。

孟買試圖建設更多道路來紓解擁擠的交通。高架道路確實產生了一點成效，但我前面已經提過，研究指出道路長度增加，同時也會增加車輛數目。孟買的潛在駕駛人非常多，因此光靠新道路並不能解決交通阻塞的問題。要疏通過度擁擠的城市道路，最符合成本效益的方法就是遵循新加坡模式，對使用者收費。

如果你免費提供某項事物，那麼通常會出現使用過度的問題。孟買的道路相當珍稀，尖峰時間時禁不起牛車在裡面造成阻塞，最簡單的方法就是讓使用者付費，那麼比較有彈性的駕駛人自然會離開道路。堵車稅不只是針對富有城市；只要是道路經常堵塞的地方都適合這種做法。畢竟，新加坡在一九七五年開始對使用鬧區道路的駕駛人收費時，當時新加坡並不富有。孟買可以跟當時的新加坡一樣，要求民眾購買日間進入鬧區的紙本證件，然後將證件擺在車窗上查驗。然而，這項策略難以實行的原因不是出在技術面，而是卡在政治面。儘管窮人可以從更便捷的交通中獲得巨大利益，但我懷疑孟買當局缺乏向違法駕駛人罰款的政治意志。

孟買的交通問題反映的不只是貧乏的運輸政策，也包括更深層與更基本的城市計畫失靈的問題。一九六四年，孟買當局規定全市大部分地區最高容積率是一點三三。那個時期的印度似乎熱衷於各種管制措施，當局限制建築高度以限制城市成長，背後的動機似乎只是為了跟隨英國當時流行的城市計畫觀念。

孟買是全球人口最稠密的地區，它定下的容積率意謂著建築物的平均高度是一又三分之一個樓層。外來人口持續湧入；即使生活條件惡劣，但孟買的經濟能量仍吸引民眾前來。限制高度並不能阻止城市成長；它只是讓移民必須擠進狹小的空間。讓孟買保持平坦也造成更長的通勤時間，而這也讓因擁擠而產生的交通堵塞更加嚴重。

與孟買一樣，新加坡也曾是英屬東印度公司（British East India company）設立的哨站，但新加坡卻是世上數一數二最有能力的政府。當新加坡令人驚訝地完成飲用水供給計畫時，它也未曾停止高樓的興建。結果，新加坡的鬧區運作良好，高聳的大樓並未影響居民彼此的連結。商人彼此緊密連繫，而且可以輕易步行去開會。香港的高樓甚至更多，而且對行人也更友善，人們可以藉由有空調的走道在大樓之間移動。從華爾街到曼哈頓中城只需要幾分鐘的時間。就連廣大的東京也可以靠著雙足走遍各地。這些大城市之所以能順利運作，因為它們的高度使大量人口能夠在狹窄的土地上工作與生活。但孟買很低矮，因此每個人必須在交通上花費大量時間，也要為空間支付大量金錢。

一座面積狹小卻擁有一千四百萬人口的城市，可以藉由摩天大樓之間的走廊加以連通。鄰近而彼此連結的直立式房地產增加，可以減少對道路的壓力，舒緩二十一世紀城市的運輸連結，並且降低孟買過高的空間成本。然而孟買非但未鼓勵人口更密集發展，反而將居民往外驅趕。根據地產資料庫（Emporis.com）的說法，孟買今年開始興建的六棟大樓有三棟超過四百九十英尺，此外還有更多大樓即將興建，這是因為高度限制已經略微放寬，特別是在傳統鬧區以外的地方。

孟買的容積率近年來已開始放寬，但改變的幅度不大。這說明為什麼許多新摩天大樓周圍總是繞了一大圈綠色空間。這些空間使高樓被壯觀地孤立起來，因此人們外出時無法憑藉步行，通常只能開車。如果孟買想讓民眾可以負擔城市的居住成本與解決交通堵塞問題，那麼就應該讓開發商盡可能利用土地，讓每一處新鬧區的建案至少蓋到四十層樓。藉由要求開發商創造出更多而非更少的樓層空間，政府可以鼓勵興建更多住房（而非往外蔓延）並且降低房價。

只要孟買一直是一個極具生產力的地方，新的居民就會不斷聚集到這裡生活與工作。高度限制只會迫使民眾擠進骯髒、非法的貧民窟，而不是合法的公寓大樓。一份研究估計，孟買的住房每人只分得約三十平方英尺的土地，在中國的城市地區，每人可分得一百四十平方英尺。孟買的居民被迫生活在狹小的空間裡，因為這裡的房價比富有的新加坡還貴。新加坡的房價比孟買便宜，不是因為當地的住房需求少，而是因為新加坡允許建商在相同面積的土地上創造更多的樓層空間。

回溯歷史，孟買居民過去沒有能力負擔高層建築，但現在卻有許多人有此能力，如果這些高層住宅的數量夠多而且能讓人負擔得起，自然會有更多的人住進這些大樓。玻璃、鋼筋與混凝土所構成的峽谷，例如紐約市第五大道，完全不構成城市問題；這是一種在狹小土地上容納大量人口與商業的合理方式。只有無能的政策才會阻止孟買海濱出現一整排五十層樓高的大廈，芝加哥的湖濱就是這副景象。

城市的魔力來自於居民，而居民必須有供他們居住的建築物。城市需要道路與建築物讓民眾能好好生活與容易與他人連繫。在擁有豐富空間與需求寡少的地方興建高層建築——例如亨利．福特二世在底特律興建的文藝復興中心——是不合理的做法。但在人們嚮往居住的城市，不管這座城市位於哈德遜河河畔還是印度洋岸邊，高度永遠是維持可負擔的房價與提高生活水準的最佳方式。

三項簡單的原則

我們的城市做為世界經濟的引擎，它們的成功逐漸取決於土地使用分區委員會與保存委員會做出的艱深難懂的決定。在稠密的城市空間管控建設當然是合理的，但我會以三項簡單的原則來取代現在用來限制建築的各種雜亂無章的法規。

首先，城市應該以簡單的收費制度來取代現今冗長而不確定的批准過程。如果高樓因為遮住日光或阻擋視線而導致了成本增加，那麼對這些成本進行合理估算之後，再向建商收取適當費用。如果某些活動對鄰居有害，那麼我們應該估計社會成本而向建商收取費用，正如我們應該向駕駛人收取交通堵塞的費用一樣。這些稅捐應該轉交給那些受害者，例如因為新建案而失去陽光的鄰近住戶。

我不認為這些制度可以輕易地設計出來。各種高度的建築物造成的成本多少，這當中有相當大的討論空間。人們一定會對可以獲得補償的鄰近地區大小發生爭執，因此我們應該發展一套放之四海皆準的合理原則。舉例來說，紐約每一棟新建築的建商每平方英尺要支付一定金額做為補償成本，以儘速獲得主管機關批准。這筆錢有部分流入市庫，其餘部分則給予新建築所在街廓的居民。

單一的稅捐系統要比現有的複雜管制更為透明且更能對症下藥。今日，許多建商雇用昂貴的律師與遊說團體，並且收買某些政治有力人士，以此來與現今的制度進行協商。對他們來說，如果只需要簽張支票給政府與其他住戶就能解決事情，那是再好也不過的。允許更多建案不表示圖利建商；合理而直接的管制可以讓新建案有利於鄰里社區乃至於整座城市。

其次，歷史地標的保存應該有所限制與明確界定。將熨斗大樓或舊賓州車站這類建築傑作列為地標相當合適的，但保留數量龐大的戰後玻璃磚建築則很愚蠢。然而，你要如何在這兩種極端之間畫下界線呢？

我個人的立場是，在紐約這樣的城市裡，地標委員會應該先列出固定數量的應保護建築，比如說有五千棟。委員會可以更動這些已選定的建築珍寶名單，但過程必須審慎緩慢。委員會不能在一夕之間就推翻原則，要求在未受保護地區動工的建案停工。如果委員會想保存一整個區，那麼就要讓這一整個區把五千棟的保護額度一口氣用光。或許五千棟這個數量太少，但若不在數量上設限，管制機構的規模將會持續擴大，無論是因為官僚本身就有自我增生的傾向，還是為了回應社區的壓力。

像巴黎這種廣受世人喜愛的城市，問題處理起來會更棘手。在這類城市裡，關鍵是在鄰近市中心的地方找到大片土地，然後在這片土地進行高密度開發。理想的狀態下，這個空間應該近到足以讓居民以步行的方式走進舊市區的美麗街道中。

最後，個別的鄰里社區應該要有清楚的權力來維護自身的特殊性。某些街廓的居民也許不希望有酒吧；其他街廓的居民也許求之不得。避免由上而下地對社區進行管制，比較合理的做法或許是允許個別社區在經由大多數民眾的同意下，自行訂定一套有關建築風格與用途的規則。但社區不應該擁有完全阻礙建設的權力，例如限制高度或加諸過度的管制，以免地方社區成為鄰避主義者（NIMBYist）的根據地。一般民眾應該要比市府的計畫者對於自己鄰近地區發生的事有更多的發言權，但社區的控制遺憾地必須受到限制，因為地方社區通常考慮不到禁止建設對整個城市帶來的負面效果。

偉大的城市不是靜態的——它們會持續演變並且帶領世界前進。當紐約、芝加哥與巴黎經歷大量創意與成長的噴發之後，這些城市便開始改頭換面地提供新建築物來容納新的才能與觀念。城市無法光憑新建築來造成改變，「鐵鏽地帶」的經驗已說明了這點。然而如果改變已經開始發生，那麼適當的新建築將可加速這段過程。

世界上有許多城市，無論新舊，對於高密度地區往往設下許多限制建設的規定。有時這些法規有其道理，例如保存重要的建築作品。然而，有時這些法規只是愚蠢的鄰避主義者或受到誤導想阻止城市成長的人的產物。無論如何，限制建設把城市牢牢地與過去捆在一起，限制了城市未來的發展。如果城市無法建設，那麼建設的力量就會外移。如果一座城市的建設遭到凍結，那麼成長必然將在別的城市出現。

紐約與舊金山在建設上的失敗，使美國其他擁抱新建設的地方開始抬頭。在休士頓與鳳凰城，發展毫無限制，結果使當地房價維持在低檔位置。可負擔的城市蔓延，它的吸引力與後果將是下一章的主題。

注釋

1 譯注：何瑞修・艾爾格（一八三二—一八九九年）是美國十九世紀作家，專門寫貧困少年力爭上游終獲成功的故事。

2 編注：Twist and Shout 於一九六二年由梅德利（Phil Medley）與羅素（Bert Russell）創作，原唱為 Top Notes，之後由艾斯禮兄弟合唱團（The Isley Brothers）及披頭四（Beatles）翻唱。You've Lost That Lovin' Feeling 於一九六四年由正義兄弟（The Righteous Brothers）唱紅；Up on the Roof 為一九六二年浪花兄弟（The Drifters）的暢銷曲。

3 首先，最高的是一九三一年落成的帝國大廈；二〇〇九年的美國銀行大廈（Bank of America Tower）；一九三〇年的克萊斯勒大廈；二〇〇七年的紐約時報大廈；一九三二年的美國國際大廈（American International Building）；一九三〇年的川普大樓；一九七七年的花旗集團中心（Citigroup Center）；二〇一〇年的畢克曼大廈（Beekman Tower）；二〇〇一年的川普世界大廈（Trump World Tower）；與一九三三年的奇異大廈（GE Building）。

4 例子見不動產網站 www.frenchentree.com，我發現第六區有一棟九百六十八平方英尺的公寓，售價超過一百二十五萬美元。

第7章

城市為什麼不斷蔓延？

休士頓的鬧區街道給人一種異樣的感受，使人想起底特律的鬧區。這兩座城市不像紐約、倫敦、波士頓或舊金山一樣擁有行人徒步的生活。你無法從漫步這兩座城市中看出為什麼底特律走向衰敗，而休士頓卻欣欣向榮。休士頓大都會地區二〇〇九年的居民人數比二〇〇〇年多了一百萬人，使休士頓成為美國成長第三快的大都會，僅次於亞特蘭大與達拉斯。[1]

如果你想看到休士頓的人群，你必須離開商業區到別的地方去，例如位於休士頓西緣的休士頓廣場（Galleria）購物中心。每年有兩千四百萬人造訪這座樓地板面積達兩百四十萬平方英尺的複合式建築，使休士頓廣場成為最吸引人的觀光勝地。每逢星期六，就有大批購物者、觀光客與民眾湧入這座購物中心，目的只是為了享受這裡的公共空間。即使在不斷向外蔓延的休士頓，體驗密度的渴望也未曾稍減。休士頓廣場就像一座具體而微的城市——它有大量的行人、辦公室、住宅公寓，還有一座溜冰場。畢竟這座購物中心是根據某個神聖的城市空間而設計的：位在米蘭主教座堂廣場北側的維托里歐・埃瑪努艾爾商店街（Galleria Vittorio Emanuele）。然而與米蘭商店街相比，休士頓廣場使用大量的空調設備，以牆壁和外界隔離，四周則圍繞著大型停車場。

幾乎所有休士頓的建築物都是為了適應炎熱與汽車而設計。我們可以這麼說，二十世紀晚期美國城市建築的主要特徵都是為了配合汽車。正如布魯日或波士頓迂迴的街道是為了環繞人行步道，紐約棋盤式街道支持了公共汽車的發展，今日的新穎城市反映出我們這個時代運輸的支配形式：汽車。討厭汽車的人可能也討厭休士頓，但數百萬喜愛開車、溫暖氣候與大而廉價的住房的美國人，卻覺得這座城市充滿魅力。

美國許多最「進步的」州與城市，原本應該是最支持中等財產居民的地區，現在卻成為最不利中等所得美國人居住的地方。美國東北部有許多地方規定了房屋最小基地面積，二〇〇八年，該地區獨棟住房平均達到一英畝以上，幾乎是全國平均的兩倍以上。與此相對，共和黨票倉德州比較讓人負擔得起，不只是因為德州給予窮人的福利較多，也因為德州不反對建設開發。「陽光地帶」的擴展雖未提供優惠的地方住房政策，卻仍吸引數百萬人前來，而老城市並未因此停止愚蠢地逼迫居民離開。

我三十七歲之前的人生，有三十二年是在老城市地區度過：曼哈頓、芝加哥與華府。我唯一的非城市經驗是在大學城，如普林斯頓與帕羅奧圖。我當時幾乎每天走路到學校上課。之後我有了三個讓我心情愉悅的孩子，我跟其他數百萬美國人一樣，面對一個不斷擴大的家庭。於是我搬到郊區，開始開車。

中年男子搬離城市並不稀奇。如我們所見，城市吸引的絕大多數是年輕人。曼哈頓居民幾乎有五分之一介於二十五歲到三十四歲之間，而這個年齡層只占全國人口的百分之十三。此外，有鑑於我對城市的熱愛，因此我應該稍微解釋一下為什麼我決定搬到郊區。是什麼可怕的打擊讓我精神錯亂，決定選擇跟鹿蝨而非人群為伴？

我至今仍不確定搬到郊區的決定是否正確，但我這麼做有著合邏輯的理由：更多的生活空間，讓小孩爬行學步的柔軟草坪，希望住在哈佛圈子以外的社區，合理而快速的通勤時間，以及好學區。離開城市意謂著無法方便外出用餐，但有了三個孩子之後，不管我住在哪裡，外食的機會都會大大減少。幸好麻州收費公路（Massachusetts Turnpike）可以讓我不用花太多時間就能抵達波士頓，接觸我最喜愛的事物：比如說北城的坎諾里（cannoli）[2]，美術館的法蘭德斯繪畫與洛根機場（Logan Airport）。

精確來說，本章討論的是人口聚集的類型——在低密度地區過著以汽車為主的生活，吸引了許多人，包括我自己。老城市必須與汽車導向的地區競爭，為了獲勝，了解敵人是合理的做法。光是口頭上批評選擇在休士頓過著以汽車為主的生活的人庸俗，在情感上或許能獲得滿足，卻無法吸引更多人來老城市居住。在數百萬人心中，「陽光地帶」郊區的吸引力相當真實，但透過在全國與地方上推動更好的政策，可以讓老城市更有效地與這些地區競爭。

無論喜愛或討厭郊區，這種個人的喜好與公共政策不應該具有關聯性。政府不應該推動剛好是某些人喜愛的生活方式。政府的工作是允許民眾選擇自己想要的生活方式，由民眾自行負擔選擇的代價。然而，今日的公共政策卻是鼓勵民眾（包括我在內）搬往郊區。

我懷疑，如果沒有三項反城市的公共政策——廊州收費公路、房貸利息扣抵與城市就學問題——我可能不會搬到郊區。廢除支持城市蔓延的政策，不會讓人口重新回到衰退中的城市，也不會毀了郊區，但它可以創造出比較健康的城市體系，使步行城市更有效地與汽車競爭。這個問題在開發中世界更為迫切，當地的城市流動性更高，如果每座城市都採取美國式的城市蔓延，將造成汽車數量與能源使用量大增。

在汽車出現之前的城市蔓延

運輸科技形塑了我們的社區，而現代的城市蔓延則是汽車創造的產物。連結是城市的重要特徵，而連結總是需要某種形式的運輸。蔓延不是城市密度的相反詞；農村的孤立才是如此。住在一路往外蔓延的郊區，居民仍然可以方便接觸到鄰居、商店、雇主與餐廳。他們只是必須開車。城市蔓延開始於幾個世紀之前，也就是人類開始以步行以外的方式從事旅行的時候，從那時起，船舶、馬匹、公共汽車、電梯、地鐵與汽車開始影響城市的規畫與成長的方式。許多歷史悠久的社區鄰里，如紐約的華盛頓廣場與巴塞隆納的厄香普勒（Eixample），這些深受城市學者喜愛的地區，早年也是城市蔓延的結果。

一般而言，每一種成功的新運輸類型會經歷三個階段。首先，科技突破促使速度更快的交通工具進行大規模生產，如蒸汽動力火車或汽車。其次，為了因應新科技，開始興建新的運輸網路。第三，民眾與公司行號運用新的運輸模式，改變了自身的地理位置。

第一次運輸革命發生於一萬年前的中東地區，當時的人類開始馴養馱獸。馱獸不需要新的道路網，因為人類走到哪兒，馬、驢、騾與羊駝幾乎就能跟到哪兒。不過馱獸確實改變了人文地理。城市史家保羅．貝洛赫（Paul Bairoch）認為，在運用馱獸之前，搬運糧食十分困難，因此人類「必須」居住在容易取得食物的地方。馱獸使城市成為可能，牠們可以輕易運送充足的糧食給集中居住的城市群眾。

輪子似乎起源於八千年前的美索不達米亞，而現存最古老的車輪是在俄國境內發現的，有五千年的歷史。埃及人與印度人最晚使用車輪應該是在西元前兩千年左右。凡是乘坐過沙灘車的人都能了解，輪子其實不需要鋪設道路就能行進。然而，道路可以加快輪子的運輸速度，特別是在缺乏平坦、乾燥地面的地方。印加人從未發展出輪子，很可能是因為在印加帝國的山區地形中，馱獸可以發揮更好的功能。

鋪設與維護道路需要強大而富有的文明。良好的運輸為羅馬帶來遠比競技場的血腥打鬥更多的榮譽與財富。羅馬帝國透過船隻從西班牙與埃及運來大量穀物，然後再以有輪子的交通工具將穀物流通到各大城市，餵飽那些不務農的城市居民。在羅馬城市內部，為了便利有輪馬車行駛，特別設計了棋盤狀街道。羅馬衰亡後，道路養護的能力失傳，沒有道路，輪子也跟著失去價值。馱獸再次派上用場。直到中世紀盛期（High Middle Ages），中央集權的政治力量復興，道路才再度出現。十三世紀，菲利普·奧古斯都（Philip Augustus）將英格蘭人趕出諾曼第，成為統一法國的偉大君主，之後他開始在巴黎鋪設道路，這是從羅馬衰亡以後首次出現的道路工程。

已有不少學者針對中世紀在騎馬上的各項發明做過研究，包括馬鐙與馬鞍。這些發明增益了先前的突破，如馬匹的飼養與訓練使人類至少在五千年前就已懂得騎馬。然而，在世界人口稠密地區與非游牧民族生活的地方，馬匹通常是僅限菁英使用的運輸技術。為了個人運輸之用而要飼養龐大的馬匹，這筆費用遠非一般農民或鎮民所能負擔。馬匹成為一般人也能使用的交通工具，一直要等到馬匹費用能由公眾分攤，也就是大眾運輸出現之後。

在哲學界，布雷茲·帕斯卡（Blaise Pascal）以對基督教信仰進行反思著稱，但數學家知道帕斯卡卻是基於他對幾何學與機率論的貢獻。帕斯卡的著名賭注——如果上帝可能存在，那麼趨善避惡才是合理的做法——至今仍是大學生自由討論的題目。對城市學者而言，帕斯卡的榮耀來自於他是公共汽車之父。一六六二年，帕斯卡規畫了首條公車路線，只要支付五蘇（sous）車資，就能乘坐馬車巡遊巴黎。

帕斯卡的公車計畫可以說是一場賭博，它的規模必須夠大才能成為一項可行的方案。除非擁有足夠的乘客數，否則經營一條固定的公車路線並不划算。十七世紀的巴黎已經有了公車路線所需的道路與人口，但實際推行起來卻未能成功。公車真正出現的時代始於一八二〇年代，當時城市人口急速擴張，公共馬車開始在巴黎、紐約與倫敦等地出現。

紐約第一個大眾運輸工具是十二人座的公共馬車，於一八二七年開始沿百老匯行駛。紐約市的道路崎嶇不平，公車不得不放慢速度行駛，業者於是決定鋪設鐵軌。經過一段時間之後，鐵路網鋪設完成，輕軌公共馬車於焉誕生。這些鐵軌的鋪設費用由民間業者自行負擔，但政府也會提供補助，例如市政府給予他們城市街道的通行權。

一般人步行通勤半小時大約能走一點五英里；公共馬車輕易就能達到兩倍以上的距離，這促成了住宅區的成長，也吸引許多富人搬來這裡。公車票價只有五到七美分，但一般勞工一天只賺一美元，所以他們還是走路上工。與汽車一樣，公車一開始運輸的對象是有錢人。公車票價使公車成為富人專屬的快速移動工具，因而使富人遷出市中心。當紐約的每個人都在步行時，有錢人選擇住在滾球公園（Bowling Green），這是個鄰近碼頭的中心地點。有了公車之後，富人可以從較不稠密的住宅區通勤來到市中心，這成為日後郊區模式的前身。

紐約與波士頓的舊市區（以及在行人時代建造的雜亂無章的街道）與環繞著車輪運輸建立的井然有序的城市之間，存在著清楚的區別。紐約在一八一一年規畫的棋盤式街道，街道寬度最少要五十英尺，而且要維持直線，這些都是為了便利大量的馬車，乃至於像公共馬車這種尚未出現在紐約的交通工具通行。

在公車出現之前，位於今日第五大道南端的土地曾是紐約市最貧窮的地區之一，是非裔美國人早期聚居的區域，也是一片墓地。一八二六年，市府買下該區大片土地——華盛頓廣場——做為檢閱部隊的場地。隨著公車的出現，這塊一度被當成邊緣農地的地區，成為通勤富商眼中理想的住宅地點。更富有的紐約人興建的堅固連棟住宅至今依然聳立著，從這裡望去，紐約市的綠意盡收眼底。今日的華盛頓廣場是典型的城市空間，但在當時卻是市郊的原型，這個地區的成長是因為快速運輸的形式使有錢人可以移動得更遠，也使他們能買下更多土地與更大的住宅。一九五〇年代，當珍．雅各反對開闢道路穿越華盛頓廣場公園時，她其實是為了保護十九世紀的城市蔓延而反對二十世紀的城市蔓延。

在公共馬車之後，出現了毋需使用馬力的動力車輛。博爾頓了解蒸汽引擎可以推動車輪，而理查．崔維希克（Richard Trevithick）於一八〇四年建造了第一部能夠運行的火車。蒸汽引擎變得更可靠，車廂變得更舒適，企業主也開始鋪設鐵路。城市內部體系於是建立在既有道路、隧道與高架鐵路之上。在現有路面高度鋪設鐵路，成本較低，但必須占用昂貴的城市土地，同時也會製造大量噪音與煙霧。倫敦是當時世界最大的城市，對於快速運輸的需求極為迫切。因此，倫敦於一八六三年率先興建地鐵系統。而在開通當天，就有超過兩萬五千人立即試乘。

讓蒸汽火車行駛於隧道中，對行人固然有利，但乘客坐在充滿煙霧的車廂可不好受。紐約市對道路的需求也很殷切，但市府在鋪設鐵道上採取的方式不是地下隧道而是高架。紐約的地下鐵直到一九〇四年才問世，此時蒸汽火車早已在曼哈頓高架鐵道上行駛超過三十個年頭。為了興建高架鐵道，一共投資了數千萬美元，而鐵路的經營交給了鍍金時代最惡名昭彰的人物，如傑．顧爾德（Jay Gould）與約克斯。

這些鐵路網使紐約市進一步往外蔓延。曼哈頓高架鐵道北段的幾個站，起初吸引了想一觀曼哈頓北部無人居住區域的遊客。高架鐵道使人們可以住在像哈林區這樣的地點，然後以每小時十二英里的速度前往鬧區工作。我的祖父在曼哈頓北部的社區長大，並且搭乘EL鐵道公司的列車上下班。從某個角度來看，十九世紀藉由蒸汽火車帶動的城市成長，看起來就像猛烈噴發的城市擴張一樣。

但是這些蒸汽火車也創造了早期的市郊。如果華盛頓廣場是公車時代蔓延的結果，那麼費城本線（Philadelphia Main Line）的沿線地區就是典型的由蒸汽火車構築出來的市郊例證。一八六〇年代，賓州鐵路公司在下梅里翁鎮區（Lower Merion Township）獲得兩百八十三英畝的土地，公司在這裡建立了新市鎮布林莫爾（Bryn Mawr）。起初，這些新住宅是做為週末住宅，但隨著火車越來越快速，新形式的郊區生活開始在這裡出現。正如華盛頓廣場居住著亨利・詹姆斯（Henry James）與伊迪絲・華頓（Edith Wharton）描述的紐約菁英分子，費城本線的沿線地區也為《費城故事》（*The Philadelphia Story*）裡的凱利・格蘭特（Cary Grant）與凱瑟琳・赫普本恩（Katharine Hepburn）這類富裕的費城人提供了住宅。

維納・馮・西門子（Werner von Siemens）則更進一步。一八八一年，他在柏林推出城市電車。不用馬，也不用蒸汽，電車的動力要不是來自電車上方的電線，就是來自於下方第三軌傳輸的電力。電力顯然非常適合運用於人口稠密城市的大眾運輸，但在街頭奔馳的電車需要兩條線路，一條是載客用，另一條則用來提供電力。弗蘭克・斯普拉格（Frank Sprague）與福特一樣，都是愛迪生延攬的優秀人才。他與福特另一個相同的地方是，他也離開了愛迪生，並且以自己在運輸上的發明改變了城市生活。斯普拉格發明了集電桿，它可以將電車上方電線的電力傳導到車內，使電車能行駛於城市各處。到了一八九〇年代晚期，城市到處可見路面電車的蹤影。西門子與斯普拉格不僅讓城市發展得更快速，也讓居民更容易往城市外部流動。西門子發明了電梯；斯普拉格與同事一起發明了斯普拉格—普拉特電梯（Sprague-Pratt Elevator），這種電梯更迅速也更安全。即使火車與路面電車降低了從遠地進入市中心的價格，但十九世紀晚期的城市在成長的同時，也開始往外蔓延。

路面電車與早期的公共馬車一樣，使世界各地城市人口出現變化。巴塞隆納的格拉西亞大道（Passeig de Gràcia）在世界建築占有極重要的地位，這裡矗立著安東尼・高第（Antoni Gaudí）、居塞普・普奇（Josep Puig）與其他偉大的加泰隆尼亞建築師的作品。寬闊而美麗的格拉西亞大道行駛著路面電車，由位於舊市區邊緣的加泰隆尼亞廣場（Plaça de Catalunya）往外延伸，穿過十九世紀舊市區厄香普勒。厄香普勒位於舊城的牆外，一八五〇年代，當這些城牆拆除之時，市府也舉辦了一場新市區計畫比賽。土木工程師伊爾德逢斯・塞爾達（Ildefons Cerdà）從比賽中勝出，這個地區八角形的街廓設計就是出自他的手筆。紐約市的棋盤式街道以其一成不變的外貌遭受許多城市計畫者的批評，相反地，塞爾達巧妙的創意卻大受好評。他這麼設計是為了配合運輸上的創新：八角形的街廓便利大型蒸汽車輛轉彎。

厄香普勒最初行駛的是公共馬車，但到了一九〇〇年，格拉西亞大道的有軌車輛全面電氣化。新運輸工具使厄香普勒成為吸引富裕的加泰隆尼亞人前來的磁石，這些富人重金禮聘巴塞隆納最好的建築師為他們設計住宅。米拉之家（Casa Milà），這棟波浪狀的建築是高第的傑作，委託人是一名開發商，他因為服飾華貴與迎娶一名有錢的富孀而聞名於世。另一棟建築界聖像，阿瑪特耶之家（Casa Amtller），則是為一名巧克力大亨興建的。

大眾運輸在十九世紀出現好幾項創新，到了二十世紀則完全由一項發明主導，這項發明就是內燃機。德國人尼古拉斯・奧托（Nikolaus Otto）、戈特里布・戴姆勒（Gottlieb Daimler）與威廉・麥巴赫（Wilhelm Maybach）以科隆（Cologne）為中心連繫起來，生產了四行程內燃引擎。一八八五年，內燃機成為世界首部以汽油為燃料的車輛的動力來源。離科隆一百二十英里的曼海姆（Mannheim），卡爾・賓士（Karl Benz）研發了以汽油為燃料的二行程引擎，一八八六年，賓士為他的汽車申請了專利。德國人在生產汽車上取得關鍵性的創新發明；但美國人，尤其是福特，則是在量產汽車上取得優勢。到了一九二〇年代末，美國已經有兩千三百萬輛汽車上路。汽車與火車不同，它可以在現有道路上順暢行駛，在十九世紀，許多道路已經轉變成柏油路面。福特的T型車相當堅固，而且構造簡單，就連一般人也會修理。即使在泥土路面，T型車也能輕易地以適當的速度行駛。

但駕駛人隨即發現，在封閉而鋪設柏油的平坦路面上，汽車可以行駛得更快。美國於是開始鋪設公路網以容納新形式的運輸工具。一九〇八年，紐約州完成公園道路系統的第一部分。這個系統讓駕駛人以二十五英里的時速快速進入城市。到了一九二〇年代，聯邦政府開始投入經費在全國各地鋪設公路。一九二一年「聯邦公路法」（Federal Highway Act）提供州公路計畫七千五百萬美元（相當於二〇〇七年的七億六千五百萬元）的相對基金，例如由紐約建築大師羅伯特・莫塞斯（Robert Moses）——莫塞斯是珍・雅各憎惡的人物，他也是提倡快速道路不遺餘力的知名專家——在長島（Long Island）鋪設公園道路。經濟大恐慌期間，新政引導民眾從事道路工程，例如國道六十六號。這些工程因巴比・楚普（Bobby Troup）與納金高（Nat King Cole）的歌曲與約翰・史坦貝克（John Steinbeck）的散文流傳後世。《憤怒的葡萄》（*The Grapes of Wrath*）裡的奧克拉荷馬州農民就是沿著「公路之母」（Mother Road，即國道六十六號）前往加州。

艾森豪總統大規模加強聯邦政府對公路的投資，這種做法一直持續至今。機動性通常是軍事勝利的關鍵，這說明了軍事將領為什麼總是急於改善交通運輸。華盛頓將軍對運河充滿熱情，而艾森豪將軍則喜愛公路。艾森豪的州際公路系統被稱為歷史上最大的公共工程，並非空穴來風。今日，這個公路系統全長有四萬六千英里，聯邦與州政府花了數百億美元在建造與養護上。聯邦政府支持公路系統的規模之大，不禁令人懷疑這是否是汽車產業的邪惡陰謀，想藉由吸取大量公共開支來摧毀路面電車。當然汽車製造商就像絕大多數其他產業一樣，一心想擊敗他們的對手，只是湊巧他們的競爭者是公車與路面電車。然而，如果這真的是一場陰謀，那也是眾目睽睽下廣受民眾支持的陰謀。美國人喜歡自己開車，他們樂於支付數十億美元開闢快速道路網。

如果福特的裝配線是汽車時代的第一階段，公路系統是第二階段，則大規模郊區化與汽車導向的城市的興起便是第三階段——這是人口對新運輸科技做出的回應。公路系統連通的大都會地區，所得與人口成長都大幅提高。郊區在道路繁密的地區成長得特別快，反過來說，城市在這種狀況下人口也外流得特別厲害。根據布朗大學經濟學家納瑟尼爾・鮑姆斯諾（Nathaniel Baum-Snow）的估算，「每多一條公路穿過市中心，城市人口就會減少約百分之十八」。這種估計的潛在問題在於，預期郊區化特別發達的地區，公路也許會特別密集，但鮑姆斯諾研究這個問題時，焦點卻集中在一九四七年為軍事目的而規畫的公路上。與公車及路面電車一樣，汽車也重新塑造了美國城市。

一九二〇年代，美國為了因應汽車的興起，開始重新組織城市，但當時要在郊區過著以汽車為主的生活，對一般美國人來說仍然過於昂貴。即使是費茲傑羅筆下的尼克・卡拉威（Nick Carraway）——與傑・蓋茨比（Jay Gatsby）相比，他只能算是窮人，但卻比絕大多數人富有得多——也只能搭火車從長島前往紐約，至少當那群美麗而無所事事的高爾夫球球友未開車接送他時是如此。大規模郊區化的過程因經濟大恐慌與第二次世界大戰爆發而終止，但等到戰後前方將士紛紛返鄉時，郊區化過程又如火如荼地展開。

亞瑟．雷維特與量產住宅

其中有一名退伍軍人是海軍工兵隊的中尉，名叫威廉．雷維特（William Levitt）。雷維特一九〇七年生於紐約，是英國出生的律師之子。他從紐約大學輟學，與弟弟亞瑟一起進入營建業。亞瑟成為一名設計家，而威廉則負責管理公司營運。一九三〇年代，他們一共蓋了兩千棟住房，絕大多數客戶都是住在長島的有錢人。之後，雷維特開始嘗試大量提供住房給中等收入的美國人，但初期的努力好壞參半。他在二戰前於維吉尼亞州諾佛克（Norfolk）興建的一千六百棟簡易住宅，到了一九五〇年都還沒賣完。

戰後，雷維特決心成為營建業的福特，他要大規模地生產廉價商品。他與父親、弟弟集資收購長島亨普斯特德（Hempstead）附近近二十平方英里的土地。當地的馬鈴薯農陡然而富，因為雷維特把土地價格從每英畝三百美元推升到三千美元。雷維特不想重蹈諾佛克的覆轍，因此他不走簡易住宅路線，而是興建高品質的產品，至少以當時的標準來說是如此。這些住宅擁有現代的設備與堅固的結構。他親自規畫了整個社區，讓這裡擁有公園、學校與許多綠色空間。

雖然他的成果——雷維特鎮（Levittown）——引起一些知識分子的批評，如《紐約客》（*New*

Yorker）的蒙佛德就曾經擺出倨傲的文人臉色，但城鎮的廉價與完善設施仍吸引民眾蜂擁而來。批評者的說法的確沒錯，他們認為這些連綿不絕的農場過於類似，許多建築物的風格過於單一，然而廉價住宅原本就不能與大師傑作相提並論。更重要的是，社會學家赫伯特．甘斯（Herbert Gans）在描述雷維特鎮的生活時提到，批評者是站在「觀光客的角度」發表評論，他們珍視的是「視覺的享受、文化的多元、娛樂、審美的愉悅、多樣性（其實指的是異國情調），以及情感上的刺激」。在雷維特鎮買房的居民，他們希望得到「舒適、便利與社交上令人滿意的生活——審美的愉悅固然重要，但更重要的是符合日常生活的需要」。建築專家的確比絕大多數購屋者更重視風格上的精巧繁複。然而，藝術鑑賞畢竟是專家的工作。對購屋者來說，除非他們很富有，否則他們重視的還是樓地板面積、基地大小、現代設備、好學區與通勤的便利性。

與福特一樣，雷維特在降低成本上無所不用其極。他拒絕與發起罷工的工會接觸，儘管如此，據說有一名罷工糾察員非常喜歡而且買了一棟雷維特的住宅。雷維特不雇用工會成員，所以他可以無視工會創造就業的規定，執意地使用最新的建築科技，例如噴漆。此外，他跳過仲介商，直接找製造商提供從木材到電視一切他需要的物品。雷維特成立了自己的釘子工廠。住宅的興建被分解成二十六道工序，分別外包給數十個承包商。直到今日，量產仍然是不斷成長的郊區新屋比舊市區定製房屋來得便宜的主要原因。藉由在某個地區快速興建數千棟住宅，雷維特得以在一九五〇年以低於八千美元的價格（相當於二〇〇九年的六萬五千美元以下）出售一棟舒適的現代住宅。

購買雷維特住宅的人，平均一年的所得大約是房價的一半，很少有人能一口氣拿出八千美元買下雷維特的新房。對此，聯邦政府提供了高額的購屋補助金。軍人復員法案（GI Bill）提供退伍軍人免頭期款的房屋貸款，而聯邦住房管理局（Federal Housing Administration）保證提供中等所得購屋者最高達百分之九十五的抵押貸款。在政府擔保貸款下，雷維特的購屋者只需支付四百美元就能買下一棟附有現代設備而四周充滿綠意的屋子。雷維特的農場住宅占地八百平方英尺，以今日的眼光來看實在太小而且古怪，但對當時成長於擁擠廉價公寓的紐約人來說，這樣的房子已如同豪宅。

聯邦住房政策與州際公路支出，原意並不是為了反對城市，但卻因此傷害了城市。公路計畫是為了便利全國交通，但補貼公路最終卻鼓勵民眾開車通勤。房貸利息的扣抵以及政府擔保的抵押貸款，鼓勵了民眾購屋，這些優惠措施是為了修正失靈的房貸市場，讓民眾能在自己的國家置產。而最大的公共購屋補助計畫是以房貸利息來抵稅，這項規定一開始並不是房屋政策的一環，而是利息費用抵稅一般規定的附帶結果——這可說是所得稅法中的一項偶然規定，但最終卻對我們的生活方式造成巨大影響。補助民眾購買大房子，使民眾搬離城市。聯邦住房管理局的貸款幾乎全撥給了郊區的中產階級居民，或許是因為官員認為這個地區還款能力較佳，也或許是因為這個地區興建的全是新屋。政府為了慰勞退伍軍人，希望讓他們取得較大的住房，但較大的住房多半位於郊區。屋主自住的房子清一色是獨棟住房，而這些房子大部分位於市郊。當公共政策企圖提升住房自有率時，卻在無意間促使民眾離開城市。

一九四〇年代，當雷維特鎮落成時，大眾運輸工具對當地民眾來說仍相當重要。雷維特鎮有一座火車站，許多鎮民搭火車到曼哈頓上班。但與一些人口稠密的舊市區（如巴塞隆納的厄香普勒）相比，美國郊區越來越仰賴汽車。在雷維特鎮，居民到火車站或是在鎮上辦事還是需要開車。此外，早期居民有許多人至今仍採取共乘的方式通勤，當然，會採取這種做法的人通常是較不富裕的人。雷維特鎮混合了兩種做法：在鎮上行動時是自己開車，但前往遠地時則是搭火車。

以汽車為中心來重塑美國

之後，許多大型市郊社區計畫也遵循雷維特鎮的模式，逐漸放棄大眾運輸工具的連結。在不斷成長的「陽光地帶」蔓延地區，商業是散布在一整片地帶上，而非集中在某個單一鬧區。美國九十八個大都會地區，當中超過一半以上的工作散布在離市中心十英里以上的地區。民眾購物會開車到購物中心，而非到傳統的鬧區。廉價的卡車與公路使公司不再受制於港口、火車站與大湖系統的束縛。

開始於華盛頓廣場與厄香普勒的城市蔓延，其最新的發展是建立了以汽車為主的郊區，這些社區擁有與舊市區完全不同的風貌。先前的運輸創新仍需要步行。你必須從公車站或火車站步行上班或回家。步行的交通模式使舊社區人口維持稠密。但汽車改變了這一切。汽車去除了步行的需要，並大幅增加了人們散布的土地面積。結果，密度與車輛產生了極為強烈的反向關係——許多城市的統計數據顯示，當密度增加一倍時，開車上班的人口數減少了百分之六點六。

汽車也比公車、高架鐵路或步行需要更多空間。九平方英尺的道路空間對於一名行走在第五大道的人來說已經綽綽有餘，繁忙的時候，行人的空間還可以更小。本田雅哥（Accord）是一部大小適中的小客車，車體本身大約需要一百平方英尺。[3]如果這部車的周圍還需要兩英尺的空間，前方還需要幾輛車身的距離，則當它行駛在公路上時，它占用的空間可以輕易達到三、四百平方英尺。從步行轉變成開車，使需要的空間增加了四十倍，這說明了為什麼在以汽車為主的城市裡必須將如此大量的土地用來鋪設公路。

汽車只有在奔馳在馬路上時才不會占用空間。汽車靜止不動時也需要空間。典型的停車位通常在一百二十平方英尺以上——相當於標準的辦公隔間大小。[4]因此開車上班，其實等於是讓需要的工作空間增加一倍。在稠密的舊市區，這樣的空間需要蓋一棟用來停車的結構物，而每個停車位的建築成本將在五萬美元以上。

汽車與人口稠密的舊市區格格不入，因此促成廣大低密度生活空間的產生。有時這些空間位於舊市區邊緣，有時則成為一座位於「陽光地帶」的獨立城市。以汽車為中心而大量創造的空間，其變化之大，即使拿十九世紀末的轉變（摩天大樓越蓋越高，而擁有路面電車的郊區也開始出現）與其相比，也是小巫見大巫。

有人認為，美國的城市蔓延是英國文化影響下的產物，因此特別強調獨棟住宅與後院。然而，我們有明顯的理由解釋為什麼歐洲比美國更城市化。許多歐洲城市擁有悠久的歷史，享受數世紀以來眾多天才留下的建築結晶。在巴黎市中心生活，與在美國許多城市的市中心生活，兩者截然不同。歐洲政府透過高燃料稅與較少的公路經費支出來減緩汽車增加的速度。過去三十年來，法國的燃料稅一直是美國平均燃料稅的八倍以上。一九九〇年代中期，美國每加侖汽油的平均價格接近一美元，而義大利或法國每加侖汽油平均價格接近五美元。

卡恩與我比較了世界七十座城市，發現當國家提高燃料稅時，城市發展的密度會增加四成以上。而汽車數量也一如預期減少。在高燃料稅之下，如果歐洲人變得比較富有，他們也會跟美國人一樣選擇自己開車。今日，法國有百分之八十四的旅客運輸透過汽車。在義大利，每十人大約有六輛車；法國與德國的比較數字是五輛與五點六六輛。美國仍然擁有較多車輛——每十名美國人就有七點七六輛——但差距已大幅縮減。

隨著歐洲自用小客車數量增加，歐洲人也開始移往郊外。文化並非城市蔓延的根源，汽車才是。歐洲環境署（European Environment Agency）一份報告指出，從一九五〇年代以來，像維也納、馬賽、布魯塞爾與哥本哈根這些城市的新建案都發生在「低密度住宅區」。義大利擁有最令人尊崇的城市文化。許多觀光客對壯觀的主教座堂廣場與鄰近的維托里歐．埃瑪努艾爾商店街留下深刻的記憶。但正如底特律與聖路易斯，米蘭市中心也損失了數十萬人，其中有許多人搬到密集使用汽車的郊區。致力保存萊比錫的人也對抗著當地郊區化的巨大浪潮。

只要民眾能停止喜愛開車，對舊城市將大有助益，然而這是不可能的事。對已開發國家的個人通勤者來說，自己開車可以節省很多時間。如導論提到的，二〇〇六年，美國的汽車通勤時間平均是二十四分鐘；搭乘大眾運輸系統平均花費四十八分鐘。大眾運輸的問題在於，其所花費的時間包括前往公車站或地鐵站，等待公車或班車，以及下車後前往最終目的地的時間。這個獨立於旅行距離的時間成本，以公車與地鐵來說平均約二十分鐘。大眾運輸通勤者甚至在搭上公車前所花的時間，就足以讓許多開車通勤者完成整個旅程。

有些城市學者希望提高油價可以終止以汽車為主的生活，當然，高油價使人們更願意集中居住。但遺憾的是，對城市來說，精心設計的汽車仍對郊區有利。如果目前的油價增加到原來的兩倍，一年里程數兩萬五千英里的家庭支付的油價將增加三千美元。但家庭可以透過換車，例如換成豐田的油電混合車Prius，來克服增加的油價成本。由於郊區基礎建設已經做了相當巨大的投資，因此我認為美國人即使面對油價高漲，也不會放棄開車。高油價比較可能減緩的是開發中世界的城市蔓延，因為當地的基礎建設尚未就緒，而窮困民眾對於增加的成本反應較為敏感。

舊城市不可能靠著高油價或指望人們有一天突然不喜歡開車來吸引更多美國人回到鬧區，但它們可以加快城市居民移動的速度，使城市生活變得更吸引人。城市的公車通勤可以加以改善，例如倫敦與新加坡的做法，它們徵收堵車稅來減少城市街道的車輛。更重要的是，嶄新而密集的高層住宅可以讓民眾的通勤時間縮短到二十四分鐘之內：步行十五分鐘。在許多城市，例如紐約，曾經貧窮的社區，如翠貝卡（Tribeca）[5]，可以讓人快速以步行的方式前往商務中心區。這些蕭條的社區由於逐漸增加的時間價值而起死回生，同樣的時間價值在過去使人們放棄大眾運輸而選擇自行開車。城市可以與郊區競爭，但需要全新與大幅度的變革，以提供便宜的住房與便捷的通勤方式。然而今日，最有創意的發展全集中在郊區。

歡迎來到伍德蘭

今日，城市要競爭的已不再是雷維特家族建立的相對簡樸的市郊社區，而是在「陽光地帶」出現的更具吸引力的獨立郊區，這裡的價格便宜而且擁有舒適的空間與設施。在休士頓北方約三十英里處，有一塊占地兩萬八千英畝的林地，這裡是伍德蘭社區（Woodlands），住著九萬兩千名以上的居民。今日的雷維特鎮每英畝有四戶人家，是德州這處郊區家戶密度的三倍以上。伍德蘭的土地大約有百分之二十八規畫成公園用地與其他的綠色保護區。

伍德蘭是天然氣鉅子喬治．菲迪雅斯．米契爾（George Phydias Mitchell）創建的社區，他與雷維特一樣是移民之子。米契爾的父親——他的希臘姓名是薩瓦斯．帕拉斯克沃波洛斯（Savvas Paraskevopoulos）——從希臘一處多山的地區來到美國從事鋪設鐵軌的工作。最後，他在德州蓋爾維斯頓（Galveston）落腳，開始經營擦鞋與乾洗的生意。他的兒子喬治在成長過程中以抓魚維生，他將自己抓來的魚賣給休士頓觀光客，讓觀光客混充是自己抓來的魚，自豪地對外展示。喬治在德州農工大學（Texas A&M）攻讀地質系與石油工程系。他以第一名的成績畢業，然後在二次大戰期間服役於陸軍工兵部隊。戰後，他開始四處開採天然氣，天然氣在當時有很大的需求，因為許多城市訂定法規，禁止民宅燃燒煤炭取暖與烹飪。反對該法的人士認為，禁止使用煤炭的成本過於巨大，但他們低估了人類的創造力。米契爾是天然氣產業的領導者，該產業提供美國城市的能源遠比煤或石油來得環保。

因此，也許我們毋需訝異米契爾在某種意義上居然也算是一名環保分子。他曾針對汙染德州含水層一事做出令人作嘔的申辯，此外，他努力營造出一種綠色能源人士的形象，這種形象與他在德州到處開採天然氣的行為格格不入。一九六〇年代，米契爾決定多角化經營，開始投資房地產，並且計畫在休士頓北方三十英里的一處森林建立一座巨大城市。要憑空創造廣大的新社區需要雄厚的財力，米契爾因此必須借貸數百萬元來投入他的賭注。住房與城市發展部（Department of Housing and Urban Development）給予伍德蘭五千萬美元的貸款。但這項貸款是有條件的，那就是必須考慮環境敏感度的需求。

米契爾於是聘請伊安・麥克哈格（Ian McHarg）——一名在費城開業的格拉斯哥人——擔任他的環境顧問，吩咐他說：「我將這項計畫取名為伍德蘭，所以當我們完工時，當地最好能有一些林地。」麥克哈格的《道法自然》（*Design with Nature*）討論城市計畫，強調一個地區的自然生態，而米契爾正是因為他的作品而萌生環保意識。兩人合作建立了伍德蘭。伍德蘭社區成長得很緩慢。直到一九九四年為止，這個社區甚至沒有自己的購物中心，而購物中心是郊區發展必不可少的設施。但隨著休士頓開始擴展，伍德蘭也出現爆炸性的成長。一九九〇年代，它的人口增加到原來的兩倍以上，而在二〇〇〇年到二〇〇八年，人口成長超過四成。

伍德蘭的成年人口有一半以上有大學學歷，家戶的中位所得超過十萬美元。以居民所得水準來看，他們花在住房的金額非常少。人口普查局的數據顯示，伍德蘭的平均房地產價值大約是二十萬美元，當然這個數字有可能再高一點。我曾在當地參加一個家庭主辦的宴會，占地三千平方英尺，令人印象深刻，而且那棟房子價格還不到三十萬美元。

伍德蘭的管理最令人感興趣的以及近似於城市的面向是它對社會資本的重視。伍德蘭之所以能成功，主要是因為它不是一群彼此孤立的個人的集合體；它的社會基礎設施目的是為了培養人際關係。一九七五年，米契爾請來一名從華頓商學院（Wharton Business School）畢業的路德派牧師，由他負責主持伍德蘭宗教社區現在稱為「信仰之間」（Interfaith）的團體，並且「在新市鎮規畫宗教社群與服務所有人群」。這名牧師買了一臺速克達，跟在移動的貨車後面，新居民一抵達，他馬上找他們來聚會。「信仰之間」確保伍德蘭社區能提供適當的空間來從事社會活動，尤其是宗教活動。「信仰之間」也致力於傳遞正面積極的訊息，避免一切宗教引發的仇恨。在九一一恐怖攻擊事件之後，「信仰之間」甚至設法找來猶太教的拉比為巴勒斯坦人祈禱，以及伊斯蘭教的領袖為猶太人祈福。

伍德蘭有將近半數家庭育有未成年子女，因此也特別重視學校。這裡有兩所評價很高的傳統公立高中與一所科技大學。此外還有四所私立高中，其中兩所是教會學校，兩所是一般中學。伍德蘭社區深知當地居民多半受過良好教育而且關心子女的教育。直到最近，大城市才顯示出同等程度的關切，開始跟伍德蘭一樣提供高教育品質的學校以吸引教育程度較高的居民。

顯然，伍德蘭的居民也很關心高爾夫球，因為這裡設置了七座高爾夫球場。伍德蘭也為休士頓交響樂團準備了避暑住處，此外還有巨大而耀眼的購物中心與一百五十家以上的餐廳。開發商甚至開闢了行人徒步區，讓民眾到這裡散步逛街，不過德州的氣候並不適合散步，因此絕大多數人還是選擇到購物中心。當然，民眾多半還是開車到購物中心或行人徒步商業區。雖然有巴士來往行駛於伍德蘭與休士頓，但使用這些服務的通勤者卻不到伍德蘭人口的百分之三。米契爾與麥克哈格的環境主義產生巨大的諷刺：他們想建立一個環保的社區，既擁有大量樹林，住房又能有效率地運用能源，但這些住戶卻經常自己開車，結果抵銷了泰半的環境益處。除此之外——我將在下一章討論這個問題——德州的氣候炎熱潮濕，因此為了讓住家與餐廳降溫，將不可避免地產生大量的碳足跡。[6]

伍德蘭離休士頓的高樓鬧區約三十英里，你也許認為社區居民要面臨可觀的通勤時間。根據電子地圖MapQuest的測定，從伍德蘭到休士頓需要三十七分鐘的車程，而這還是最樂觀的估計，亦即，這是交通順暢時所需的時間，而非正常狀況的交通尖峰時間。然而根據人口普查局二〇〇六年到二〇〇八年的調查顯示，伍德蘭居民平均通勤時間是二十八點五分鐘，因為有很多民眾不用到休士頓工作。伍德蘭管理部門指出，伍德蘭居民有三分之一是在當地工作。社區擁有自己的研究園區，園內矗立著好幾棟能源公司的辦公大樓。如果公司持續固定在市中心，那麼郊區化將因為長途通勤而受到限制，但美國的公路卻使公司和家庭一樣移往郊區。休士頓有百分之五十六的工作離市中心有十英里以上的距離。公司行號朝休士頓北郊擁有大量潛在雇員的地區移動，這是相當自然的事。

伍德蘭社區管理部門表示，當地有許多居民也通勤於機場與社區之間，車程只需要十五分鐘。許多市郊社區是環繞著機場（例如芝加哥的歐黑爾機場）周邊發展起來的。這種模式與早期人們與公司聚居於碼頭與火車站周圍並無不同。

大概只有最死忠的城市學者才不願承認伍德蘭是個吸引人的地方。它已經贏得無數獎項，而且吸引許多居民。這個社區提供高品質的建築、舒適的設施與遠低於紐約郊區或加州海濱的價格。伍德蘭的成功有助於解釋為什麼有這麼多人要搬到休士頓與類似休士頓的地區。

人們的喜好：為什麼有一百萬人搬到休士頓？

休士頓易令人產生強烈的情感。主要是德州人，也是休士頓支持者特別喜歡這個地方。許多濱海與歐洲城市學者認為休士頓是撒旦在世間的住所。反德州人士則厭惡這裡的政治、車子、天氣、文化或宣稱這裡缺乏文化、狩獵、石油產業，以及在這座美國第四大城發生的一切事物。顯然，這些人根本不該搬來休士頓。

但是根據人口普查局的統計，從二〇〇〇年以來，已有超過一百萬人湧入休士頓。休士頓與其他「陽光地帶」城市，如亞特蘭大、達拉斯與鳳凰城，以及美國其他成長最快速的大都會地區有許多共通點。如果舊城市的支持者想實際幫助自己的城市，就應該試著了解而非批評休士頓。

有什麼東西是休士頓能給予它的數百萬居民，而舊城市如紐約或底特律卻做不到的？休士頓勝過「鐵鏽地帶」的地方，主要是它的薪資。位於底特律周邊地區的密西根州韋恩郡，二〇〇八年家戶中位所得是一年五萬三千美元；但位於休士頓周邊地區的德州哈里斯郡（Harris County）卻是六萬美元。二〇一〇年六月，德州的失業率是百分之八點二；密西根州是十三點二。「鐵鏽地帶」想更有效地與德州競爭，必須想辦法振興經濟才行。從跨城市統計數據可以看出，這主要與技術累積有關。

紐約的教育程度與薪資都比休士頓高，但休士頓吸引的人口卻遠多於紐約。休士頓能從舊金山或紐約吸引民眾前來，靠的不是經濟或氣候遠優於這些城市。畢竟休士頓每年平均有九十八天氣溫在華氏九十度（約攝氏三十二度）以上。然而撇開炎熱的夏日不論，休士頓的生活方式對中產階級來說是比較能負擔而且充滿了吸引力。

我們很難想像有哪個地方比紐約更有資格做為世界的主人。曼哈頓不僅是致富的好地方，也是揮霍財富的好去處。有了足夠的現金，你可以住在俯瞰中央公園的寬敞高樓中，可以到巴尼斯精品百貨（Barney's）購物，可以到米其林三星餐廳 Le Bernardin 用餐，可以把孩子送進世界最好的私立學校。對窮人來說，紐約也是非常好的住處，移民可以擠進外圍市區的小公寓裡。大眾運輸使他們不需要購買汽車。紐約有合理的社會服務，也提供許多基本的服務部門工作，其所支付的薪資遠比迦納或瓜地馬拉好得多。

但如果你不是高盛（Goldman Sachs）的合夥人，也不是貧窮的移民呢？如果你屬於美國的中等之家，育有兩名子女，你的技術足以在美國的所得分配中排在中間位置，而你渴望過中產階級生活，你該怎麼做？對一個中等所得的家庭來說，要在紐約與休士頓之間做選擇，必須思考許多經濟現實，我們接下來即將對此進行討論分析。

二〇〇六年，平均每個美國家庭一年可賺約六萬美元。通常夫妻都必須工作，不過其中一名配偶可能只是兼職。絕大多數中等所得民眾的工作屬於服務部門，他們可能擔任護士或業務代表或店長。根據二〇〇〇年的普查資料，休士頓已登記的護士年收入四萬美元，而紐約護士是五萬美元。休士頓零售經理平均是兩萬七千八百美元，紐約是兩萬八千美元。非知識密集產業的員工無法取得像曼哈頓的金融家與出版業者一樣豐厚的經濟報酬。為了反映紐約的高所得，我將假定休士頓的中等所得家庭年收入是六萬美元，而紐約是七萬美元。

這些所得可以分別在兩個地區買到什麼樣的房子呢？根據美國普查資料，二〇〇七年，休士頓屋主自住的房子平均價值約十二萬美元。休士頓居民在評估自己的房子價格時，有四分之三以上不到二十萬美元。全美房地產經紀人協會（National Association of Realtors）指出，二〇〇九年第三季休士頓房地產出售的中位價格是十六萬一千美元。二〇〇七年春，我在網路上搜尋購屋情報，發現休士頓有許多房子售價不到二十萬美元，而且相對新穎，至少擁有四房。有些房子的生活空間超過三千平方英尺，還有一些附有游泳池。有些房子位於擁有門禁的社區裡，而且幾乎所有的房子都擁有相當宜人的環境。

我人生的前三十七年幾乎是在東岸度過，我住的房子要比用十六萬美元在休士頓買到的房子來得窘迫寒酸，但價格卻是休士頓的數倍。當我為我在麻州劍橋的第一棟房子投保時，我的經紀人是一名德州人，他嘲弄當中的荒謬，表示他無法理解為什麼我要花這麼一大筆錢買這麼一棟平凡無奇的房子。當我賣掉這棟房子時，《波士頓》雜誌還刊出這棟房子的照片，說明現在就連這麼一棟普通的房子都能賣出天價。二〇〇六年，普查的資料顯示，洛杉磯的平均房價是六十一萬四千美元，而紐約市則是四十九萬六千美元。

紐約的平均房價對於年收入七萬美元的家庭來說是遙不可及的。除非這個家庭抽中住房樂透，獲得住房補助，否則要在曼哈頓買房絕無可能。不過，他們倒可以選擇在紐約市斯德騰島區（Staten Island）購買擁有三房兩衛且環境宜人的房子，價格大約是三十四萬美元。又如紐布萊頓（New Brighton）——《上班女郎》（*Working Girl*）中梅拉妮．葛利菲斯（Melanie Griffith）飾演的泰絲．麥克吉爾（Tess McGill）的故鄉——提供的一些老房子，價格也在三十七萬五千美元上下。這些房子或許沒有休士頓的新房舒適，但至少提供了三千平方英尺的生活空間。或者，中等所得的家庭也可考慮在紐約皇后區（Queens）購買兩到三房的公寓，例如霍華德灘（Howard Beach）或法爾洛克維（Far Rockaway）。

想買房的家庭若能籌措出三萬五千美元的頭期款，那麼每年基本的房屋成本，包括利息支付在紐約將是兩萬四千美元左右（就一棟三十四萬美元的房子來說），在休士頓將是九千七百美元左右（就一棟十六萬美元的房子來說）。[7]你在休士頓可以買下更大的房子，而付的價錢卻更少。如果比較休士頓與加州濱海地區，那麼落差將會更大。因此，便宜的房價最能說明休士頓為什麼對許多中等所得的美國人這麼具有吸引力。

德州的一八七六年州憲——在重建時期，把揚棄大政府的觀念寫進州憲之中——在州政府課徵所得稅上施加了各種限制。結果使得德州的州府與市府均無所得稅。休士頓居民必須繳納財產稅，一棟價值十六萬美元的房子，財產稅大約是四千八百美元。在紐約市，相同的家庭必須繳納地方財產稅，大約是三千四百美元，另外再加上州府與市府所得稅約三千四百美元。因此，州與地方稅的差距使得在紐約生活比在德州生活多了兩千美元的負擔。這些稅捐差異是真實的，但對中等所得的美國人來說，房屋成本更重要。在繳納了房屋稅與聯邦和地方稅之後，休士頓的家庭還剩三萬七千美元。紐約的家庭從最初的比休士頓家庭多了一萬美元所得，到最後只剩下三萬美元左右。

德州每個成年人都必須有一輛車，否則將寸步難行。平均而言，美國家庭一年賺六萬美元，其中有八千五百美元花在交通運輸上。這筆錢幾乎已經可以在德州買兩輛相對便宜的車子，連同油料與保險費用。紐約人為了省錢可以不買車，但斯德騰島區或皇后區外圍的居民則希望開車購買日常用品與載孩子出遊，即使他們平常是搭乘大眾運輸工具通勤。紐約人每年可能至少比德州人少花三千美元在交通運輸上。

紐約人在開車上花費較少，但時間的損失卻抵銷了這項財務利益。根據最近的普查資料（二〇〇八年）顯示，休士頓人平均通勤時間是二十六點四分鐘。在皇后區，平均通勤時間是四十二點七分鐘。在斯德騰島區，平均通勤時間是四十二點一分鐘，而通勤的過程有點像是各種型態的馬拉松。首先，你必須從家裡出發去搭渡輪，方式可能是步行或搭公車。渡輪本身只需二十五分鐘，但之後你必須另想辦法前往位於曼哈頓的最終目的地。通勤到華爾街可能只需四十五分鐘；到中城則再怎麼快都會超過一小時。總計起來，每名在曼哈頓工作的成年人每年必須額外花上一百二十五到二百五十小時搭乘大眾運輸工具通勤。這種時間損失相當於花了三到七個星期的工時在旅行上面。

大眾運輸的愛好者認為，搭乘大眾運輸工具比自己開車有趣多了。這種說法有時沒錯，但擁擠的曼哈頓地鐵與其說是天堂，不如說更像地獄。自己開車時，駕駛人可以控制車內溫度，而且少了地鐵的背景噪音，他可以聆聽索爾．貝婁（Saul Bellow）或布魯斯．斯普林斯廷（Bruce Springsteen）的ＣＤ。在研究通勤者的喜好之後得知，與自己開車相比，民眾更不喜歡把時間花在大眾運輸上。

扣除了汽車、房屋與稅捐支出之後，德州人剩下兩萬八千五百美元，而紐約人剩下兩萬四千五百美元，但接下來休士頓在金錢支出上還有其他優勢。美國商會研究協會針對全美各地編製地方價格指數，其中包括休士頓與皇后區，但未涵蓋斯德騰島區。根據商會研究協會的統計，除住房外，最大的價格差異是日常用品，皇后區大約比休士頓貴了五成。丁骨牛排在皇后區貴了三美元；雞肉在紐約貴了五成。在對這些價格進行修正之後，皇后區居民在稅捐、房價與交通運輸支出之後的實質所得，大約略少於一萬九千七百五十美元。休士頓居民一開始比皇后區居民少賺一萬美元，但最後的實質所得卻是三萬一千兩百五十美元。以實質所得來看，休士頓家庭比皇后區家庭多了百分之五十八。

公共服務如教育的情況又如何呢？對休士頓與斯德騰島區的家庭來說，一般公立學校的差異不大。如果紐約家庭的子女進入該市的超級明星公立學校（如史岱文森）就讀，他們可以免費得到優良的教育。然而，即使自己的孩子不夠聰明，休士頓居民仍可以選擇多付一點學費進入稍微昂貴一點的學區，例如斯普林布蘭奇（Spring Branch），二〇〇八年，該區的大學入學能力測驗（ＳＡＴ）平均是一千零五十八分，已經高於紐約許多郊區。紐約人可以搬到郊區以進入更好的學校，但價格與通勤成本將遠高於在斯普林布蘭奇買一棟價值二十二萬五千美元的體面住宅。

總之，休士頓居民安穩地過著中產階級的生活，他們的荷包滿滿，可以盡情享用Pappasito's餐廳一流的德州風墨西哥菜，並且到休士頓廣場購物。他們可以選擇好學校，而且有相對快速而舒適的通勤方式。斯德騰島區與皇后區的家庭要非常努力地維持收支平衡，對他們而言，生活是一場持續不斷的鬥爭。因此，對數百萬美國人來說，搬到休士頓在經濟上是再合理不過的事。如果美國濱海昂貴的城市想與德州一較高下，它們必須想辦法讓一般民眾能更容易生活。對中等所得的民眾來說，德州最大的經濟優點不是低稅率或高所得，而是便宜的房價。

為什麼「陽光地帶」的住房如此便宜？

為什麼休士頓、亞特蘭大、達拉斯與鳳凰城的房價比美國濱海城市便宜許多？在短期非理性的飆漲之後，房價幾乎高得遙不可及。二〇〇二年到二〇〇六年，拉斯維加斯的房價不尋常地漲了一倍，而後又遭遇同樣劇烈的價格崩跌現象，這些已超越經濟學家的理解範圍。不過從長期的角度來看，房價一般還是符合傳統經濟學的法則。這些法則也許會短暫扭曲，如拉斯維加斯，但隨後又會猛烈地回復原狀。

價格反映需求與供給的交互作用。對住房或其他商品來說，只有在需求龐大而供給有限的情況下，價格才會攀高。價格偏低的原因，要不是因為需求疲弱，就是因為供給龐大。人類對水的需求是龐大的，但每一杯水的價格趨近於零，因為水的供給十分豐富。我完成的小熊素描雖然讓我的孩子愛不釋手，但絕對不可能賣到高價，無論它的供給多麼寡少。低劣的品質造成低需求與低價。

特定都會地區的住房需求反映當地可以賺得的薪資與當地可提供的樂趣。都會價格的變動幾乎有三分之二可以透過人均所得與兩項氣溫變數來加以解釋。平均而言，如果一個地區的家庭所得提高百分之一，其住房價格將增加百分之一點三五。如果一個地區的一月均溫提高華氏五度，房價就會增加百分之三。一九八〇年到二〇〇〇年，都會地區所得每增加一美元，房價就增加一點二美元。

在美國濱海的高房價地區，需求十分強勁，因為這裡擁有高所得與第五章曾討論過的各項生活樂趣。加州的聖塔克拉拉郡與矽谷有著舒適的地中海型氣候，而當地所得比美國平均所得高了六成。因此民眾願意花更多的錢在當地生活並不令人意外。[8] 二〇〇五年到二〇〇七年，聖塔克拉拉郡的平均房價接近八十萬美元，是美國平均房價的四倍以上。之後，價格開始下跌，但根據最近的銷售資料顯示，在二〇〇九年第二季，涵蓋聖塔克拉拉郡的聖荷西都會區仍是美國本土最昂貴的地區。

然而，聖塔克拉拉郡的高房價反映的不只是好天氣與高所得。從二〇〇一年到二〇〇八年這八年期間，聖塔克拉拉郡只批准興建一萬六千棟新獨棟住房，或者說，每五十英畝土地只能興建一棟新房。儘管需求熱絡，這個地區的獨棟住房數量增加卻不到百分之五，甚至不及相同期間美國平均興建住房率的三分之一。標準住房統計顯示，如果過去八年來矽谷能興建二十萬棟住房，則儘管這裡有著好天氣與高所得，房價仍將降低四成左右。[9]

與此相反，從二〇〇一年到二〇〇八年，涵蓋休士頓的德州哈里斯郡批准興建二十萬棟以上的住房，或者說，幾乎每五英畝就允許興建一棟新房。這種龐大的住房供給有助於解釋為什麼休士頓的房價如此便宜。當然，休士頓的住房永遠不可能像矽谷那麼昂貴，只要想想加州的高所得與宜人夏日就可了解。但休士頓的經濟比「鐵鏽地帶」的經濟好得多，許多美國人寧可接受炎熱潮濕的氣候也不願忍受中西部的嚴寒。許多人想住在休士頓，但因為住房容易取得的緣故，房價仍然可以維持低廉。

不是每個低房價地區都能透過大量興建住房而維持低房價。經濟崩潰與寒冷天氣，這兩項因素結合起來限制了底特律的住房需求，而這正是當地房價偏低的原因。底特律平均家庭所得比美國基準低了百分之四十八，平均住房價值九萬美元，是美國平均的一半。底特律寒凍的冬日甚至使城市房價遠低於該區所得可以支持的價格。事實上，底特律的房價已經低於新房的建築成本，因而使得當地持續缺乏私人開發計畫，結果造成人口的不斷外流。當房價不足以支持新建案時，就不會出現新住房與新遷入的人口。像底特律這樣的城市，我們可以認定房價偏低是因為缺乏需求，因為該市幾乎沒有任何新的建案。在休士頓這樣的城市，我們可以認定房價偏低是因為供給豐富，而不是缺乏需求，因為該市有著數量龐大的新建案。

大量住房不僅能壓低房價，還能避免價格波動，例如最近震撼美國經濟的房價崩跌就是一例。從二〇〇二年五月到二〇〇六年五月，是這場經濟泡沫的高峰期，根據凱斯席勒（Case-Shiller）房價指數顯示——該指數涵蓋全美二十大都會區，而且追蹤同一棟房屋反覆買賣的情況，試圖剔除房屋品質變化對價格的影響——全美房屋價格在這段期間上漲了百分之六十四。這份資料不包括休士頓，但涵蓋了達拉斯，後者的房屋市場與休士頓頗為類似。達拉斯在過去四年景氣期間房價只上漲了百分之八，甚至比通膨還低。泡沫達到巔峰後過了三年，全美各地房價平均下跌百分之三十二，但達拉斯只下跌百分之五點五。當全美房價普遍崩跌之時，全美房地產經紀人協會的資料卻顯示休士頓的房價一直維持驚人的穩定狀態。二〇〇七年，休士頓的平均房屋銷售價格是十五萬兩千五百美元，二〇〇八年是十五萬一千六百美元，二〇〇九年則是十五萬三千一百美元。

房屋的興建數量與不斷變動的需求有關，然而儘管世界房市出現極端的波動，休士頓房價卻維持平穩。二〇〇六年，在景氣巔峰的時刻，哈里斯郡允許興建三萬棟以上的新屋，而這樣的住房供給有助於壓低房價。到了二〇〇八年，住房興建減少了一半，而興建數量的減少也緩和房價的跌勢。

彈性住房供給通常可以限制價格泡沫。平均而言，從一九九六年到二〇〇六年，在美國二十六座興建住房較為困難的城市，不動產價格上漲了百分之九十四，相反地，在二十八座對住房供給設限最少的城市，房價只上漲了百分之二十八。在一九八〇年代的景氣時期，供給受限的地區，不動產價格上漲了百分之二十九，而在供給有彈性的地區只上漲了百分之三。彈性住房供給並非對抗瘋狂購屋者的萬靈丹；拉斯維加斯與鳳凰城幾乎未對住房興建設下任何障礙，但這兩座城市卻遭遇極嚴重而痛苦的價格波動。儘管如此，彈性供給確實能降低波動發生的機率。

德州建商可以供給這麼多嶄新而廉價的住房，因為在休士頓興建一棟標準住房的物料成本大約是每平方英尺七十五美元。因此，德州（或任何一處擁有廣闊土地的地方）的房價有什麼理由比建築成本高出一大截？德州與加州的面積廣大，就算「全世界的人」都住在這兩個州，每個人還是能分到一千六百平方英尺以上的土地。美國的領土廣闊，意謂著全美各地的房價一般來說不會超過建築成本的百分之二十五。

然而在美國絕大多數濱海地區，房價比建築成本高出許多。洛杉磯的建築成本比休士頓高了百分之二十五，但房價卻是休士頓的百分之三百五十以上。要比較休士頓與曼哈頓更為困難，因為高樓建築比一般建築昂貴許多。然而近年來，曼哈頓的新公寓價格卻是高樓建築成本的兩倍以上。因此除了建築成本之外，應該還有其他要素推升了美國濱海城市的價格。

美國濱海城市的高房價，最直接的解釋是土地稀少而昂貴。曼哈頓的土地顯然不多，因此當地建築物通常是高樓大廈。但增加樓層並不需要增加土地，所以土地缺乏無法解釋曼哈頓房價何以比增建樓層的成本高出許多。此外，在昂貴的郊區，如聖塔克拉拉郡與紐約州的威斯特切斯特郡，實際上每個家戶擁有的土地超過了休士頓。在德州哈里斯郡，平均每英畝住了三・六人。威斯特切斯特郡與聖塔克拉拉郡則分別是三點四四人與兩人。這些地方有廣闊的土地，只不過這些土地無法拿來興建房子。

土地並非一成不變。平坦的土地易於建築，山區則困難重重。華頓商學院經濟學家艾伯特・賽茲（Albert Saiz）從研究各地的地形中發現，建築的天然障礙，包括山脈與河流，有助於解釋各都會區在住房供給上的差異。休士頓是一片平地，威斯特切斯特郡絕大部分地區也是如此，但矽谷則是高低起伏。然而，即使聖塔克拉拉郡有六成土地是無法建築的山區，剩餘土地每英畝仍只居住了五個人與兩棟房子，這幾乎談不上擁擠。

聖塔克拉拉郡與美國濱海地區存在著土地短缺的問題，但這其實是法律而非自然造成的。我曾與布萊斯・沃德（Bryce Ward）以及珍妮・舒茲（Jenny Schuetz）一起合作衡量土地使用法規對整個大波士頓地區造成的效應。在當地的一百八十七座城鎮中，絕大多數城鎮規定房屋平均最小基地面積要大於三分之一英畝。而這些地方絕大多數也規定，民眾最多可以從個人的土地撥出百分之十來興建多戶住宅。

過去三十年來，麻州城鎮訂定越來越嚴格的法律來防止新建案與土地的再分割。某市府當局還規定凡是有「大水塘」的地方都不准蓋東西。保護濕地固然重要，但推展到如此極端的地步，只會讓環境主義淪為鄰避主義，演變成一味反對在鄰近自己家園的地方推出任何新建案。

麻州越是施行更多的土地使用限制，新建案就越少。每一次新訂定的法律都提到必須減少百分之十的建地面積。從一九八〇年到二〇〇二年，各地區的最小基地面積每增加一萬平方英尺或四分之一英畝，可建造面積就減少百分之十。這並不令人驚訝。土地數量是固定的。如果某一棟房子蓋得比較大，那麼其他的房子就必須蓋得比較小，而且價格變貴。最小基地面積每增加一萬平方英尺，房價就增加百分之四。加州的成長管制也採取類似的做法，在減少新建案之後，房價也隨之推升。事實上，同樣的模式可以適用於全美各地。在美國昂貴的濱海地區，住房供給受限不是因為土地短缺，而是因為公共政策使建案難以推行。

與此相反，休士頓總是支持發展。這座城市是由兩名來自紐約州北部的不動產開發商建立的，他們承諾讓來此追尋未來的移民們能獲得乾淨飲水與沁涼海風。往後一百五十年，在休士頓商會領導下，當地的商業利益促使休士頓發展成一個城市巨人。更重要的是，城市的領導人致力去除一切新建設的障礙。在所有美國城市中，休士頓最獨特的地方是它沒有土地使用分區法規。休士頓的開發商比其他城市的開發商更能成功主張限制開發將使底層民眾無法負擔城市的房價。這種主張顯然帶有利己的成分，但卻正確無誤。休士頓毫無限制的成長機器在提供一般人負擔得起的住宅上，成果遠優於美國東西岸所有進步派改革者的提案。

一九二〇年代初，紐約也是建商的天堂，當時紐約的房價一般人也能負擔得起。到了戰後，紐約開始限制開發，並且試圖以房租管制與公共住房來取代民間住房供給。結果像歐洲一樣，這項策略徹底失敗。想大規模提供廉價住房，唯一的方法就是鬆綁，讓開發商自由行動。

雷維特鎮、伍德蘭與其他數百件開發案之所以價格低廉，是因為它們採取大規模方式興建。量產使每個人買得起衣物與汽車；對房市也有相同效果。紐約與舊金山宣稱要為窮人提供廉價住房，實際上這兩座城市的房價連一般人也負擔不起。德州從未宣揚自己要興建社會住宅，卻在提供廉價住房上領先全美。如果房價高昂的舊城市想提升競爭力，它們必須學習休士頓，允許推動更多建案。

城市蔓延有何缺點？

十九世紀，經濟繁榮促使美國城市成長。民眾遷徙到能帶動經濟的城市，如芝加哥。到了二十世紀，富裕的人口開始根據生活品質與薪資來選擇住處。洛杉磯早期的成長得益於它的油井與港口，此外，它的氣候也吸引中西部退休農民與自由作家如弗蘭克．鮑姆（L. Frank Baum）與艾德加．波爾斯（Edgar Rice Burroughs）前來。當民眾遷徙到較具生產力的地方時，整個國家在經濟上也會較有活力。當人們搬到宜人的地點時，他們能更享受人生，而當他們搬到較溫和的氣候時，他們可以生活得更輕鬆。

但到了二十世紀晚期，無論全國還是地方的公共政策開始在城市變遷上扮演吃重角色。如我們所見，美國發展最快速的地方——如亞特蘭大、達拉斯、休士頓與鳳凰城——之所以成長，原因不在於高薪資與溫和的氣候，而在於政府對於新建案抱持著比加州與東北部舊社區更友善的態度。美國的未來之路完全決定在地方分區委員會手裡，而他們不想讓外人進入他們生產力高而舒適的社區裡。

另外還有一套政策，雖然較為隱晦，但卻同樣影響重大，這些政策推動許多民眾移往郊區居住。我總是小心翼翼不用自己的親身經歷來推論其他人的生活，但接下來我恐怕要破個例，因為確實有很多人跟我一樣選擇搬到郊區居住，而且絕大多數跟我一樣基於相同的理由。在本章一開始，我列出幾項讓我決定搬到郊區的原因：生活空間，適合孩子學步的柔軟草坪，希望與雇主保持一點距離好讓自己的生活能夠多元一些，縮短通勤時間與好學區。在這五項因素中，只有兩項（草地與遠離哈佛）與公共政策無關。

我和妻子很想住在一個外食不會遇到熟人的地方，但這不表示我們非得住在郊區不可。我們也可以搬到波士頓這座充滿魅力而舒適的城市。而後來沒有選擇波士頓的原因之一，是因為從城市公寓跨越查爾斯河的五英里通勤距離，並不會比我從郊區出發開車十五英里花的時間少。由於有聯邦政府慷慨補助興建的州際公路系統，只要我能提早出發，開車的時間不會超過二十五分鐘。我通勤時使用的公路需要收費，但當我開往機場時，我使用的是新近完成的由州與聯邦政府慷慨資助的昂貴支線。從公共政策的角度來說，我對於這項花費一百五十億美元的大建設（Big Dig）有所質疑，但話說回來，我前往洛根機場若不使用這條道路，那麼我就太笨了。我的通勤費用也很便宜，因為不同於歐洲各國美國政府未對石油課以重稅。

另一項迫使我們移往郊區的因素是生活空間的成本。麻州劍橋對於新建案的限制很嚴格，因此使當地房價居高不下，但我住的郊區也不便宜，因為當地也對新建案設下重重限制。以我的例子來說，城市與郊區最大的差異是政府會大力補貼購屋者，例如扣抵我的房貸利息。這項補助使買房比租房划算，而這項有利購屋者的政策其實是對城市不利的。

美國政治人物與購屋者之間的長期熱戀關係，對做為美國經濟火車頭的城市來說是一項詛咒。住在多戶住宅的居民，百分之八十五以上是承租戶。住在獨棟住宅的居民，百分之八十五以上是自住戶。這項連結並非隨機的統計數據。它顯示一棟住宅一個住戶的合理之處。當民眾承租獨棟住宅時，他們通常會對住宅疏於照顧。如果獨棟住宅是由租戶而非屋主自住——屋主顯然會努力維護自己的重要資產——則房屋的折舊率每年將增加百分之一點五。相對地，在多戶住宅中，所有權分散是令人頭痛的問題，例如「合作住宅」（Cooperative Housing）經常為了租戶糾紛而焦頭爛額。[10] 稠密的城市充滿多戶住宅，因此城市也充滿承租戶。在曼哈頓，百分之七十六的住房是出租房。當聯邦政府鼓勵民眾房屋自有時，也間接鼓勵民眾離開稠密的城市。

最能激勵民眾遷往郊區的要素或許是學校制度。基於各種原因，大城市總是吸引窮人前來，但教育窮人子女卻對城市學校制度構成壓力。城市學校雖然投入在每個學生的金額相等或甚至高於郊區學校，但城市學生的測驗成績卻總低於郊區學生。大城市為什麼沒有好學校，這實在毫無道理。巴黎擁有世界上數一數二的中學，許多美國城市也誇言它們擁有優秀而吸引人的私立高中。大城市因為競爭與密度而成為好餐廳的聚集地，同樣的理由應該可以適用在教育上。

然而，美國公立學校制度本質上是以近似壟斷的方式來管理城市學校。這種壟斷的制度必須滿足數十萬家境貧窮的子女所需的基本教育，然而這麼做就無法同時提供上層中產階級子女需要的一流教育。與此相反，郊區學校學生清一色是上層中產階級的子女，因此在教學上比較容易滿足學生家長的要求。美國的公立學校制度迫使民眾離開城市尋找更好的公立學校，這對城市的發展無疑是雪上加霜。

我在前面曾經提過，這個問題可以透過兩種方式來解決，要不是採取左派，就是採取右派。如果美國仿效法國，採取由國家資助全國統一的學校制度，則民眾就沒有理由離開城市。如果美國推行大規模的學券制，父母可以憑券讓孩子到任何地方上學，則城市為了競爭，必將培養出該市特有的優秀學校，而城市居民也將因此讓孩子留在城市念書。當然目前的制度也有優點：地方對小學區的控制，「可以」讓地方學校的孩子受一定程度以上的教育。但對我們的城市來說，這種制度卻是一項災難。

郊區本身不是壞事，而休士頓也有許多令人喜愛的郊區。對許多人來說，「陽光地帶」出現城市蔓延是相當合理的事。但休士頓出現的城市蔓延卻是錯誤公共政策鼓勵下的結果。休士頓成長所產生的問題並未反映在休士頓本身，而是發生在別處，在氣候較溫和而經濟生產力較高的地區，這裡的法規限制了建築發展，因而使房價水漲船高。我們沒有理由責難郊區或郊區居民。所有的問題都出在我們的政策與法規上面，是它們創造出許多誘因，迫使美國人離開城市。

郊區在錯誤政策的支持下欣欣向榮，但這種現象卻也給予憂心忡忡的城市學者一絲希望。這些政策不會是永久的。二〇〇五年，稅捐改革小組——由身為德州共和黨人的總統召集，這位總統向來支持社會上每個民眾都能購屋——提出將大幅縮減房貸利息減免的計畫。如果聯邦住房政策變得較不反城市，那麼我們的大城市將變得更吸引人。

此外，如果美國持續成長，則郊區的各項好處將變得越來越不重要。在寬廣筆直的公路上快速通勤，對許多人來說是件好事，但隨著城市逐步蔓延，這些公路將變得越來越壅塞。我們先前已經提過，對一些時間特別寶貴的人來說，他們現在又回到擁擠的鬧區，例如翠貝卡，從這裡走路上班將可為這些人省下許多時間。

今日，平均而言，郊區學校的教學品質要比城市學校好得多。但這種情況不會一成不變。經營完善的城市學校可以善用城市的人力資本，在競爭激勵下，有時也能擊敗郊區學校。過去，人們印象中的大城市等同於犯罪，今日已非如此。未來，城市當然有機會成為教育子女的最佳場所。

將那些傷害城市的錯誤政策一一廢除當然是合理的，因為城市蔓延並非有益無害。與其他絕大多數不斷成長的地區一樣，向外蔓延的郊區勢將面臨各種問題：水資源、公共衛生與交通壅塞。或許最大的經濟問題是，郊區獨立的辦公區域是否能產生與傳統鬧區同等強度的思想刺激。郊區產生的隨機互動比傳統鬧區少得多，而且通常只集中在特定產業，跨領域創新發明的可能因而大為縮減。

最令人擔憂的是，開發中世界很可能採取跟美國一樣以汽車為主的生活方式。很少有城市像聖保羅一樣予人無邊無際的感受，它擁有數十處高樓聚集的中心，從內城一路往外延伸。聖保羅城區連綿數十英哩，其中有許多郊區是開發中世界傳統的貧民聚居地，這裡的居民搭乘大眾運輸工具通勤，住在歐美眼中不符標準的小屋裡。但聖保羅也有許多看似休士頓郊區的富有區域。你可以在班加羅爾、孟買、開羅、墨西哥城與世界各地許多正在成長的城市周邊看到類似的景象。

如果全世界都朝休士頓的模式發展，那麼地球的碳足跡將會以驚人的速度攀升。休士頓居民是美國最大的碳排放者之一，雖然他們這麼做完全合乎郊區生活的邏輯。華氏九十度的炎熱天氣，加上潮濕，意謂休士頓必須消耗龐大的電力。此外，自行開車也使用了大量汽油。印度與中國將繼續城市化，這是一件好事——貧困的農村是沒有未來的。但如果他們的城市人口是生活在稠密的、以電梯為主的城市裡，而非以汽車為主往平面蔓延的郊區中，我相信這對地球來說將會是更大的福音。

注釋

1 其成長最快速是依據增加的總人口數，而非增加的比例。

2 譯注：坎諾里為一種甜餡捲餅，是義大利式的甜點。

3 根據本田的網站資料，二〇一〇年的本田雅哥車長一百九十四點一英寸，車寬七十二點七英寸，車身的面積約九十八平方英尺。

4 舉例來說，曼哈頓的停車法規要求停車位至少寬九英尺與長十八英尺，或一百六十二平方英尺。

5 譯注：翠貝卡是 Triangle below Canal Street 的縮寫，即曼哈頓下城運河街以南的三角地帶。

6 編注：碳足跡是指世界上每個人、家庭或公司日常釋放的溫室氣體數量（以二氧化碳的影響為單位），以此來衡量人類的活動對環境所造成的影響。

7 作者的計算，假定三十年固定利率為百分之六點七五。

8 聖塔克拉拉郡平均所得是十一萬六千零七十九美元，中位所得是八萬八千八百四十六美元；美國的平均所得是七萬一千四百九十八美元，中位所得是五萬兩千零二十九美元。

9 聖塔克拉拉郡現在大約有三十九萬棟住房，如果增建二十萬棟住房，將會讓房屋總量增加百分之五十。一般來說，住房需求彈性大約在負〇點七左右。

10 編注：「合作住宅」是指由一非營利社團法人的股東以共有的關係擁有的不動資產，並以民主的方式所管理的住宅。合作住宅的居民可以藉由每月支付一定費用，而取得住宅的居住權。這些費用被拿來抵付合作住宅的貸款、提供儲備基金以及其他支出。而居民在整個資產中擁有股份、享有安全、管制與所有權的稅務利益，並透過推選出來的委員會來負責維護及管理該資產。

第8章

最環保的莫過於柏油路？

一八四四年一個舒爽的四月天，兩名年輕人在康科德河畔（Concord River）的林中散步。那一年的雨水特別少，溪流水淺，他們可以「輕易從河中捕獲食物，就像印第安人一樣」。兩人隨身帶著從鞋匠那裡取得的火柴，在費爾黑文池畔（Fair Haven Pond）用松枝生起了火堆。這兩名大膽的探險者饑腸轆轆，想煮點巧達濃湯充饑。

雨水稀少固然使他們容易抓到魚，卻也讓火堆旁的草叢乾枯易燃。一陣強風將火星吹向草叢，「他們不久便發現自己身陷火海之中，火舌快速蔓延，等到他們想滅火時已經太遲」。其中一人急忙趕回鎮上示警，但火勢已失去控制。超過三百英畝的原始林地因來此遊玩的兩名青年的疏失而付之一炬。

斯莫基熊（Smokey the Bear）可以利用這則故事教導孩子們森林火災的危險[1]，然而這場火災至少有一名被告堅不認罪。他表示：「我的確在森林裡生火，但我並沒有犯錯，而且現在看來那場火災其實是閃電引起的。」康拉德的居民希望將犯人繩之以法，哪怕是不小心釀成的災害，也必須嚴懲元凶。他們辱罵該名縱火犯是「該死的無賴」、「輕浮無行之人」。《康科德自由人報》（*Concord Freeman*）的報導聽起來就像十九世紀沉悶的新英格蘭人說著斯莫基熊的臺詞：「希望這起純因粗心而造成的不幸意外，能讓往後來森林遊憩的民眾牢記火災的可怕。」

這名堅不認錯的青年正是大名鼎鼎的梭羅，他從哈佛大學畢業後一直找不到合適的工作，而從這件事情之後，他成了環境主義的俗世聖徒。世上存在著少數書籍，這些書在寫作當時不受青睞，卻隨著時間流逝而漸漸受到人們的重視。梭羅的《湖濱散記》（*Walden*）就是一個例子。他描述兩年孤獨生活的日記，終其一生一直未能得到關住。但到了二十世紀，這本書突然成為暢銷全球的作品，有數百萬人閱讀這本書，而世界各地具有環保意識的高中老師也以這本書做為教材。

梭羅喜愛森林，但他也是城市知識分子團體的一員。他是十九世紀初哈佛大學思想溫室裡培育出來的知識分子。更重要的是，他還是拉爾夫・沃爾多・愛默生（Ralph Waldo Emerson）聚集的幾位才華洋溢的人物之一，就在康科德這座小鎮上，居住了許多充滿創造力的思想家。愛默生既拉攏、偶爾還出錢資助這些聰慧的心靈，包括赫爾曼・梅爾維爾（Herman Melville）、納瑟尼爾・霍桑、瑪格麗特・富勒（Margaret Fuller）、布蘭森・艾爾科特（Branson Alcott）、露易莎・梅・艾爾科特（Louisa May Alcott）與梭羅。

梭羅是愛默生超驗主義沙龍（Transcendentalist Salon）的成員，但他卻讚頌農村孤立的美好，而非城市的互動關係。愛默生在《湖濱散記》的導言中這麼形容梭羅：「他在文學圈子裡是一名反偶像崇拜者，他很少感謝同好對他做的一切，也吝於讚美夥伴，而他虧欠眾人的地方實在很多。」梭羅如果與康科德鎮上眾多才智之士斷絕往來，他是否還能寫出有關孤獨生活的優美文章？例如在《湖濱散記》中以美妙的文字音韻傳達森林寂寥之美。梭羅及其追隨者對城市少有讚賞，他們當然不會理會《康科德自由人報》對於前往森林遊憩的民眾所提出的警告。

梭羅在林中散步，為的是昇華自己的靈魂，而不是為森林做出貢獻。我搬到市郊，不僅對鄉間毫無好處，反而破壞了環境。我從一名相對節省的城市能源使用者，變成一名大量的碳排放者。我在市區裡的生活空間相當小，因此很輕易就能溫暖整間房子。為了讓市郊寬敞的屋子安度新英格蘭的寒冬，我必須燒掉數百加侖的燃油來取暖。我打算稍微減少能源的使用，卻被我的母親指責為想凍死自己的孩子。我說，我這是在鍛鍊孩子的性格。暖氣加上燈光、空調與其他設備的費用，我在市郊的電費帳單足足是市區的三倍。當然，跟所有住在郊區的美國人一樣，我也變得十分仰賴汽車，每當我前往能一次購足的雜貨商店時，總要耗掉將近一加侖的油料。對於一名在城市出生，直到上研究所前都還不會開車的人來說，這一切實在荒謬極了。

就像梭羅一樣，我的故事凸顯出一項根本的重點：與鄉村生活相比，城市生活對環境更有利。住在森林裡看起來也許可以顯示自己是個自然愛好者，但住在水泥叢林裡實際上對生態更好。人類是一種具摧毀性的物種，即使我們（包括梭羅）不試圖摧毀事物也是一樣。我們焚燒森林與石油，不可避免傷害了我們周遭的地理景觀。如果你喜愛自然，就離自然遠一點。

一九七〇年代，珍．雅各認為我們應該把環境破壞降到最低，應該聚居在高樓裡並且走路上班，這種論點在大衛．歐文（David Owen）的《綠化大都會》（*Green Metropolis*）裡獲得進一步的發揮。如果我們堅持生活在有草地圍繞的環境裡，我們將擴大對環境的破壞。較低的密度勢必需要更長途的旅程，而更長途的旅程將消耗更多的能源。較大的生活空間當然有其優點，但空間寬敞的郊區住房卻也會消耗更多能源。

關於溫室氣體與全球暖化之間的關係，至今討論仍相當熱烈，全球暖化對地球的影響為何，仍存在許多不確定性。我不是氣候學家，無法針對這些爭議性的話題提出補充說明。然而，即使是懷疑人類是否該為全球暖化負責的人，應該也會承認碳排放量的巨幅增加確實關係著環境危機。

認為全球暖化具有真實危險性的人，應該把稠密的城市生活列為一項解決方案。往後五十年，中國與印度將不再是貧困的農業國家，這是一件好事。就像之前的美國與歐洲一樣，中印兩國將從農村生活過渡到城市生活。然而，如果數十億中國人與印度人堅持住在綠意盎然的郊區大房子裡，每日開車通勤，那麼世界的碳排放量必將快速增加。有些環保人士似乎希望這些國家一直處於農村狀態。感謝老天，這種想法並未成真。維持在農村狀態意謂著要面臨貧窮與隨之而來的一連串詛咒。關鍵的問題在於，隨著亞洲逐漸發展，亞洲要選擇成為郊區駕駛人的大陸，還是城市公共運輸使用者的大陸。

環保人士可以主張住在稠密城市裡比較環保，但這麼做他們就沒有理由反對混凝土建築。今日，一些重視生態的父母以蘇斯博士（Dr. Seuss）的寓言故事《羅雷司》（*The Lorax*）來教育自己的子女，這本童書描述冷酷無情的城市摧毀了美麗的自然景觀。真正的環保人士如果手上有這本書，應該馬上把它扔進資源回收桶，並且抨擊羅雷司的謬誤——城市對環境有害。高樓建築的先驅，如詹尼與雷夫寇特，他們其實比梭羅更能引領民眾走向環保的未來。

田園生活的夢想

當然，提倡低密度生活的人不在少數，只點名批評梭羅，對他來說並不公平。數千年來，有許多作家讚揚回歸自然的好處，在城市能取得乾淨飲水之前，這種說法確實有幾分道理。古典時代詩人賀拉斯（Horace）離開父親的農場前往雅典與羅馬求學，他寫道：「文人雅士異口同聲表示，他們厭惡城市，渴望神聖的森林。」十九世紀初，流傳已久的英國鄉村生活樂趣得到一群陣容無比堅強的公關團隊為其宣傳。華茲華斯（William Wordsworth）、柯立芝（Samuel T. Coleridge）、濟慈（John Keats）、雪萊（Percy B.

Shelley）以及與他們志同道合的浪漫派詩人，這些人一齊讚揚鄉村生活的美好。

這些詩人回應工業城市化的首次爆炸性成長，不難想像他們的詩關注更多的是秋天或西風，而非紡織廠。拜倫是英國上院極少數為對抗現代文明的「魯德運動」（Luddites）辯護的議員之一。就某個意義來說，梭羅在瓦爾登湖生活的歲月只是華茲華斯在湖區（Lake District）生活的極端版本。事實上，儘管十九世紀城市的生活條件惡劣、充滿不仁且居民壽命短暫，但無論是梭羅還是華茲華斯都不急於逃離十九世紀城市的疾病與混亂。

浪漫主義者對自然的喜愛，蔓延到比較實際的藝術形式，如建築與城市計畫。約翰．拉斯金（John Ruskin）成長於十九世紀初的倫敦，但身為藝術批評家，他鼓勵畫家「以一顆孤獨的心投入自然……面對自然，無所拒絕亦無所選擇」。他厭惡工業化與古典藝術形式的標準化。他喜愛自然的變化多端與哥德式建築。拉斯金也是城市計畫的早期支持者。他極力主張，「不管在城市的哪個角落，只要幾分鐘的路程，就能聞到新鮮的空氣與芬芳的青草味，並且能看到遠處的地平線」。他設想一座住宅密集且設有城牆的市鎮，「牆外圍繞著一圈美麗的田園與果園帶」。拉斯金的想法傳布到大西洋對岸後出現一些小小的變化，推展美國摩天大樓的威特成為拉斯金最熱情的美國信徒。

享受自然是一種奢侈品，因此人類只有在富足的狀況下才會提倡環境主義。對飢民來說，為了「看到遠處的地平線」而放棄豐盛的一餐是不可思議的事。貧農願意放棄自然前往曼徹斯特工廠，為的是換取桌上的麵包。不過，經過十九世紀的發展，世界越來越富足，越來越多人希望在城市密度中點綴一點綠意。開闊的空間可以為早期工業城市的混濁空氣與骯髒飲水提供些許喘息的空間。

回顧歷史，富人結合城鄉的方式是分別在城市與鄉村置產。他們在城市過冬。到了疾病肆虐的炎夏，富人會逃離城市前往鄉間別墅避暑。然而這種兩屋模式畢竟是少數，因為城市居民不可能為了擁抱自然而花費如此昂貴的成本建造兩棟屋子。美國住房總計有一億兩千八百萬棟，其中提供休閒的第二間房子只約略超過三百萬棟。

價格比較低廉的方式是將鄉村帶進城市，城市計畫者一直朝著這個方向努力嘗試。拉斯金的構想也賡續這個理想而來：小鎮周圍環繞著一圈綠化帶。埃本內澤・霍華德是城市計畫的重要人物，他在一八九八年完成了經典作品《明日的田園城市》，不僅在思想上也在文字上具體化拉斯金的概念。霍華德的田園城市四周環繞著廣大的土地，可以提供市民需要的食物、新鮮空氣與休憩空間。到了二十世紀，綠化帶成為英國城市計畫的固定特徵。今日，倫敦的綠化帶涵蓋了兩千平方英里以上的面積，多倫多的綠化帶更是寬廣，這些環狀的自然地帶在美國西北太平洋地區也相當受歡迎。

然而，倫敦的綠化帶卻顯示這種策略的局限。如果你住在倫敦市中心，綠化帶顯然遠超過你的步行範圍；就算搭乘大眾運輸系統也要花上一小時的時間才能離開倫敦市區。綠化帶也許有助於限制城市成長——這種做法各有利弊——但它不一定能將森林帶進大城市居民的日常生活之中。

為了彌補綠化的不足，十九世紀城市計畫者建造了公園。美國的弗雷德里克・洛・歐姆斯特德（Frederick Law Olmsted）專精於將田園風光引進到城市的中心地帶。他的紐約中央公園就是個絕佳的例子，在人口極為稠密的地區以人工方式興建了一座森林仙境。歐姆斯特德也為波士頓戴上祖母綠項鍊，在芝加哥建造傑克森公園（Jackson Park），而且為底特律營造了貝爾島。他在水牛城、路易維爾、密爾瓦基、蒙特婁與華盛頓特區建設綠化空間，並且協助規畫柏克萊與史丹佛的校園。正當有些人對個別計畫的優點爭論不休之際，絕大多數因歐姆斯特德創造的空間而獲益的城市居民都相當感謝他增添的些許綠意緩和了城市的稠密擁擠。

然而，綠化帶與中央公園都未能成為融合城鄉的主流方式。相反地，數百萬人採取更極端的做法，他們更徹底地遵循梭羅與華茲華斯的路線。從十九世紀末開始，郊區發展使略帶鄉村風情的房地產變得比較廉價，一般民眾因此有能力負擔。從布林莫爾到休士頓伍德蘭，開發商在廣大林地上興建住房。如果你可以跟梭羅一樣打開窗就能看到自家的樹林，你為什麼還要忍受與人共享公園的不便或長途跋涉才能到達鄉村田園？

更快速而廉價的運輸工具使民眾能住在郊區，在市區工作。路面電車使麻州布魯克萊恩（Brookline）這樣的城鎮得以成長，這裡有綠化空間，而且前往市區的交通又很便捷。一八四一年有段文字這麼描述：「布魯克萊恩整體充滿了田園景色，你在美國找不到像這樣的地方，每一條從村舍、別墅或其他地方延伸出來的街巷都充滿不可言喻的魅力。」誰不想住在這個地方呢？只要你住得起的話。

一八六九年，歐姆斯特德開始從事郊區住房事業，他在芝加哥的市區邊緣設計河濱社區（Riverside），這座社區可能是美國首座「計畫」市郊社區。他與搭檔卡爾沃特・沃克斯（Calvert Vaux）合作，避免使用棋盤式街道設計，而是依照自然的路徑開闢彎曲道路。房屋的基地廣闊，林木繁茂。現代郊區的雛型於焉誕生。

儘管如此，最晚到了一九二〇年代，許多城市分析家仍未察覺這股在林蔭郊區生活的潮流。雷蒙德·胡德（Raymond Hood，他日後建造了洛克斐勒中心）、休·費里斯（Hugh Ferriss）與其他建築師想像的城市未來看起來就像蝙蝠俠的高譚市。事實上，費里斯的繪圖正是蝙蝠俠漫畫的靈感來源。這些建築師想像出一棟比一棟高聳的摩天大樓世界，大樓之間有多層道路連結，而飛機可以停放在大樓內部。柯比意的未來城市充滿綠意，但仍舊是個高樓世界。弗里茨·朗在一九二七年拍攝的電影《大都會》（*Metropolis*）則提供最黑暗的未來城市景象。

一九二〇年代是美國興建摩天大樓的極盛時期。從一九三〇年到一九三三年，一共有五座高度超過八百四十九英尺（這是今日西歐最高樓的高度）的大樓落成。[2]美國再次興建如此高度的大樓是三十六年以後的事。[3]然而，有些地區的急速成長卻使摩天大樓相形失色，這些地區不同於洛克斐勒中心，而是類似於布魯克萊恩與河濱社區。路面電車使一定數量的富有城市居民更有機會生活於充滿樹木的地區，而汽車更是讓每個中產階級都能移往郊區居住。最後，汽車擊敗了電梯，絕大多數美國人於是居住在結合了城市與自然的郊區。

當汽車使民眾移往郊區時，環保人士也在城市地區保留了數百萬英畝的土地，好讓城市居民能持續保有鄉村經驗。舊金山地區的美麗風景，包括一望無盡的綿延山脈與受保護的海景。矽谷的科技新貴居住的地區不僅有宜人的氣候，也有受世界最嚴格限制的土地利用法規保護的美麗景色。

美國似乎不斷鼓吹梭羅式的湖濱生活，每個人都生活在綠意之中，然而道路的增加卻對環境更加不利。由拉斯金與華茲華斯負責想像，霍華德與歐姆斯特德負責設計的田園生活夢想，最後得到的卻是一場生態惡夢。正如梭羅的森林大火顯示的，生活在自然之中會對環境造成可怕的後果。低密度的生活其實比費里斯充滿高樓大廈的大都會更容易破壞自然。

我們已聽過贏得奧斯卡獎的美國前副總統高爾（Al Gore）與氣候學家們所提出的可怕警告，二氧化碳的排放將導致地球暖化。近六十年來，全球溫度持續升高。在此同時，大氣中的二氧化碳濃度也持續提升。一般認為高濃度的二氧化碳會造成溫室效應，溫室氣體吸收紅外線輻射使陸地溫度上升。這類主流的氣候變遷假說蘊含著一種基本直覺，認為溫室氣體越多，就會吸收更多的紅外線輻射並且提高地表溫度。

對於我們這些忍受新英格蘭或中西部寒冬的居民來說，二月氣溫上升個幾度是件好事，但遺憾的是，全球溫度上升帶來的副作用將對每個人帶來可怕的影響。世界最貧困的人口幾乎集中在赤道地區，對他們來說，溫度升高是非常嚴重的問題。極地冰帽的快速融解，將威脅到從紐約到香港的沿海城市，這些地區將來可能面臨嚴重的水災。而海水溫度升高也會在全球各地引發多變而暴雨頻仍的天氣。

溫度波動的原因很多，但這無法改變碳排放量大量增加將劇烈影響天氣的事實。人類花了數千年的時間適應目前的環境。如果碳排放量劇烈影響環境，代價將十分巨大。氣候變遷帶來的潛在風險使全世界有理由採取實質有效的行動來減少二氧化碳排放量的成長。這意謂著我們應該在比較環保的地區，而非在容易產生較多汙染的地區從事建設。

骯髒的足跡：碳排放量的比較

卡恩與我蒐集了全美各地新住房的碳盤查資料。我們想確定美國各地建造標準新住房時的碳排放量，而我們估計的依據主要來自於過去二十年來建造的住房。

二〇〇六年，美國產生約六十億公噸的二氧化碳，這還不包括美國從世界其他地方進口的商品所排放的碳。這個數字占了世界二氧化碳總排放量的五分之一，僅次於中國，但超過歐洲與拉丁美洲。住房與汽車的碳足跡占了美國每個家庭平均碳排放量的四成，以全美國來說也大約是四成，以全球來說則是百分之八。美國二氧化碳的排放量有兩成來自於住宅的能源使用，另外還有兩成是汽車。

使用一加侖的汽油會產生約二十二磅的二氧化碳，這當中也計入了提煉與配送石油排放的碳。美國平均每個家庭一年約購買一千加侖的汽油，大約產生十噸二氧化碳。要美國家庭購買較省油的車不是難事，真正困難的是要他們放棄以汽車為主的生活模式，回顧歷史，不同的時代不同的民族對油料的使用方式各自不同，但真正的關鍵不在於省油與否，而在於總里程數。現在的汽車平均每加侖汽油可以行駛約二十二英里，最大的差異是你一年開三百英里還是三萬英里，而這又取決於你住在市區還是市郊。

卡恩與我發現，地區的人口密度以及與市中心的距離，和汽油的使用息息相關。每平方英里人口超過一萬人的人口普查區，平均每個家庭一年使用六百八十七加侖的汽油，而在少於一萬人的普查區（大約每英畝住著一個家庭），平均每個家庭一年使用一千一百六十四加侖的汽油。一個人居住地區的密度至關重要，它決定了前往鬧區通勤的汽車數量。民眾為了購買日常用品、出外用餐與接送孩子上下學，因而累積了數百萬英里的里程數。一個地區內商店與學校的密度決定了平均里程數。在城市裡，你通常會步行去餐廳。在低密度地區，出外用餐意謂著你可能需要開二十五分鐘的車，而這只是單程。

假設家庭所得與家庭規模不變，若每平方英里居民數增加一倍，則每個家庭每年消耗的汽油將減少一百零六加侖。這項估計顯示，如果美國東北部家庭從每英畝住著一個家庭的地區搬到每英畝五個家庭的地區居住，這個家將會少消耗三百五十加侖的汽油。這項事實提醒我們，大眾運輸工具不是減少汽油消耗的唯一方式。如果民眾住在比較稠密的地區，那麼即使他們仍需開車上班，他們的里程數還是會減少，汽油的消耗也就跟著減少。

大眾運輸也會排碳，但絕大多數的大眾運輸工具要比我們自己長途開車的能源使用更有效率。舉例來說，紐約市大眾運輸系統每年使用四千兩百萬加侖的柴油與一百四十八億百萬瓦的電力，運送旅客二十六億旅次。平均每個旅次產生〇點九磅二氧化碳——是自己開車的十分之一。

卡恩與我預測美國每個人口普查區與每個都會區平均所得約六萬美元的家庭的汽油消耗量。在我們的樣本中，紐約以外的地區平均每個家庭每年消耗一千加侖以上的汽油，而紐約則少於八百五十加侖。整體而言，美國人自行開車通勤的人數是搭乘大眾運輸工具的十五倍以上，但紐約市民卻相反，搭乘大眾運輸工具的人數是自行開車通勤的兩倍以上。[4]

在美國，大城市意謂著少開車。平均而言，當一個地區的人口增加一倍，每個家庭開車排放的二氧化碳一年可以減少一噸。南方城市特別偏重自己開車，居民的汽油消耗量比紐約多了百分之七十五以上。南卡羅萊納州的格林維爾（Greenville）、田納西州的納什維爾（Nashville）與奧克拉荷馬市（Oklahoma

City）這些「陽光地帶」城市的人口密度低，而且工作地點分散，因此居民消耗的汽油特別多。

幾乎每個都會區的城市居民消耗的汽油遠少於郊區民眾。可以想見，城市與郊區的汽油用量差距最大的地區應該是一些老城市，例如紐約。紐約市區家庭每年的汽油消耗量要比紐約郊區家庭少三百加侖。但有些巨大落差也發生在像亞特蘭大與納什維爾這樣的城市。納什維爾或亞特蘭大的市中心不像紐約那麼明顯，市區的居民也經常開車，但是這兩座城市的郊區卻更為廣大。這項事實說明，城市密度可以減少碳排放量，不僅東北部的舊城區是如此，就連成長最快速的新城區也不例外。

城市也比郊區環保，因為城市居民的用電量較少。電器設備占了住宅能源使用的三分之二。[5]每個家庭都有冰箱與其他電器設備，真正造成差異的是冷氣。戰後美國「陽光地帶」的興起泰半歸功於廉價而涼爽的冷氣。沒有冷氣，休士頓一年有九十九天的時間氣溫達到華氏九十度（約攝氏三十二度），誰能忍受？

美國用電量最少的都會區位於加州海岸地帶與東北部。在我們的樣本中，舊金山與聖荷西是夏季溫度最低的兩座城市，它們的用電量也是最少的。相反地，炎熱潮溼的城市如休士頓、紐奧良與孟菲斯則是用電量最多的城市。這些城市到了夏季不吹冷氣簡直活不下去。

炎熱的七月不是用電量增加的唯一因素。在規模更大、人口更稠密的城市，住房面積較小的居民，用電量也較少。獨棟住房的用電量比住在擁有五個或五個以上住戶的公寓大樓的單一住戶多百分之八十八。郊區家庭平均用電量比城市家庭多百分之二十七。假設所得與家庭規模不變，在我們分析的四十八個都會區中，有四十四座城市的市中心居民用電量較少。都會區中心化較高的地區，如紐約、波士頓與拉斯維加斯，用電量遠少於城市蔓延廣大的地區，如達拉斯或鳳凰城。

在美國較寒冷的地區，暖氣的提供仰賴的不是電力而主要是天然氣，天然氣幾乎占了住宅碳排放量的五分之一。與過去相比，現在的住家暖氣已經環保多了。我們起初焚燒木柴，這種能源排放大量的碳，然後我們轉換成煤炭，二次大戰之後燃煤使美國城市的天空變得黯淡無光。逐漸地，城市開始規定民眾不許使用煤炭，幸運的是，正當煤炭被汰換之際，美國西部開採到充沛的天然氣（米契爾因此而致富）。燃料油是一種古老的熱能來源，至今仍占住宅碳排放量的十分之一，儘管如此，這種燃料已經越來越少使用，因為它產生的碳遠比天然氣多。

住宅暖氣造成的碳排放使「雪帶」（Snow Belt）看起來比氣候溫和的加州更不環保。[6]在我們取樣的城市中，密西根州的底特律與大急流城（Grand Rapids）消耗的天然氣最多。水牛城、芝加哥與明尼亞波利斯緊追在後。相較之下，佛羅里達州幾乎未消耗任何天然氣。邁阿密即使在一月晚上也相當溫暖。

要得出家庭的總碳排放量，我們只需把汽車、電力與暖氣的碳排放量加總起來，另外再加上大眾運輸。現在，我們已毋需對城市比市郊環保的事實感到驚訝。然而，各都會區之間的落差，甚至大於個別城市及其郊區間的落差。到目前為止，加州沿岸地帶是美國汙染最少的地帶，而「深南方」（Deep South）則是汙染最嚴重的地區。[7]美國汙染最少的前五大都會是聖地牙哥、舊金山、洛杉磯、聖荷西與沙加緬度。平均每個家庭碳排放量最多的前五座城市是休士頓、伯明罕、納什維爾、孟菲斯與奧克拉荷馬市。兩個極端的差距相當驚人。舊金山平均每個家庭的碳排放量是孟菲斯的六成不到。

東北部與中西部的舊城市分別位於兩個極端之間。它們使用的電力多於加州，但少於休士頓，而且它們使用了大量能源來提供暖氣。紐約由於人口稠密而成為比較環保的城市。底特律是汽車製造大城，因此有較高的碳排放量。

環境主義造成意想不到的結果

我們該如何解讀這些資訊？簡單地說，如果我們想改變土地開發政策減少碳排放量，就應該讓更多美國人住在稠密的城市環境裡。應該讓更多美國人搬到加州海岸地區，至於德州的人口則應該減少。加州擁有得天獨厚的自然氣候條件，夏天幾乎不需要冷氣，冬天也不用暖氣。休士頓或亞特蘭大需要大量能源才有辦法居住，從這個角度看，為什麼沒有更多美國人住在加州？

答案絕對不是過度擁擠。加州的海岸地帶相當開闊。沿著二八〇號州際公路行經矽谷的心臟地帶，就像經過一片廣大的伊甸園。在聖塔克拉拉郡，每英畝約有兩個人居住。灣區北方的馬林郡（Marin County），每一又四分之一英畝才住一個人。相較之下，馬里蘭州的蒙哥馬利郡（Montgomery County）每英畝有三人居住。伊利諾州庫克郡（Cook County）每英畝將近有九人居住。曼哈頓每英畝住了一百一十一個人，這還不算每日進出曼哈頓的大量上班族。

加州海岸地區可以再容納數百萬人仍綽綽有餘，但這些地區從戰後巔峰期之後，人口成長率就急速下降。從一九五〇年到一九七〇年，聖塔克拉拉郡人口增加到原來的三倍以上，從不到三十萬人增加到一百萬人以上。但從一九九〇年到二〇〇八年，聖塔克拉拉郡人口只增加百分之十七點八，低於全國平均，人口從一百五十萬人成長到一百七十六萬人。過去十七年來，矽谷是全球生產力最高的地方，但它的人口成長卻大幅落後美國其他地方。

加州海岸地區的人口成長緩慢，因為這裡興建的住房不多。興建住房不多的地方，人口自然難以成長。加州海岸地區的建案稀少，不是因為乏人問津。二〇〇七年，全美房地產經紀人協會公布舊金山與聖荷西兩地的銷售中位價格，兩者都超過了八十萬美元。即使在金融風暴之後，這些地方仍是美國本土最昂貴的地區，二〇一〇年第二季的平均房價是六十萬美元。加州房地產價格居高不下，主要是因為加州對新建案設下極為嚴格的限制，例如馬林郡就規定住房基地至少要有六十英畝。除了這些限制之外，有越來越多的土地被抽離市場之外成為保育公園與野生動物保護區。到了二〇〇〇年，灣區土地有四分之一成為永久保護區，亦即不許進行任何建設。

許多環保人士把減少舊金山灣區的開發視為重大勝利。拯救灣區運動阻礙了濱水區的開發，而領導運動的先驅也成為美國環境主義的代表人物。一九七〇年代的「曼莫斯之友案」（Friends of Mammoth）要求加州所有建設計畫都要接受環境評估，這件案子被視為環境主義勝利的分水嶺。這些支持限制加州成長的人物被視為生態英雄。然而這些全是溢美之詞。

反對開發加州的人士隨即指出，限制建設有其必要，因為加州的水資源相當缺乏。然而加州如果不將大量水資源用於灌溉那些在自然條件下原本極為乾燥的農地，就有足夠的水量供城市居民使用。加州的城市與郊區每年使用的水量大約是八百七十萬英畝英尺。[8] 加州農業每年獲得的補助用水有三千四百萬英畝英尺。美國多的是雨水豐沛的地區可以種植作物。只要將這些灌溉用水轉撥城市使用，加州可以輕易提供充足飲水支撐高密度生活，並且降低美國的碳足跡。

限制加州成長也許讓加州看起來更環保，但這些措施卻讓全美國的汙染更加嚴重，而且增加了世界的碳排放量。休士頓的土地開發商應該感謝加州的反成長運動。當初如果不是他們停止在加州海岸地區從事建設——加州不僅所得高而且氣候又好——也就不會有這麼多人到氣候沒那麼宜人的「陽光地帶」居住。

反對開發的人士並不在意全美新建案的數量；他們只在意自家後院不要有任何建設。以全國的角度來看，似乎存在著一種可稱之為建設守恆定律的主導原則。當環保人士要求不能在汙染較少的地區進行開發時，新建案就會轉往汙染較多的地區。加州環保人士以生態為名反對成長，實際上反而讓美國碳足跡上揚，迫使新住房移往氣候較不溫和的地區。

一九七〇年通過的「加州環境品質法」（California Environmental Quality Act）是一部開創性的立法，該法規定任何地方政府的計畫在實施前必須通過環境影響評估。一九七三年，支持環保立場的加州最高法院認為該法不只涵蓋地方政府實施的計畫，也包括地方政府核准的計畫，這表示加州絕大多數的大型建案都在該法的適用範圍之內。二〇〇八年，加州法律產生了五百八十三項環境影響評估，遠多於全國各地依照聯邦指導方針產生的五百二十二項環境影響評估。這些影響評估增加了新建案的成本與時間，最後使新建案變得更昂貴。

環境影響評估有一項重大瑕疵，那就是評估並不完整。每一項評估只考慮計畫核准後造成的影響，卻未考慮計畫被駁回以及建設改於別處進行造成的影響，這算在加州最高法院的管轄範圍之外。這些不完整的評估形成的環境看法對加州建築業不利，而且產生不建設就是環保的立場。完整的影響評估應該考慮到，如果允許在加州建設，將可減少其他地方（例如原是一片沙漠的拉斯維加斯周邊地區）的建設。如果能完整評估不在加州建設所造成的環境成本，人們將發現加州的環境政策一點也不環保。

兩種環保觀點：王子與市長

環境主義不是整齊劃一、井然有序的運動。在美國，它包括了奧杜邦學會（Audubon Society）觀鳥者，綠色和平活動分子，阿帕拉契小徑（Appalachian Trail）健行者與豐田混合動力車駕駛人。在歐洲，環境主義運動甚至更為成功，範圍也更廣。任何運動只要發展多元而且成功，就不可避免地會吸引抱持各種世界觀的人來參與，例如威爾斯親王與「紅色」·肯·李文斯頓（“Red” Ken Livingston）。李文斯頓曾是工黨政治人物，他先是在一九八一年到一九八六年間擔任大倫敦議會議長，然後於二〇〇〇年到二〇〇八年間擔任首任大倫敦市長。他曾說：「二氧化碳導致的氣候變遷，是人類有史以來面臨的最大問題」；查爾斯王子也表示，氣候變遷將是「人類最大的威脅」。兩人都盡力要幫助地球，但他們除了人類「最大的威脅」這項共識外，其他地方幾乎沒有交集。

一九四八年，查爾斯王子誕生於白金漢宮，並且隨即由坎特伯里大主教為他施洗。李文斯頓比查爾斯王子早了三年，出生於蘭貝斯，該區圍繞著大主教宮，長久以來一直是倫敦的貧窮地區。查爾斯王子受的正規教育遠超過歷任英國國王，他先後就讀私立菁英學校與劍橋大學。李文斯頓並未完成學業，他青少年時期在實驗室擔任技術人員。倫敦《星期日泰晤士報》（*Sunday Times*）報導說，在一九七一年他被選為蘭貝斯市議員之前，他的工作是「在小老鼠身上培養腫瘤」。

一九七〇年代，李文斯頓在工黨倫敦蘭貝斯黨部力爭上游，在此同時，查爾斯王子則努力扮演王儲的角色，他在皇家海軍服役，駕駛噴射機與直升機，最後甚至擁有自己的船艦「布朗寧頓號」（Bronington）。一九八一年，年輕王子與他的灰姑娘黛安娜．斯賓塞（Diana Spencer）的婚禮成為鎂光燈的焦點。同年，李文斯頓成為大倫敦議會議長，一份以第三版照片而非精闢政論聞名的小報對此下了一個標題：「紅色肯被加冕為倫敦國王。」全世界有一半的人引頸期盼王子與黛安娜的婚禮，但李文斯頓卻拒絕前往觀禮。

一九八〇年代，查爾斯王子與李文斯頓都開始涉足城市計畫。身為「倫敦國王」，李文斯頓開始在某些領域展現他剛萌芽的環境主義。他大聲疾呼低廉的大眾運輸票價可以讓民眾放棄開車，既能減少交通壅塞，又能降低汙染。他爭取興建更多住房，但他反對摩天大樓，特別是理查德．羅傑斯（Richard Rogers）計畫在泰晤士河南岸興建一連串高層建築物，構成他所謂的「柏林圍牆」。在此同時，查爾斯王子開始建立他的公眾形象，他成為永續農業的支持者與現代主義的反對者。威爾斯親王也兼任康沃爾公爵（Duke of Cornwall），他在康沃爾的領地正好讓他有機會推動有機農業與反對高產量的基因改良食品。正如查爾斯王子比較喜歡傳統農業，他對傳統建築也特別偏愛。一九八四年，他在英國皇家建築師學會（Royal Institute of British Architects）發表演說，原本只是一場例行性的活動，不料他卻嚴詞抨擊現代主義建築，因而上了新聞頭條。

查爾斯王子提出懷舊的觀點，「倫敦在二次大戰前曾經擁有任何一座偉大城市都有的最美麗的天際線」。現在則不然，往國家美術館延伸的現代主義線條就像「一名人見人愛容貌美麗的朋友，臉上多了塊醜惡的癰」。王子想知道：「為什麼所有事物都要往上發展、筆直、不彎曲、只有直角——而且具功能性？」他也參與論戰，反對宏偉的倫敦市長官邸旁有一座密斯・凡德羅（Mies van der Rohe）設計的現代主義高樓。查爾斯王子稱這座高樓是「一根巨大的玻璃柱，芝加哥鬧區才是它適合出現的地方」。羅傑斯是支持這座高樓的諸多建築師之一（我父親也在其中），但王子贏了，某方面來說是如此。倫敦以後將不再有密斯風格的高樓。

查爾斯王子對英國傳統建築的支持不遺餘力，他也花了很多心血在他的「模範社區」——龐德伯里（Poundbury）。在康沃爾的農地上，王子建立了他理想中的英國城鎮，人們形容這座小鎮看起來就像是「一座維多利亞時代初期的市集城鎮，建築風格彷彿停留在一八三〇年」。查爾斯王子大力支持龐德伯里的計畫者雷昂・克里耶（Leon Krier），克里耶也是推動新城市主義運動的思想力量。而新城市主義（New Urbanism）是想「要在連綿不絕的都會區裡恢復既有的城市中心與城鎮，要重新安排蔓延的郊區使其轉變成真實的鄰里與多樣化的分區，要保護自然環境以及我們的建築遺產」。

龐德伯里要比美國的新城市主義社區——如佛州海濱社區（Seaside）、馬里蘭州肯特蘭茲（Kentlands）、北卡羅萊納州布雷克維（Breakaway），與迪士尼公司營造的佛州慶典鎮（Celebration）——更具有自然保育色彩。[9]這些社區的確努力想減少對汽車的依賴，但他們的目標似乎不僅是為了保護環境，也為了維繫人與人之間的社會關係。在慶典鎮，百分之九十一的居民開車上班。龐德伯里居民開車上班的比例（百分之六十四點五）居然比鄰近的地區高，而且有四分之三的居民開車購物。這些城鎮無法吸引李文斯頓治下的倫敦頑固城市居民前來，但對那些喜歡傳統小鎮的人來說，他們卻是一大群人開車前來這裡觀光。

這些地區的屋子並不小，因此它們使用了大量的能源。慶典鎮大約有七成房屋是獨棟住宅，龐德伯里的住房只有百分之十七是公寓。新城市主義社區的公寓密集程度確實比美國整體來得高，但絕大多數仍是使用大量能源的傳統大型住房。舉例來說，只要稍微觀察一下佛州的海濱社區，就會發現當地銷售的房地產面積介於兩千到三千八百平方英尺之間，遠超過城市公寓的一千平方英尺。另一個新城市主義範本馬里蘭州肯特蘭茲同樣到處充滿了四到五房的住家，在潮濕的馬里蘭州夏日，這些屋子肯定需要大量的空調。

查爾斯王子渴望一個更簡樸而農業的世界，相較之下，李文斯頓的環保觀點則結合永續性與城市成長動力。李文斯頓當選倫敦市長之後，針對汽車採取了大刀闊斧的措施。他起初要求所有駕駛人每次進入倫敦內部走廊時必須支付五英鎊；這筆費用後來漲到八英鎊。自從四十年前維克利提出這個想法以來，堵車稅一直深受經濟學家認同，他們認為民眾應該為自己的行動支付社會成本。一個人開車造成所有人堵車，因此針對開車課稅可以促使民眾更明智地使用道路。李文斯頓跟以往一樣毫不畏懼，堵車稅吸引他的原因不只是基於經濟學家習慣上對效率的喜愛。他認為堵車稅對環境有利，它可以使民眾放棄開車改搭地鐵。他也認為這是一項進步立法，因為開車的人通常是富人，而搭公車的人通常是窮人。透過向駕駛人課稅而且將收入移轉給大眾運輸，李文斯頓的做法迎合支持他的窮人階層。

堵車稅對倫敦街頭的影響立竿見影。在前兩個星期，開車的人減少兩成以上。往後兩年，交通壅塞的情況減少了三成，大眾運輸的使用率大幅提升。李文斯頓的一貫政策有助於讓倫敦更城市化，他支持的火車與公車屬於舊城市主義模式，而他的做法也有利於環境。

身為市長，李文斯頓也看出倫敦的高樓有其優點。儘管王子大力反對，倫敦還是開始往上發展。後現代主義風格的波特利一號大樓（Number 1 Poultry Building）在原本應該興建密斯風格高樓的地點出現，查爾斯王子把這棟大樓比擬成「一九三〇年代的無線收音機」。更重要的是，一家加拿大開發公司在一處舊碼頭興建高樓。金絲雀碼頭（Canary Wharf）開發區為倫敦的金融服務產業提供了一處現代住所。

李文斯頓從反成長的支持者轉變成大規模成長的支持者，反映出成為大城市領導者後，視野不得不拓展。李文斯頓跟其他大城市市長一樣，希望擴大稅基。即使他不喜歡倫敦的金融家，但他了解這些人的所得可以協助他改善貧窮選民的生活。城市必須在全球化世界裡競爭，光是這項事實就足以讓最反商的政治人物成為浮誇高樓的支持者，因為這些高樓大廈裡住的人繳的稅可以支付社會計畫。李文斯頓也認識到，將民眾集中於倫敦對環境有利，因為這些人會住在比較小的屋子裡，而且也比較不常開車。

查爾斯王子與李文斯頓市長都是頑固的環保人士。李文斯頓贏得氣候組織（Climate Group）頒發的低碳獎（Low Carbon Champions Award）。查爾斯王子也獲得環境獎項。事實上，當他帶著二十名隨從搭機飛越大西洋去領取哈佛醫學院健康與全球環境中心（Center for Health and the Global Environment）頒發給他的「全球環境公民獎」（Global Environmental Citizen Award）時，還激起了公憤。

查爾斯王子與李文斯頓市長的環境主義觀點有很大的差異。王子的觀點是鄉村的與傳統的。他回顧過去，希望回到昔日的生活與傳統結構。李文斯頓的環境主義是城市的與激進的。他想像一個大膽的未來，充滿了高層建築物與大眾運輸工具。現代主義建築師羅傑斯擔任李文斯頓建築與城市主義小組（Architecture and Urbanism Unit）的主席。在委員會的報告〈為人口稠密的城市提供住房〉（Housing for a Compact City）的前言中，李文斯頓支持以高密度建築物來保護倫敦的綠化帶與其他社區的開放空間。相反地，查爾斯王子指責摩天大樓是「過度陽物崇拜的雕像與一成不變的天線，表現的只是建築師的自我，而非工匠的技藝」。

哪一種環境主義比較有效——李文斯頓的大城市現代主義，還是查爾斯王子的農業烏托邦主義？原則上來說，傳統的農村社區相當環保。只要民眾不使用太多暖氣，或經常旅行，而且堅持傳統農業的生活模式，那麼產生的碳會很少。從另一個角度來說，城市的運轉不可能不使用電力來推動電梯與大眾運輸工具。如果人們真的可以像十五世紀的農民一樣生活，那麼這種農村的生態市鎮確實是極為環保。

但民眾並不想如中世紀農奴一樣生活。如果大家都生活在低密度地區，那麼一定更需要開車，更想住在擁有舒適冷暖氣的大房子裡。然而在城市裡，人們可以分享共同的公共空間，如餐廳、酒吧與博物館。城市生活才是真正能帶來環保的模式。資料顯示這點，而我們知道原因：土地的高成本限制了私人空間，密度讓汽車的使用失去吸引力。城市生活具有可持久的永續性，而鄉村的生態市鎮可不是如此。

最大的戰爭：讓印度與中國更環保

歐美的高密度建設可以降低碳排放量，但未來有關城市發展最重要的戰爭將是在印度與中國展開。二〇〇〇年，美國住房大約有一半興建於一九七〇年到二〇〇〇年，因此讓我們假定，從現在開始的三十年間，美國住房總量大約有一半會是新成屋。如果美國提高密度的努力廣泛獲得成功，那麼開車與維持新住房的電力的碳排放量可能減少一半。美國家庭碳排放量減少百分之二十五而全美總排放量減少百分之十，這會是個了不起的成就。然而，雖然有這樣重大的轉變，世界的碳排放量將只會減少百分之二。這項估算不是為了不採取行動尋找藉口，而是為了凸顯在對抗氣候變遷的長期戰爭中，美國只能算是次要戰場。美國已經為汽車建設了數兆美元的基礎設施，而其他已開發國家也不會有太大變化。

印度與中國變遷極為快速，兩國的人口也遠較美國為多。如果印度與中國的碳排放量升高到美國的人均水準，那麼就算中印兩國人口維持不變，世界的碳排放量也會增加百分之一百三十九。[10] 在美國，從支持高密度發展中獲得的最大環境利益，應該是協助說服中印兩國多興建高樓與避免城市蔓延。

今日，美國是世界第二大碳排放國；平均來說，美國每人每年排放約二十公噸的二氧化碳。加拿大人也經常開車，他們的人均碳排放量大約等同於此數。西歐人則環保多了。英國人每年排放的二氧化碳不到十噸；義大利人大約八噸；法國人因為使用核能發電的緣故，每人每年只產生七噸。

中國人每人每年排放近五噸二氧化碳；印度人只有一噸。如果中國人均碳排放量提高到美國人的水準，每年將增加兩百億噸的碳，全世界的碳排放量將增加百分之六十九。[11] 然而，如果印度與中國的能源消耗與法國的產出水準一樣，則世界碳排放量將增加百分之三十——這個增加量可以藉由美國與其他國家進行減碳來加以抵銷。[12]因此這一點非常重要，我們鼓勵中印兩國能讓碳排放量維持在比較溫和的歐洲水準，而非仿效美國目前的能源使用與發展模式。

中國現在的碳排放主要來自於工業。就像曾一度籠罩匹茲堡與曼徹斯特的黑煙一樣，這是工業強權興起時的副產品。到目前為止，中國家庭仍是相當儉省的能源使用者。卡恩、王銳、鄭思齊與我針對中國家庭碳排放量做了逐城分析，類似與我們在美國所做的研究。華盛頓特區的一般家庭每年產生四十三噸二氧化碳，北京的一般家庭則只排放三點九九七噸——北京是中國汙染最嚴重的城市之一。我們檢視的中國城市有六成以上，家庭每年的碳排放量最多只到兩噸。大慶是中國產油城市，也是汙染最嚴重的城市，而該市的家庭碳排放量是美國聖地牙哥的五分之一，而聖地牙哥是美國汙染最少的城市。

中國家庭的碳排放主要來自於暖氣與電力。隨著國家開始發展，首先出現的是暖氣，而後才是冷氣。美國碳排放量最多的地方通常是炎熱潮濕的城市，而中國今日碳排放量最多的地方卻是寒冷的城市，因為中國現在開始普遍使用暖氣，但還未到達全面使用冷氣的階段。美國家庭的碳排放量有一半反映在個人交通運輸上，而中國家庭只有十分之一來自於汽車。中國相對稀少的汽車與冷氣使目前的碳排放水準仍處於低檔，我們很難預測日漸富足的中國人是否未來會過著美國人視為理所當然的奢侈生活。值得一提的是，印度的冷氣需求顯然比中國強得多。

一個世代之前，中國與印度都還是農業國家。它們很少造成環境破壞，就跟所有窮困地方一樣，它們使用的能源很少。然而，經過五十年的時間，它們取得西方花費數百年才達成的相同工業與城市轉變。

結果能源消耗不可避免地呈爆炸性成長，並且在今日造成油價的上漲，未來則將使碳排放量大幅增加。

希望中國與印度停留在傳統農業社會也許是個吸引人的想法，但是，讓二十四億人永久處於貧窮的剝奪之下，並非解決氣候變遷的良策。中國與印度經歷的農業過去，充滿了嬰兒高死亡率與饑荒。永久的貧窮意謂數十億人將在沒有高科技醫學的協助下一次又一次地遭受瘟疫肆虐之苦。貧窮是獨裁制度的溫床，因此如果印度與中國保持窮困，世界其他國家必將面對獨裁強鄰的軍事威脅。我們可以在繁榮成長與減少環境風險之間尋找一條出路。這條路通向高密度城市生活，而非美國以汽車為主的郊區生活。

印度與中國的成長模式令人充滿希望，但也令人不安。從好的方面來看，兩國的大城市都非常稠密。孟買每平方英里住了五萬人以上，大約是紐約市的兩倍。加爾各答與班加羅爾每平方英里住了兩萬人以上。深圳是中國大陸發展最快速的城市，與香港只有一水之隔，該市每平方英里住了一萬五千人以上。這些密度非常適合公車、火車與電梯，但開車顯然不可行。如果中國的未來是超高密度的城市搭配良好的大眾運輸工具與高層住房，那麼世界就會更安全。但這裡也存在危險的徵兆。上海與北京各自擁有兩千萬與一千七百萬的居民，然而兩座城市的幅員廣大，因此它們的人口密度只有紐約市的十分之一，不到洛杉磯（每平方英里大約住了兩千六百人）的二分之一。[13] 印度與中國的汽車數量增加得非常快速。二〇〇九年，中國人擁有的車輛總數已達到六千萬輛，而且以每年三成以上的速度成長。若依這樣的速度，到了二〇二〇年，中國將擁有五億輛車。在此同時，印度的塔塔集團（Tata Group）宣布生產只要價兩千五百美元的車輛，塔塔的低價車將使一億印度人有能力購車，但前提是他們能解決交通壅塞的問題。一億印度人開車上路，將產生非常驚人的碳排放量。

尋求明智的環境主義

美國人自己消耗大量能源（我也是其中之一），在這種情況下想說服亞洲人節能減碳，不由得讓人感到偽善。一位著名的經濟學家曾經比喻，這就好像「一個滿是運動休旅車駕駛的國家，試圖說服滿是腳踏車騎士的國家不要騎機車」。我那尷尬的郊區生活顯然不足以做為環保生活的模範。西方想在全球暖化上占據道德制高點，首先就要從自己做起。只要美國能成為已開發國家人均碳排放量最低的國家，我們就毋需努力說服中國、印度與其他開發中國家不要學習我們的能源密集生活方式。

西方也需要擁抱更明智的環境主義形式。在環境主義的第一階段，目標只是讓民眾關心自然，明確的政策規定不如引起民眾關注來得重要。但到了今日，環境風險逐漸提高。我們不能為每個被誤導或無生產力的土地保護計畫背書。我們必須專注在對氣候變遷具有實質影響力的提案上。

明智的環境主義需要思索不同環境政策產生的副作用（這些副作用通常為人所忽略），而且要清楚辯識哪些政策實際上弊多於利。生態保育人士不允許灣區進行新的建設，他們不希望美國汙染最少的地方受到開發。但從建設守恆定律的角度來看，這些建設終究會在美國汙染較多的區域進行。環保人士犯了羅雷司謬誤，他們反對在市中心從事高密度開發以維護城市的綠化空間，然而此舉只會讓更多的開發案移往郊區的邊緣地帶，屆時民眾將更需要開車。

明智的環境主義需要擁抱誘因。李文斯頓的堵車稅顯示價格具有讓民眾放棄開車的力量。這種做法也能在別的城市實施。我們可以在世界各地實施全球碳排放稅，針對排碳造成環境損害的人課稅。實際的稅率需要專家估算碳排放量的真實成本後才能得出，但有一項基本原則是我們應該支持的：除非我們向排碳的人收費，否則這些人不會減碳。大政府的反對者有理由擔心這類型的政策會不會成為變相加稅，但這層憂慮可以藉由公共承諾的方式來化解，政府應以能源紅利的名義將稅收退還給民眾，就像阿拉斯加州每年發放石油營收的紅利給州民一樣。

富國也必須提供誘因給窮國，使它們願意減少能源使用。我們可以說服中國在能源使用上學習法國，然而對方沒有必要聽從我們的意見，除非我們願意提供些許資源給他們。這類移轉所面臨的政治阻礙——你可以說這是「付錢讓對方不要用油」——相當巨大。我已經聽到孤立主義者不滿的聲浪。但這種做法可能帶來相當大的好處。如果已開發國家能補助更具能源效率的科技給開發中國家，或是更優厚的做法，無償地協助開發中國家發展最新的能源效率科技，則這些國家將可在溫和增加能源使用量下改善國內生活。然而，能源效率並非唯一的解決方案，因為之前提過的傑文斯悖論提醒我們，隨著引擎與設備越有效率，人們將會更頻繁地使用它們。

如果未來會變得更環保，那麼未來一定會變得更城市化。稠密的城市提供了一種生活方式，人們不太需要開車而且住在容易取暖、冷卻的小房子裡。也許有一天，我們可以在幾乎零排碳的狀況下開車與使用冷氣，然而在此之前，最環保的大概莫過於柏油路吧。

為了人類與地球，城市將成為——而且必須成為——未來的風潮。有幾種城市成功的模式可以引領我們前往未來。下一章我們要討論這個世紀與未來將繁榮發展的城市類型。

注釋

1 譯注：斯莫基熊是美國林務署的吉祥物，用來宣導森林火災的危險。

2 一九三一年，帝國大廈；一九三〇年，克萊斯勒大廈；一九三二年，美國國際大廈；一九三〇年，川普大廈；與一九三三年，奇異大廈。而西歐最高樓大約八百四十九英尺，是位於德國法蘭克福的商業銀行大廈（Commerzbank Tower）。

3 位於芝加哥的大通大廈（The Chase Tower）高八百四十九英尺，建於一九六九年。

4 二〇〇八年，百分之五的美國人使用大眾運輸工具上班，百分之七十五點五自行開車上班。同年，百分之二十三點三的紐約人開車上班，但卻有百分之五十四點八使用大眾運輸工具。

5 普查局給了我們一個有關電力使用相當方便的概要圖像。它調查百分之五的美國人家裡的用電量。利用能源部的全國電價資料，我們就能從電費推敲出電力使用。運用簡單的統計，我們可以利用這些資料估計全國各地家庭平均支付的電費。由於公寓住戶通常不直接支付自己的電費，因此我們必須運用政府的「住宅區能源使用調查」（Residential Energy Consumption Survey）來填補這個漏洞。為了求出用電產生的總碳排放量，我們必須將某地的平均用電量乘以該區發電產生的碳排放量。

6 譯注：「雪帶」是指美國大湖區周邊的多雪地帶。

7 譯注：「深南方」又稱下南方或棉花州。通常指阿拉巴馬州、喬治亞州、路易斯安那州、密西西比州與南卡羅萊納州。

8 譯注：一英畝英尺指一英畝的地面上一英尺深的水量。

9 比較龐德伯里的網站，與佛州慶典鎮的網站。前者是「想從事永續發展，維持環境品質」，它的照片都是綠化空間；後者則凸顯「強烈的自我意識」，照片都是嬉戲的人群。

10 二〇〇六年，美國人均碳排放量是十九點七八公噸；法國是六點六〇公噸；中國是四點五八公噸；而印度是一點一六公噸。二〇〇六年，全球碳排放量達到二百九十一億九千五百萬公噸。如果我們減掉二〇〇六年中國的碳排放量（十三億一千四百萬人乘以人均四點五八公噸，則總量是六十億一千八百萬公噸），以及印度的碳排放量（十一億一千二百萬人乘以人均一點一六公噸，則總量是十二億八千九百萬公噸），然後加上中國在人均碳排放量與美國水準相同時的總碳排放量（十三億一千四百萬人乘以十九點七八公噸，則總量是二百五十九億九千一百萬公噸）以及印度在人均碳排放量與美國水準相同時的總碳排放量（十一億一千二百萬人乘以十九點七八公噸，則總量是二百一十九億九千五百萬公噸），則新世界的碳排放量將達到約六百九十八億六千零一十萬公噸，等於增加了百分之一百三十九。

11 二○○六年，全球碳排放量達到二百九十億噸。如果我們減掉二○○六年中國的碳排放量（十三億一千四百萬人乘以人均四點五八公噸，則總量是六十億一千八百萬噸），然後加上中國在人均碳排放量與美國水準相同時的總碳排放量（十三億一千四百萬人乘以十九點七八公噸，則總量是二百五十九億九千一百萬噸），則新世界的碳排放量將達到約四百八十九億八千萬噸，等於增加了百分之六十九。

12 如果我們以法國的人均六點六○公噸來計算，中國的碳排放量會是八十六億七千二百萬公噸（十三億一千四百萬人乘以人均六點六○公噸），而印度會是七十三億三千四百萬公噸（十一億一千二百萬人乘以人均六點六○公噸），則修正後的世界碳排放量會是三百七十八億八千七百萬公噸，等於增加了百分之三十左右。

13 二○○八年，洛杉磯人口是三百八十萬三千三百八十三人，面積是四百六十九平方英里，人口密度是每平方英里八千一百零九點五人。

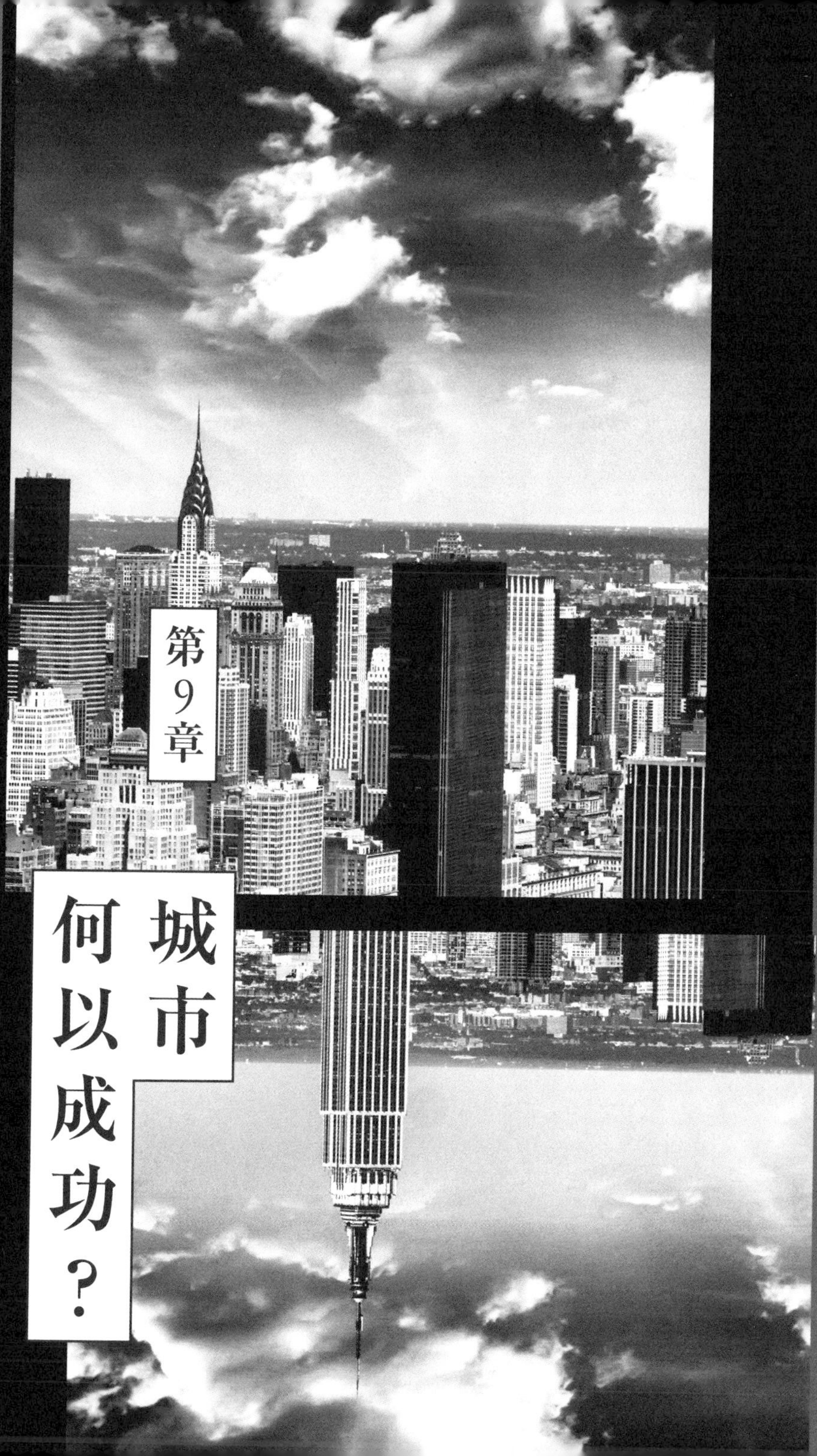

第9章 城市何以成功？

托爾斯泰（Lev N. Tolstoy）也許是對的，他說：「幸福的家庭都很類似，不幸的家庭卻有獨特的不幸之處。」城市剛好相反，失敗的地方很類似，成功的例子卻很獨特。走過萊比錫門窗都已封上木板的社區，你會以為自己到了底特律。無論在英格蘭還是俄亥俄州，只要是空屋，就不免讓人產生類似的消沉感受。然而卻沒有人會把班加羅爾看成是波士頓，把東京誤認為芝加哥。成功的城市總是活力無窮，以不同的方式表現自己，並且創造出展現自身性格的空間。

香港鬧區閃閃發亮的高樓群有空調走廊相連，走廊裡到處可見在全球設點的連鎖店，但幾乎沒有人將這裡誤認成別的城市。東京與新加坡也以高樓與連鎖店聞名，但它們不僅不同於香港，彼此也毫不相似。香港顯然是多元文化城市，東京則深富日本文化，具有外人難以理解的特殊感性。要說新加坡跟香港有什麼區別，除了對西方人更開放外，它的街道較不擁擠而法律也嚴格得多。這三座城市都以美食聞名，但料理風格卻大不相同。沒有人會搞混生鮪魚與廣東烤鴨，而新加坡特有的多民族料理則令人回味無窮。

但成功的城市確實有共通點。為了繁榮，城市必須吸引人才前來各展所長。成功的城市不能沒有人力資本。今日，尤其在已開發世界，技術人員通常接受過傳統學校的良好教育——雖然最重要的知識通常在畢業後才獲得。過去，或者是在今日的貧窮地區，人力資本更有可能以未受過正式教育的聰明進取企業家形式出現，如福特或瓦特。最好的城市擁有各種技術組合，而且讓白手起家者有發達的機會。

不同的城市有不同吸引人才的方式。有些城市以赤裸裸的政治力量或合理的重商政策來吸引技術人才。十七世紀，當德川幕府讓東京成為日本事實上的首都時，它也成為世界最大的城市。三百年後，東京仍然是日本最優秀的人才趨之若鶩的地方。香港與新加坡在缺乏秩序的地區建立起經濟自由與法治的堡壘，這兩座城市也因此繁榮興盛。

在其他城市，例如波士頓，悠久的高等教育傳統持續為城市帶來豐厚的回報。在明尼亞波利斯與亞特蘭大，當地大學也成為城市的經濟支柱。在其他地區，技術人員受生活品質吸引而前來——生活愉悅是巴黎的特色，而伊斯蘭教教長也希望利用這項特點來振興杜拜。最後，擁有其他特點足以吸引人們前來的城市（如芝加哥）可以透過降低新建案的門檻來獲取優勢，這麼做可以使城市的生活價格遠較競爭對手來得低廉。

在本章中，我要檢視不同城市分別採取了哪些成功途徑。城市的卓越並無常軌可言，成功的根源通常也具有高度的民族色彩。如果底特律像東京一樣，成為高度中央集權國家的首都，擁有許多國家資助的大學，那麼它當然可以表現得非常優秀，但這項理所當然的資訊到底能為賓恩市長幫上什麼忙？「鐵鏽地帶」若能深入了解東京或新加坡力量背後特有的國情，將可獲得更多助益，不僅能避免盲目仿效，更可從許多城市成功故事中汲取符合自身民情的教訓。

帝國城市：東京

一五九〇年，豐臣秀吉統一日本。他去世之後，盟友德川家康繼起成為日本的主人，他的居城江戶也正式成為日本首都。毫無權勢的天皇住在櫻花繽紛的京都，實際政務完全交由江戶的德川幕府處理。

日本幕府將軍的權力比同時代歐洲君主在自己國家裡行使的權力大得多。日本稻米收成有一半歸將軍所有。一國政府越是中央集權，首都規模往往越大，因為人們受權力吸引就如同螞蟻向野餐地點聚攏一樣。功能完善的民主制度設法提供每個民眾均等的政治權利，即使這些民眾遠離權力走廊；獨裁制度則非如此。結果，獨裁制度下最大的城市（幾乎清一色是首都）平均擁有全國城市人口的百分之三十五。穩定的民主制度下的最大城市大約只擁有全國城市人口的百分之二十三。到了十八世紀末，江戶擁有一百萬人口，成為世界前二或前三大城之一。

一八六八年，德川幕府大政奉還，開啟了明治維新時代，但江戶的規模並未因此縮減。明治天皇把朝廷從京都遷到江戶，並且將江戶改名為東京。昔日將軍的居城成為皇居，一直延續至今。一八六八年以後，東京一直是順利進行政治中央集權的國家的政治中心，因而確保了城市的成功。

明治維新之後，日本開放與西方貿易，國勢蒸蒸日上。甚至早在明治之前，日本已經擁有教育程度良好的人口，這有助日本快速而有效地進行工業化。一九四五年後，日本成為全球經濟成功的典範，即使一九九〇年代出現「失落的十年」的經濟停滯時期，也無法抹滅它的貢獻。

一九六〇年的日本仍處於貧窮狀態，但民眾擁有很高的教育水準。當時日本平均所得低於阿根廷或智利，大約是法國平均所得的一半。但當時日本男性平均受教育的年數是七點四年，遠超過法國、荷蘭或西班牙。教育是經濟起飛的跳板，確保東京成為高技術水準的城市。強大的首都也勢必吸引日本絕大多數的傑出人物前來。

一九八〇年代，日本處於長期經濟成長時代，專家把日本的成功歸因於日本的獨特國情，包括政府積極協助特定公司與整體產業，如電子業與汽車業。日本的通商產業省[1]長期資助或以其他方式支持許多公司行號。但是，儘管通商產業省雇用的專家遠比任何城市或國家經濟發展機構雇用的人多，但它選擇支持的卻經常是輸家而非贏家。產業政策不一定是錯誤——我將討論新加坡的成功之處——但通產省的失敗對於想扮演創投者的城市首長來說是一項警訊。日本的經濟成長反映的是日本員工與企業家的技術水準，而非政府經濟規畫者的專門知識。

然而，日本政府以東京為中心的官僚體系力量，有助於解釋日本首都規模何以如此龐大。企業如果想獲得通產省的支持，那麼盡可能接近機構所在地多少會有點幫助。而鄰近日本國會與龐大的官僚機構也有一定價值。與其他高度中央集權的國家（如法國）一樣，最優秀的日本年輕人通常會以在通產省這樣的政府機構工作做為事業起點，並在那裡獲得人脈，對自己日後事業的發展會更有利。人才圍繞著權力群聚起來，東京因此成為匯集政治、商業與娛樂的巨大團塊。

東京的外形結構反映了這項現實。東京的正中心座落著皇居，皇居四周環繞著數英畝的土地。這個地區平日不許進入，每年只有一天的時間開放一般民眾參觀。更往外是數量繁多的政府建築群，也就是日本規模龐大的公部門樞紐位於這裡。商業區與東京的城市娛樂場所，如銀座購物區，離皇居有一段距離。東京這座城市是華盛頓與紐約的混合體。

但東京的規模仍在可管理的範圍內，就許多方面來看，東京也為亞洲許多成長中的巨大城市提供典範。日本官員也許眼光不如民間創投業者精準，但他們明智地允許東京興建高樓，而他們也建立了完善的大眾運輸系統。東京的街道乾淨而安全。島國文化的特質使日本蒙上了一層面紗，外人往往不得其門而入，這使得東京無法像紐約或倫敦一樣成為全球人才爭相前往的聖地，但本身已足以吸引大量優秀受過高等教育的日本人前往。只要這些人才持續湧入東京，除了鄰近彼此，也就近進入政府機構，則東京將繼續成為成功城市的範例。

管理完善的城市：新加坡與加伯羅尼

世界許多地區飽受政府治理失當之苦，這使得管理完善的城市更具吸引力。一些最突出的例子來自英屬東印度公司昔日的貿易哨站，如香港與新加坡。東京做為成長中國家的首都而繁榮，相反地，香港與新加坡則是與鄰近大國保持政治距離而興盛。它們之所以成功，是因為在商業上提供了比鄰近國家更優越的政府與更有利投資的公平法律。它們的政治制度吸引了人力資本而獲得發展。

英屬東印度公司的成功，歸功於它有能力吸引人才並且授權他們辦事，如湯瑪斯．史丹福．萊佛士（Thomas Stamford Raffles）。萊佛士是奴隸貿易商之子，他在牙買加的近海出生。父親破產身亡時萊佛士才十四歲，他後來成為東印度公司的員工。十年後，他前往馬來西亞擔任公司地方長官的助理祕書，並且潛心研究一切與馬來相關的事物。萊佛士在拿破崙戰爭期間協助英國征服爪哇，而後他被授予管理印尼的權威。他在印尼展現出古怪卻又典型的英國式風格，他是一名令人印象深刻的業餘學者，又身負道德教化的任務，但另一方面卻深具海盜冒險犯難的野心。

萊佛士的《爪哇史》（*History of Java*）寫於一八一七年，至今仍值得一讀。他熱心研究當地動植物，還養了一頭馬來熊的幼熊當寵物。他後來成了倫敦動物園的園長。雖然父親從事的是販賣奴隸的工作，但萊佛士卻禁止買賣奴隸，也禁販鴉片。最重要的是，他完成了一份協議，讓英屬東印度公司在馬來半島尖端外一處名叫新加坡（又叫獅城）的小島建立貿易站。

貿易站成立後的一百四十年間，除了二次大戰曾遭日本占領外，新加坡一直是大英帝國皇冠上閃亮的藍寶石。這座小島的位置控制了馬來西亞與蘇門答臘之間的海峽，使它成為地處亞洲海路中心的理想港口。良港加上英國施行的法治，吸引了逃離本土騷亂的中國商人前來。

一八五〇年，中國廣東省爆發民變[2]，有兩千五百萬人在隨後的血腥混戰中喪生。十二年後，戰事還在持續，李沐文離開廣東前往英國轄下的海峽殖民地（包括新加坡）尋求庇護。他的家族在此繁榮昌盛，曾孫李光耀就讀新加坡萊佛士書院，而後到英國劍橋大學深造。日本占領時期，李光耀成為販賣樹薯膠的青年企業家。戰後，他從事律師工作，成為爭取從英國獨立的運動領袖。起初，新加坡脫離英國而成為馬來西亞的一部分，但到了一九六五年，對道德與知識要求甚高的李光耀與好逸惡勞的馬來西亞貴族領導人決裂，新加坡因此脫離馬來西亞成為獨立的城市國家。

身為新加坡第一任總理，李光耀面臨重大挑戰。全國面積兩百一十七平方英里，人口一百九十萬人，但缺乏天然的糧食與飲水資源，鄰近又有兩個大國馬來西亞與印尼環伺。如果萊佛士還活著，讓他預測這座小城成功的可能，恐怕他也不抱希望。但事實證明，毫無農業腹地的新加坡居然靠著自己的力量，不僅生存下來，而且還發展得非常成功。

一九六五年，新加坡所得大約只有美國的五分之一。但往後四十年，這個城市國家每年平均維持百分之八以上的成長率，在世界上數一數二。一九六〇年代，新加坡是個窮困破落的市鎮，民眾家中幾乎很少有廁所。今日，新加坡已躋身閃亮的第一世界城市之林，擁有世界最高的人均國內生產毛額。

新加坡的成功反映出人才薈萃所帶來創新與繁榮的驚人能力，幸運的是，新加坡又擁有極幹練的公部門。李光耀走的是一條看似格格不入但結果卻非常成功的道路，他在推行自由市場資本主義的同時，卻又以國家力量引導工業化。他效法萊佛士的家父長精神，補貼儲蓄，對民眾的不良行為（如吐痰）處以罰鍰，並且對酒品課以重稅。新加坡藉由設立嶄新的大型賭場吸引外國賭客獲利，但當局不鼓勵本地民眾賭博。新加坡人若要進入賭場必須先支付七十美元以上的入場費。

新加坡與日本一樣對教育極為注重。一九六〇年，新加坡平均每個成人只受過三年教育，不僅少於賴索托或巴拉圭，也不到日本的一半。但到了一九九五年，新加坡的十三歲孩童已經在「國際數學與科學競試」（Test of International Math and Science）上高居第一，此後新加坡一直名列前茅。競試成績顯示新加坡對國內人力資本的培養不遺餘力，但新加坡的技術也反映在以合理政策與可靠的法律制度吸引外國人才上面。

新加坡的產業政策似乎比日本成功，或許因為李光耀扮演的是教育者而非創投者的角色。透過將民眾引導到服飾業，然後電子業，而後生醫產業，李光耀迫使民眾學習新的技能。

以愛爾蘭與以色列來說，政治派系虛耗了數十年的時間爭奪土地。而新加坡的成功顯示土地面積與繁榮並無關聯。這個城市國家的富有不只是因為缺乏土地，更因為它擁有的空間極少。正因新加坡缺乏天然資源，所以李光耀必須採取合理政策來吸引跨國資本。今日已有許多研究指出，意外取得大量天然資源反而對國家有害，它只會造成長期腐敗、無能或消極的政治人物與政策。

許多第三世界國家長期深陷腐敗的泥沼裡。李光耀了解第一世界的投資人希望法治，不要檯面下的賄賂，因此他以法治與清廉使新加坡成功脫離第三世界。李光耀努力維護司法獨立。為了讓官員保持清廉，他給予他們高薪，然而一旦瀆職違法就會受到更嚴厲的懲罰。《粉紅豹》（*The Pink Panther*）中的克魯索探長（Inspector Clouseau）以難以置信的理由解釋犯了竊盜罪的妻子何以身上會有昂貴的毛皮大衣，他的說法是她是個勤儉持家的妻子。若是在新加坡，克魯索夫人的花費已足以讓探長遭到起訴，光是奢華的生活就足以做為公務員的罪證。「揮棒者」威廉斯，這名擁有遊艇與鄉村別墅的紐約警官，就算他宣稱自己是日本房地產的成功投機客也無法輕易脫身。

新加坡的法治長久以來一直與完美的基礎建設相輔相成，特別是它的港口。世界銀行評估新加坡是世界最好的貿易與運輸物流中心。完善的基礎設施與法治有助於吸引具備高技術外國人才前來，而新加坡優良的機場與國家航空也使人更輕易地來到這裡。

新加坡吸引許多人歸化為新加坡籍，這些人多半是為了美好的生活品質而來，如果我們考慮到新加坡面積的狹小、天然資源的缺乏以及位於赤道地帶的悶熱氣候，更能感覺到新加坡的非凡之處。紐約市可以方便地透過克羅頓水道從紐約州北部引進飲用水，但新加坡沒有腹地，本身又無水源。直到最近，新加坡仍需向馬來西亞大量進口飲用水。為了克服這個問題，新加坡興建了海水淡化廠與耗資三十六億五千萬美元的深層隧道汙水收集系統（Deep Tunnel Sewerage System）。這個系統被命名為二〇〇九年水資源計畫，「它不僅提升了水資源科技，也做到了環境保護」。整個系統位於超過六十六英尺的地底深處，長度達三十英里，它能移除汙水然後回收再利用。

你也許預期在這個世界人口第二稠密的國家裡會出現交通堵塞，但新加坡的街道總是暢通無阻，因為它於一九七五年推行了堵車稅。李光耀最初的簡單系統不斷演進發展，今日，城市各地都設有電子收費站。每輛車必須裝設能自動扣款的感應器，如此一來，在這座人口稠密的亞洲城市裡開車便會變得相當容易，公車也可行駛於完全不會堵車的道路上，長途旅行則可搭乘安全快速的城市鐵道系統。雖然住宅區通常離市中心相當遠，但通勤時間也不過三十五分鐘左右。

新加坡的街道安全、乾淨而且通常栽種了路樹。李光耀了解獅城只能藉由建築高樓來保留綠意，到了二〇〇九年，新加坡高於四百九十英尺的高樓竟有四十二棟，超過倫敦或巴黎的三倍以上。到新加坡觀光的美國人總是若有所思地想著為什麼美國城市無法像新加坡一樣管理完善。

★

非州南部國家波札那的首都加伯羅尼（Gaborone）的成功不像新加坡那麼耀眼，然而在鄰邦動盪不安的局勢下，能有此成績更令人印象深刻。新加坡與加伯羅尼都仰賴嚴謹的管理才能從開發中世界許多城市特有的髒亂與腐敗中脫穎而出。一九六六年，當波札那從英國獨立時，它是世界最窮的國家之一。往後三十五年間，波札那國內生產毛額的成長率一直居於世界第二位，而現在則是非洲撒哈拉以南地區排名前二或前三繁榮的國家。加伯羅尼建立於一九六五年，現在約有二十萬人口，占全國人口的十分之一左右。

波札那的成功仰賴良好的政府治理與天然資源。該國第一任總統塞雷茨・卡瑪（Seretse Khama）領導十四年的時間，他既是傳統的部族酋長，又是在牛津大學受過教育的律師。與李光耀一樣，卡瑪努力打擊貪汙、減輕稅賦與保護財產權。在非洲大部分地區，像鑽石這樣的自然資源通常會導致內戰，但波札那卻能利用鑽石來投資物質資本與人力資本。從一九六五年到二〇〇〇年，波札那平均受教育年數從一點三四年提升到五點四年，使它成為非洲撒哈拉以南地區教育程度最高的地方。

加伯羅尼隨波札那的成長而繁榮，從一九七一年到二〇〇一年，大約成長到原來的十倍以上。加伯羅尼穩重而充滿現代感的天際線分布於國境邊緣，旁邊的鐵路線可以通往南非的普勒托利亞（Pretoria）。城市的大眾運輸系統運作良好，與外在世界連結順暢。加伯羅尼是波札那大學兩個校區的所在地，這所大學是該國高等教育的重鎮。

與非洲大部分地區一樣，加伯羅尼也有嚴重的愛滋病問題，但政府對愛滋病的回應方式——提供每個病患抗反轉錄病毒藥物——符合人道而且溫和有效，它大幅提升了愛滋病患者的預期壽命。沒有人會把加伯羅尼與巴黎搞混，但在非洲城市中，加伯羅尼的成功極為顯眼，主要是因為它的政府具有效能。在世界最窮困的地區，城市的成功尤其反映出優良政治制度與教育投資的重要，而這正是加伯羅尼成為運作良好的城市的主因。

聰明的城市：波士頓、明尼亞波利斯與米蘭

對於既非獨立國家又非一國首都的城市來說，新加坡與加伯羅尼並非理想的效法對象。而在經濟政

策必須顧及地區均衡的地方，這兩座城市也無法成為學習典範。新加坡的成功，部分原因在於對教育的投資以及積極選擇不同於鄰國的經濟政策。美國、歐洲、印度或中國的城市無法像新加坡一樣擁有那麼大的權限。在廣土眾民的大國，經濟政策絕大部分由國家制訂，而非由城市決定。一般而言，美國與歐洲的法治相對完善，因此沒有任何一座城市能遙遙領先其他城市。大國城市在決定城市本身的教育水準上能力有限，因為移往城市的民眾通常來自國內其他地區，而這些地區的教育程度並非城市所能決定。

有些美國城市擁有高水準的教育程度與最成功的表現，其實絕大多數只是一種歷史偶然。二〇〇〇年美國城市擁有大學學歷的人口比例，各個城市的差異多半決定於（至少就統計的角度是如此）這些城市在一九四〇年的教育水準。[3] 如果一九四〇年一個地區成年人口擁有大學學歷的比例低於百分之五，那麼平均而言到了二〇〇〇年時，該區人口擁有大學學歷的比例將低於百分之十九。如果一九四〇年一個地區成年人口擁有大學學歷的比例高於百分之五，那麼平均而言到了二〇〇〇年時，該區人口擁有大學學歷的比例將達到百分之二十九。我們若進一步回顧一九四〇年以前的歷史，會發現這種影響早在之前就已存在。一九七〇年代以降，與紐約一樣，波士頓也推動一連串重新恢復繁榮的措施，而且獲得非凡的成就。波士頓的重生不僅得益於近年來的政策，也受惠於一六三〇年代打下的基礎。

約翰．溫斯洛普（John Winthrop）一行人基於宗教信仰而在波士頓建立城市。溫斯洛普來到新世界，因為「將福音傳到世界這些地區，讓異教徒擁有豐富完整的生命，築起堡壘對抗耶穌會在這些地區扶植的反基督王國，這些都是服務教會最有意義的工作」。溫斯洛普一行人對於耶穌會的厭惡近乎歇斯底里，而這一點並未為他們帶來高尚的名聲，反倒是他們因為恐懼而努力與羅馬天主教會競爭的心理，成了波士頓教育成功的起點。

早期波士頓人與許多新教徒一樣，他們相信想了解上帝意旨，閱讀聖經是最純淨的方式。他們認為想「築起堡壘對抗反基督王國」，教育是最重要的磚石，因此於一六三五年設立波士頓拉丁學校（Boston Latin School）。隔年，他們斥資四百英鎊（一六三五年波士頓殖民地一半以上的稅收）成立學院。另外的三百七十五英鎊與四百本書來自於約翰．哈佛（John Harvard）的地產，他是劍橋大學畢業的清教牧師。這些金額與物資的投入，使麻薩諸塞成為「俗人組成的教區聯盟，他們是書籍宗教的信仰者，而且可能是當時世界上知識程度最高的社會」。

波士頓的人力資本至關緊要，因為波士頓與鄰近地區幾乎沒有任何值得出口的物資。新英格蘭的氣候非常類似舊英格蘭，因此波士頓無法提供比英格蘭本地更廉價的物品給英格蘭。但波士頓人需要金錢來購買歐洲製品，如槍砲與聖經。波士頓早年的營運模式類似殖民地時期的龐氏騙局（Ponzi scheme）：[4]第一波移民靠著販售糧食與衣物等基本生活物資，給下一波帶著錢財前來波士頓的移民如約翰．哈佛維生。

龐氏騙局的問題在於它需要持續不斷的指數成長，而波士頓的成長卻因英格蘭內戰（English Civil War）在本土建立新教政權而陷於停滯。[5]波士頓市民於是嘗試了各種賺錢的方法，例如鐵工與印刷事業。但波士頓的再創新，與其說是技術高超，不如說是運氣奇佳。一六四七年，西印度群島（West Indies）的產糖殖民地發生饑荒。種植園主派船到北方尋找食物而來到波士頓港。於是開啟了殖民地時期的三角貿易，波士頓因此致富。波士頓出口基本生活物資到南方的現金殖民地，當地的土地與奴隸因此能集中全力種植更有價值的現金作物，並且將糖與菸草出口到舊世界。歐洲的製品可以出口到波士頓，因為波士頓人在出口糧食與木材到加勒比地區之後，有了足夠的金錢購買歐洲的商品。

波士頓在三角貿易上的領先優勢無法永遠持續。紐約有更具航運之利的河川，而且也更靠近南方；費城周圍的土地更適合農作。波士頓再次衰退，但又於十九世紀初重獲生機。紐約因為船運技術的改善而成為跨大西洋貿易的樞紐，但波士頓船員也利用這項好處而創造了全球貿易網路。更快更遠的航程減少了從波士頓啟航的相對成本，提高了波士頓數世紀航海業建立的遠航人力資本的價值。這座城市擁有第一流的船員與商人，他們建立的貿易網路遠達中國與南非。

但是，隨著蒸汽船的興起，這些遠航人力資本也失去價值，波士頓必須再次創新，這回是以製造業為中心。一八一〇年，哈佛畢業的船運家族子弟弗蘭西斯・卡波特・洛維爾（Francis Cabot Lowell）到英格蘭旅行，當他返回波士頓時，對曼徹斯特動力織布機的運作原理已了然於心。洛維爾的工廠以城外河水做為動力，但是隨著引擎不斷改良縮小，工廠也逐漸往市內遷移。

十九世紀，波士頓地區的高等教育機構隨著當地經濟復甦而繁榮發展，當地生氣蓬勃的各個教派紛紛籌設新學院：一八五二年，普世救贖主義者（Universalists）成立塔夫茨大學（Tufts University）；一八六三年，耶穌會成立波士頓學院；一八七一年，衛理宗（Methodists）成立波士頓大學；一八七五年，一名曾任律師的牧師成立威爾斯利學院。其他還有影響更為深遠的新機構，如負責傳布科技知識的哈佛大學勞倫斯科學學院（Lawrence Scientific School）與接受無償贈地的麻省理工學院。

二十世紀，許多城市的鐵路與工廠逐漸喪失優勢，到了一九七〇年代，波士頓已經成了一具空殼。房地產價格遠低於建築成本。族群衝突具體而微地顯示在史詩般的校車鬥爭上，整座城市因此遭到撕裂。然而與紐約一樣，波士頓仍力圖振作，這次它仰賴的是有數世紀歷史的教育機構。

波士頓在後工業時代的成功，主要是建立在工程、電腦資訊、金融服務、管理諮詢與生物科技上面，這些都是教育導向的產業。年輕的麻省理工學院工程師凡尼瓦爾・布希（Vannevar Bush）與大學時的室友合夥創立了美國設備公司（American Appliance Company），後來改名成為雷神公司（Raytheon）。這家公司在過去八十五年來一直從事尖端科技設備的生產，例如飛彈。雷神公司目前總部位於老鐘錶鎮沃爾瑟姆（Waltham），隔著州道一二八號與劍橋水庫相望，這條科技走廊曾經是與矽谷平分秋色的電腦科技重鎮。一九五〇與六〇年代，麻省理工學院與哈佛培育出來的工程師設立了不少公司，如王安實驗室與迪吉多公司（Digital Equipment Corporation, DEC），這些公司座落於大波士頓地區，與ＩＢＭ爭食成長中的電腦產業大餅。在鼎盛時期，王安擁有三萬名員工，而迪吉多更是超過了十二萬人。早在王安與迪吉多退出市場之前，柏克萊經濟學家安娜李・薩克森尼恩（AnnaLee Saxenian）就已經預言波士頓電腦產業的衰退，她認為波士頓的科技園區過於孤立，因此喪失了城市密度賦予的優勢。

幸運的是，波士頓產生了許多新科技產業，足以彌補電腦產業衰退的空洞。與紐約一樣，波士頓長久以來一直是金融服務的創新者，於一八二七年創立了第一家商業信託公司，而早在一八九〇年代，波士頓就已出現第一家投資信託公司或封閉式共同基金。波士頓的基金公司中，最成功的是富達投資公司（Fidelity Investment），愛德華・強森二世（Edward C. Johnson II）長期主掌公司的走向，他是出身艾克塞特（Exeter）、哈佛學院與哈佛法學院的社會名流。他對富達公司立下的願景是風險投資，在大眾市場販售基金，以及最重要的，要對嚴肅的股票研究充滿狂熱，這些都成為美國金融產業的重要特徵。

一八八六年，波士頓也首次出現管理諮詢產業，麻省理工學院化學家亞瑟．里特爾（Arthur D. Little）自己成立了一家獨立進行科學研究的公司。一百二十年來，這家公司以多項創新聞名於世，從高海拔氧氣罩到存貨控制電腦化，以及美國航空（American Airlines）的 SABRE 訂位系統。更重要的是，里特爾公司訓練出傑克．特里諾（Jack Treynor）與費雪．布萊克（Fischer Black）這些人才[6]，而它也設立了幾家衍生公司，如波士頓顧問集團（Boston Consulting Group）。波士頓顧問集團後來又衍生出貝恩策略顧問公司（Bain and Company）。

波士頓地區一直是生醫研究的溫床。在美國尚未制訂憲法之前，哈佛醫學院的老師一直在哈佛中庭（Harvard Yard）的小禮拜堂進行驗屍工作。然而光靠治療城市市民無法產生足夠的收益來支持未來的創新發明，因此，為了增進醫學知識以促使城市繁榮，波士頓必須想辦法「出口」健康。非波士頓人通常會前往地區教學醫院看病，但波士頓設法吸引這些人到波士頓市內醫院接受治療，以此來出口醫療技術。波士頓也用更直接的方式出口生醫知識，例如創造與出售新的健康科技。

波士頓科技公司（Boston Scientific）最早設立的地點是在沃特敦（Watertown），它是迷你醫療器材的先驅。自從波士頓科技公司成立後，波士頓地區就出現許多生醫研究企業，例如 Biogen 與 Genzyme，這些公司可以就近雇用當地的人力資本。外國公司如諾華（Novartis），也來麻州劍橋尋找技術員工。諾華位於劍橋的辦公室，原本是新英格蘭糖果糕點公司（New England Confectionary Company，威化餅的製造商）的總部所在地。曾有一段時間城市經濟學家認為劍橋在糖果產業衰退後可能再也無法東山再起，但他們顯然低估了技術城市自我恢復的能力。

★

許多人也許認為明尼亞波利斯不值一提，因為從一九五〇年到一九八〇年，該市損失了三成人口，我們很難看出它哪一點稱得上城市復興的例證。明尼亞波利斯的冬天使波士頓的嚴寒相形失色，而河川帶來的地利之便，到了二戰結束後突然變得無關緊要。儘管如此，明尼亞波利斯與波士頓及紐約一樣，還是恢復了元氣。二〇〇九年，明尼亞波利斯都會區的人均所得達到四萬五千七百五十美元，使它成為中西部所得最高的都會，並且在全美城市排名第二十五位。

明尼亞波利斯成功的祕訣是教育：該市成年人有百分之四十七點四有大學學歷，整個都會區成年人有百分之三十七點五有大學學歷，這使得明尼亞波利斯都會區在美國人口百萬以上城市中教育程度排名第七位。斯堪地納維亞的路德派人士最早定居這裡，同時也將重視教育的傳統紮根於此。最重要的是，明尼亞波利斯市民的高教育程度反映在該市接受無償贈地的學院，也就是明尼蘇達大學身上。明尼亞波利斯最引人注目的經濟成就，與這所大學息息相關。

一九四九年，明尼蘇達大學一名電子工程學研究所學生與他的妹夫一起在車庫裡製造了醫療器材，並且合夥成立美敦力（Medtronic）公司。如今美敦力已成為每年營收一百四十六億美元，擁有三萬八千名員工的大公司。這家公司初期的成功其實與明尼蘇達大學教授與開心手術先驅沃特・里雷海（Walt Lillehei）有點關係，他覺得醫療上需要一種由電池驅動的小型心律調節器，因此他把自己的意見提供給美敦力。明尼亞波利斯大型零售商塔吉特的成功多虧了明尼蘇達大學畢業的鮑伯・厄爾里奇（Bob Ulrich），他幫助塔吉特建立起物流與風格的連鎖品牌。塔吉特採取的路線稍微偏向知識程度較高的客群，與大型綜合式量販店沃爾瑪（Walmart）與凱瑪特（Kmart）略有不同，這顯然是受到厄爾里奇的影響。厄爾里奇本身是非洲藝術的收藏家，他將大量的收藏品捐贈給了樂器博物館。

★

米蘭原本是製造業巨人，它也在後工業時代重獲新生，而教育是它成功的關鍵。十八世紀，女王瑪麗亞．特蕾莎（Empress Maria Theresa）[7]推動一連串教育改革，而所需經費由沒收充公的耶穌會財產支付，她的措施提升了米蘭與鄰近帕維亞大學（University of Pavia）的教育水準，後者培育出兩名重要的數學家，由他們在義大利統一運動期間繼續提振教育。[8]他們建立了先進的學校，如米蘭理工大學（Milan's Polytechnic Institute, Politecnico），以及日後的米蘭大學。理工大學是追求實用的大學，以德國工業學校為範本，培育出許多實業家，如橡膠鉅子喬凡尼．巴提斯塔．倍耐力（Giovanni Battista Pirelli）。

倍耐力是米蘭理工大學最早的畢業生之一。他的卓越表現為他贏得三千里拉的獎金，這筆錢成為他遊學歐洲的旅費，他因此學到「在義大利幾乎無法得見的新產業」——橡膠的使用。倍耐力造訪歐洲各地工廠，參觀機器與學習現代管理方法，運用自己所學的知識將這些觀念引進到義大利。今日，倍耐力公司最為人知的就是輪胎，但它還握有許多尖端科技的資訊。在倍耐力製造第一個輪胎之前，一八七九年，他成功生產了以橡膠包覆的電纜線。高科技事業促使倍耐力成立自己的研究團隊，裡面的工程師全來自米蘭理工大學。

米其林讓人聯想到美食，倍耐力則讓自己的產品與設計連結。許多輪胎公司總是贈送性感美女月曆，但倍耐力的美麗月曆卻是一件藝術品。固特異（Goodyear）位於阿克倫（Akron）的企業總部是一棟平淡無奇的辦公大樓。而倍耐力位於米蘭的總公司大樓卻是建築界的典範，這是吉歐・龐提（Gio Ponti）在一九五〇年代完成的作品，他也是米蘭理工大學的畢業生。龐提創立與編輯了兩份設計雜誌，其中的《*Domus*》至今仍在發行。他是米蘭理工大學教授，他設計陶器、瓶子與椅子，包括重量極輕的現代主義經典椅「Super leggera」。龐提提醒我們，教育有時也能提升美感，這是米蘭得以歷久不衰的元素之一。

工業使義大利與米蘭得以在二戰後起死回生，但造成美國「鐵鏽地帶」製造業衰退的全球化力量與科技變遷同樣使米蘭在一九七〇年後面臨人口流失的問題。然而如同波士頓與明尼亞波利斯，人力資本使米蘭在我們這個一個觀念比機器更有價值的時代中重新爬起。二〇〇〇年到二〇〇八年，米蘭人口持續增加。二〇〇八年，米蘭的人均生產力是義大利各地理區最高的，足足比全國人均高了百分之五十四。今日，米蘭有四分之三的工作人口從事服務業，如同紐約與倫敦，金融業占了大宗。此外，米蘭也是時尚之都。

繆奇亞・普拉達（Miuccia Prada）與帕特里吉歐・貝爾特利（Patrizio Bertelli）是一對受過高等教育的夫妻。普拉達在米蘭大學拿到博士學位；她的丈夫在離米蘭兩小時車程的波隆那大學攻讀工程學。貝爾特利以工程師特有的精確從事品牌管理與行銷。普拉達的織品經常走在時代尖端，例如防水尼龍（Pocone），而普拉達的營業部門很早就採用能立即提供存貨資訊的無線射頻辨識系統。當手提包經過高科技的棒狀物掃描之後，袋子的影像與資訊就會同時出現在各種螢幕上。雖然普拉達與貝爾特利從實務學到的東西遠比書本來得多，但他們的成功與風格仍帶有正規教育的印記。

在米蘭的時尚品牌中，凡賽斯代表人力資本的另一面。吉昂尼・凡賽斯（Gianni Versace）曾攻讀建築學，二十一歲中斷學業，他對服飾的了解多半是在母親的服飾店工作時學到的。凡賽斯的風格也許不像普拉達與亞曼尼（Armani）那樣風行國際，卻具有濃厚的地方色彩，這主要是因為他大量借用了義大利昔日的巴洛克風格。凡賽斯的作品經常以梅杜莎（Medusa）的頭做為裝飾，而過去米蘭的軍械匠菲利波．內格羅里（Filippo Negroli）也曾以相同的主題來裝飾皇帝遊行用的盾牌。[9] 歐洲人力資本反映了數千年的文化，而這樣的文化內涵所提供的教育為公司與城市創造了比較利益。設計才能不僅讓米蘭成為活力充沛的服飾與手提包的出口重鎮，也讓米蘭成為更具生活樂趣的城市，不僅可以消費，也可以生產，這是另一條通往城市成功的道路。

消費城市：溫哥華

溫哥華也吸引許多人才前來，因為它是世界知名適宜居住的城市。溫哥華地區十五歲以上居民至少有四分之一擁有大學學歷，相較之下，加拿大整體只有百分之十八有大學學歷。溫哥華一直穩定位居全球生活品質排名的頂端，這有助於每年吸引數千名技術移民來此定居。

當然，溫哥華享有波士頓、明尼亞波利斯或新加坡沒有的自然優勢。溫哥華的一月均溫是華氏三十七度（約攝氏二點七度），比波士頓或明尼亞波利斯溫暖得多；七月均溫是華氏六十三度（約攝氏十七度），也比波士頓或明尼亞波利斯來得涼爽。加上溫哥華漫長的海岸線、美麗的山脈與可愛的鄉間，不可否認，這是一座飽受自然眷顧的城市。而溫哥華對於自然的恩惠也極為珍惜。

溫哥華原是一座擁有天然良港的林業小鎮。一八八六年，隨著加拿大太平洋鐵路橫跨大陸的路線開通，溫哥華也成為鐵路西端的終點站，地位一夕之間變得十分重要。同年，一場大火燒毀了溫哥華舊市區，使城市（溫哥華最大的地主是加拿大太平洋鐵路公司）有了重新規畫的機會。溫哥華開始建設完善的汙水下水道系統、路面電車網與堅固安全的新建築物。市議會要求保留一千英畝的土地（當時屬於軍事基地的一部分）做為公園，這塊綠地連同其他大片的綠色空間使溫哥華成為一座舒適宜人的城市。一九一五年，溫哥華設立了英屬哥倫比亞大學（University of British Columbia），大幅提升了城市的教育水準。

溫哥華在二十世紀的發展軌跡與我們先前提到的城市頗為類似。在經濟大恐慌期間，城市人口陷入停滯，並且在一九六〇年到一九八〇年代初郊區化發展到達巔峰時步入衰退。然而之後城市人口又開始回升，從四十一萬五千人增加到六十一萬人，足足增加了百分之五十。溫哥華景氣的加溫來自於人們對生活品質的熱情追求、建設的意願以及亞洲技術移民的流入。

在許多地區，溫哥華是典型的非美國式的繁榮城市，它有著乾淨的街道，健全的社會安全網與高稅率。溫哥華更明顯的特徵是它的建築外形以及各色各樣的族群使它的硬體充滿生機。溫哥華的城市計畫哲學，人稱「溫哥華主義」（Vancouverism），特色是開闊的空間、擁有寬廣視野的細長高聳摩天大樓，以及隨處可見的大眾運輸工具。

亞瑟．艾利克森（Arthur Erickson），人稱溫哥華主義之父。他出生於溫哥華，二次大戰期間離開家鄉加入英軍。戰後，艾利克森在弗蘭克．洛伊德．萊特的激勵下，到蒙特婁的麥基爾大學（McGill University）攻讀建築學，並且爭取到獎學金到世界各地研究建築。在遊歷世界之後，他返回溫哥華，在英屬哥倫比亞大學執教，並且開始與交遊廣闊的喬弗瑞・馬塞（Geoffrey Massey）合夥從事建築事業。喬弗瑞的父親雷蒙是著名的加拿大演員，伯父曾任加拿大總督。

早在一九五五年，當時溫哥華還只是加拿大邊陲的一座小市鎮，艾利克森就已經規畫一個擁有高聳天際線的城市願景。他的「五六計畫」（Plan 56）今日看來仍是一個令人吃驚的高樓城市景象，他不打算像紐約那樣集中興建高樓，而是希望優雅地搭配城市自然景致讓高樓呈現出波浪般的瀑布線條。艾利克森並非只是空想。一九六三年，他競標成功，獲得興建英屬哥倫比亞賽門・弗雷澤大學（Simon Fraser University）的機會——這所學校現在已是加拿大的頂尖大學。兩年後，艾利克森終於可以實際改變溫哥華的天際線，林業巨擘麥克米蘭・布洛德爾（MacMillan Bloedel）聘請他興建公司的新辦公大樓。這是一棟高二十七層，樓地板面積五十萬平方英尺的「水泥鬆餅」，大樓落成後隨即成為建築界的典範。一九七〇年代，艾利克森設計了羅伯森廣場（Robson Square），這個占地一百三十萬平方英尺的市民中心，擁有法院、英屬哥倫比亞大學下城校區以及其他許多開放空間。

艾利克森成了加拿大的代表人物，多倫多《環球郵報》（*Globe and Mail*）在訃聞裡描述他是「我國有史以來最偉大的建築師」。在他死後，溫哥華接續他的願景繼續建設，而且成果斐然。中國移民鄭景明（James Cheng）來溫哥華向艾利克森學習，從一九九五年開始，他一共設計了高度至少二十層的大樓達二十棟以上。鄭景明著名的地方在於他善於結合綠色玻璃與混凝土，這種組合賦予溫哥華獨特的外觀。在完善規畫下，許多大樓都是住商混合——例如鄭景明的「生活香格里拉」（Living Shangri-La）是溫哥華最高的建築物——這有助於減少通勤時間與確保城市鬧區入夜後不會變成一座空城。而良好的計畫也讓這些高樓彼此間保持一定距離，以避免阻礙光線與視野，同時也提供了廣闊的開放空間。

完善的城市計畫加上加拿大極為合理的移民政策，有助於溫哥華吸引人力資本。溫哥華人口有四成在國外出生，有四分之一生於亞洲。此外，溫哥華的移民有極高比例是技術人員，與加拿大整體相仿。二〇〇六年，前來加拿大的移民有一半以上擁有大學學歷，這使他們的教育程度遠高於加拿大本地人。擁有博士學位的加拿大人，有半數是在國外出生。

加拿大國土遼闊，但本地出生的居民生育率卻遠低於人口替代率。每年二十萬以上的移民可以幫助加拿大人口維持成長。與美國一樣，加拿大政府讓本地出生民眾的親戚擁有優先移入的權利，但絕大多數簽證還是給了所謂的獨立移民——加拿大政府會根據「教育、語言能力、就業經驗、年齡、安排就業的可能與適應能力」來評分，以此決定是否接受移民。加拿大對亞洲人特別有吸引力，例如許多香港人在香港回歸中國前夕移民加拿大。溫哥華能吸引這些移民，主要是因為它瀕臨太平洋，並擁有較為寬容且具相當規模的亞洲社群。溫哥華有五分之一的居民是華人，相較之下，自稱英格蘭後裔的居民則略低於百分之二十六。

這些移民讓溫哥華的文化與經濟變得更有活力。鄭景明形塑了溫哥華天際線的泰半輪廓，與鄭景明一樣來自香港的張氏家族則名列溫哥華最慷慨的慈善家之林。從餐廳到摩天大樓到投資住房，在移民的努力下，這座林業小鎮搖身一變成了全球知名的現代大都會。

成長中的城市：芝加哥與亞特蘭大

本書第二章討論城市失敗時告訴我們，在現正衰退而且住房需求寡少的城市大興土木，不會帶來任何好處，而認為高聳的摩天大樓可以讓衰退中的城市起死回生，則是一種謬誤。第七章討論城市蔓延時告訴我們，休士頓大量而廉價的住房之所以能吸引這麼多美國人前來，主要是因為這裡原本就有強勁的住房需求，因此無限制的建設才能見效。建設可以提供擴展的空間與吸引心情振奮的民眾，不僅「陽光地帶」如此，老城市亦是如此，但前提是要有其他條件搭配。

一九八八年，當我搬到芝加哥南城時，這座城市雖然光彩奪目，但卻有陰暗的一面。巨大的石砌建築，如美術學院派風格的科學與工業博物館（Museum of Science of Industry），民眾開車前往芝加哥大學校園途中就能映入眼簾，使人回想起這座城市輝煌的過去。大學附近矗立著富麗堂皇的宅邸，這裡曾住著芝加哥的牛肉大王與拳王阿里（Muhammad Ali），但他們全因該區的高犯罪率而將這些房產低價賣出。

一九七〇年到一九九〇年，芝加哥幾乎損失了百分之十八的人口，雖然這個比例不如克里夫蘭或底特律，卻遠高於紐約或波士頓。長期擔任市長的理查·達里（Richard J. Daley）去世後的十二年間，芝加哥居然連換了五任市長，沒有任何人能鞏固權力或降低犯罪率。但是一九九〇年後，芝加哥卻成為中西部少數不斷成長的大都市，儘管人口的教育程度不像明尼亞波利斯或波士頓，而且氣候條件也較差。

芝加哥成功的地方在於，它在提供人口稠密的好處的同時，又能兼顧廉價的住房與舒適的生活環境。芝加哥的經濟仰賴資訊密集產業，如金融與商業服務業，這些產業似乎特別重視密度。金融企業家，例如身價數十億的避險基金經理人肯尼斯．格里芬（Kenneth Griffin），這些人選擇芝加哥是因為它具有人口規模與高教育程度的勞動力，可以提供組織需要的專業人才與服務，同時又能維持相當高的生活品質，與曼哈頓相比，中西部比較有人情味而且重視家庭。

長期擔任芝加哥市長的小達里（Richard M. Daley，他的父親達里也曾長期擔任芝加哥市長）充分顯示他是美國最能幹的城市領袖之一。他知道想讓城市成功，首先要提供有利商業發展的環境與像樣的生活品質。小達里就任市長之後，隨即全面栽種樹木。他說服許多民間企業捐款興建千禧年公園（Millennium Park）。他接管而且改善了公立學校體系。他也大力支持建設。無數新建案使芝加哥的住房價格遠比紐約或舊金山可親。

芝加哥的大量建案提供了大量高品質、具吸引力的房地產，許多金融產業人員對此趨之若鶩。從二○○二年到二○○八年，芝加哥當局批准六萬八千份住房興建許可，大約是芝加哥二○○○年時住房總量的百分之六。同一時期，波士頓批准了八千五百份住房興建許可，大約只有波士頓二○○○年時住房總量的百分之三點三。芝加哥批准的住房興建許可是加州聖荷西的三倍以上，這兩座城市的大小相若，但前者人口卻稠密許多。芝加哥人有百分之十．八住在一九九○年以後興建的房子裡，遠高於紐約人的百分之七點六或波士頓人的百分之八點三。此外，芝加哥允許讓許多建案興建於漫長而美麗的湖岸地區，反觀紐約卻決定讓面向中央公園的最好區塊絕大部分「保持原貌」。

與波士頓或紐約相比，芝加哥的房地產不僅新穎而且也較便宜。人口普查資料顯示，波士頓的房租中位數比芝加哥高了三成，而房價大約高了百分之三十九。根據全美房地產經紀人協會的資料顯示，二〇一〇年第二季，芝加哥都會區公寓的中位銷售價格是十八萬六千美元，相較之下，波士頓都會區是二十九萬美元，舊金山都會區是四十萬五千美元。在芝加哥鬧區，六十五萬美元可以讓你在新落成的玻璃高樓內買到面積一千六百五十平方英尺的三房公寓。相同的公寓在紐約市至少要兩倍的價錢。

芝加哥也興建了許多辦公大樓——從一九九〇年到二〇〇九年，大約新增添了四千萬平方英尺的辦公空間。這些新空間降低了商業成本。芝加哥多年來的商辦租金一直比波士頓或舊金山便宜約三成。

在其他城市，例如波士頓與聖荷西，保育分子與低密度支持者要求城市領袖限制新建案，但小達里卻不做限制。為什麼？因為這些起重機興建的高樓可以吸引高技術勞工前來。低房價使雇主可以支付較低的薪資，因而使芝加哥在經濟上更具競爭力。小達里知道，芝加哥想要生存，必須各方面成本低於美國濱海地區城市。提供大量住房與商辦也許無法拯救水牛城或底特律，因為這兩地的需求太低，但在芝加哥這個具吸引力的城市，降低建案門檻確實有利於提升比較利益。

對建案不做限制是「陽光地帶」城市，例如休士頓與邁阿密成功的關鍵原因，但其中只有一座城市不僅做到快速擴張，也提高了教育程度。從二〇〇〇年到二〇〇八年，亞特蘭大都會區增加了一百一十二萬人，在全美城市中僅次於達拉斯。所有的成長必須以大量建設為條件，包括往郊區蔓延以及在鬧區興建外觀閃亮的摩天大樓做為商辦與住房。一九九〇年以來，亞特蘭大的辦公空間增加了五成，因此它的商辦價格甚至比芝加哥還便宜兩成。

亞特蘭大成長的同時，教育程度也持續提升。亞特蘭大中心地區的成年人擁有大學學歷的比例與明尼亞波利斯相同，而且高於以美國的雅典自稱的波士頓。富爾頓郡（Fulton County）的成年人百分之四十七以上有大學學歷[10]，優於紐約州威斯特切斯特、康乃狄克州費爾菲爾德郡（Fairfield County）、加州聖塔克拉拉郡，而與麻州米德爾塞克斯郡（Middlesex County）平分秋色。亞特蘭大的教育反映了歷史、重視教育的政策以及住房。

亞特蘭大有許多歷史悠久的學院與大學。南北戰爭結束後，亞特蘭大成為北軍的駐紮地，而在這段時期，當地也設立了引人注目的黑人學院。艾默理大學（Emory University）與喬治亞理工學院（Georgia Tech）——後者顯然以麻省理工學院為範本——也在南北戰爭結束後數十年間成立。

最近，喬治亞州決定運用州營彩券盈餘資助「希望獎學金計畫」（Hope Scholarship Program），這個計畫提供豐厚的財務援助給在喬治亞州上大學的優秀學生。但就改善社會不平等來說，這項政策是失敗的，因為這筆獎學金絕大多數都落到有錢人的手裡。但就吸引重視子女教育的優秀父母，與留住優秀學者而言，這個計畫顯然相當成功。

與休士頓一樣，亞特蘭大擁有強大的商業社群，這個社群長久以來一直推動整個地區的成長。商業社群看到教育與建設的價值。因此亞特蘭大提供相當廉價的住房給高教育程度人士，而此舉進一步吸引更多高教育程度人士來到這座高教育程度的都會區。二〇〇〇年到二〇〇八年，富爾頓郡的大學畢業生比例成長的速度比全美快了六成六以上。

盲目求好的杜拜

杜拜沒有機會成為一座帝國城市，但它似乎嘗試了我們這裡討論過的每一種策略。回顧歷史，杜拜是成功的，它就像香港或新加坡一樣，擁有優良的地理位置與優秀的經濟制度。一八九二年，杜拜被納入英國的保護之下，到了二十世紀初，由於鄰近印度，杜拜因而理所當然成為印度次大陸與中東之間的連結港。杜拜本身出產石油，但真正的成長動力是來自於港口，其他國家如沙烏地阿拉伯的大量石油都經由這裡販運到世界各地。

然而，杜拜港經手的不只是石油。這座城市也精於國際貿易，提供了優良而現代的基礎設施與有利商業的制度。正如香港過去鄰近高度封閉的共產中國，它的繁榮得益於種種的經濟自由措施，杜拜亦是如此，它的經濟制度與鄰近地區相比顯得優越許多。成立於一九八五年的「吉貝爾阿里自由貿易區」（Jebel Ali Free Zone）藉由稅捐優惠與法規鬆綁來吸引商業。杜拜不僅比中東鄰邦更提倡商業，它完善的法律制度與優良的基礎設施也遠勝管制過多的印度，杜拜因此成為整個地區的商業貿易中心。在孟買，你可以看到許多商人平日在杜拜工作，到了週末才返家。

印度人把杜拜當成工作的地方，而非娛樂休閒的場所，杜拜的領導人因此決定要讓杜拜從石油運輸中心搖身一變成為吸引金融家與企業家前來的消費城市。這兩種城市功能緊密相連。如果杜拜能成功說服中東民眾前來當地而非前往科威特或開羅，那麼它就有可能成為中東的商業中心。如果杜拜成為中東民眾最想居住的城市，那麼當然能吸引商人前來長久定居，而不只是個觀光景點。

拉斯維加斯因為提供美國其他各州禁止提供的娛樂而欣欣向榮，杜拜的繁榮理由也很類似，它相對不受當地各種宗教規定的限制。謝克・穆罕默德（Sheikh Mohammed）的個人信仰並不影響他建立一座能讓商人自由來往的城市。[11]

杜拜要成為中等規模的娛樂與商業中心並不難，但穆罕默德的野心不僅如此。二〇〇八年，杜拜成為世界最大的建築工地。建築在人工島上的阿拉伯塔（Burj Al Arab）高一千零二十七英尺，落成時是世界最高的飯店。它只有兩百零二間超大型套房——最小的房間也有一千八百平方英尺。二〇一〇年，一座高兩千六百八十四英尺的住商混合建築物落成，這是目前世界最高的建築物。杜拜購物中心（Dubai Mall）內部空間有五百九十萬平方英尺，總面積有一千兩百萬平方英尺，使它成為世界最大的購物中心。穆罕默德計畫興建三百座人工群島，並稱之為「世界」（World），以及一處擁有兩百三十座高樓建築的中心商業區，稱為「商業灣」（Business Bay），此外還要興建一座比迪士尼樂園還大的娛樂中心：杜拜主題樂園（Dubailand）。

原則上，兼顧建設與生活品質是相當合理的做法，但穆罕默德奢華壯觀的建築物已遠逾城市需要的程度。小達里市長只允許民間開發商從事建設；芝加哥的建案反映這些開發商獨立的成本效益評估。穆罕默德投入大量公共基金，杜拜的建設反映他自己的判斷，他獨斷認定怎麼做才能打造出一座繁榮的大城市。然而市場似乎認為他野心勃勃的計畫不夠理性，而杜拜也於二〇〇九年出現債務拖欠的問題。要不是靠著鄰邦阿布達比的金援，恐怕杜拜無法免於痛苦的財務危機。

穆罕默德對城市的通盤看法是正確的。杜拜這樣的城市不能只依循追求生活品質的經濟成功模式。城市必須建設才能成功。但這不表示任何地方都能成為紐約或上海。城市的建築者必須擁有願景，但也必須實際。

注釋

1 譯注：日本通商產業省已於二〇〇一年廢止，改為經濟產業省。

2 譯注：即太平天國之亂。

3 二〇〇〇年是最近一次針對二百五十六個都會區進行的全面性普查。當針對二〇〇〇年與一九四〇年成年人擁有大學學歷比例進行迴歸分析（r-squared）時，其比例是百分之五十三，而相關係數在三以上。

4 譯注：龐氏騙局源於美國一名義大利移民查爾斯・龐氏（Charles Ponzi，一八八二—一九四九年）。他成立公司，用保證投資獲利的口號吸引投資人投資，但實際上這些獲利全是用下一波投資人的資金來給付。他營造投資獲利的假象，使投資人前仆後繼地投入。這類騙局的維持有賴後續投資人不斷挹注資金，一旦後續資金不足以支付他承諾的投資獲利，騙局就隨之瓦解。

5 譯注：英格蘭內戰（一六四二—一六五一年）又稱清教徒革命。內戰後，英格蘭國王查理一世被處死，英格蘭建立沒有國王的新教共和政體。英格蘭新教徒在國內既然不會受到壓迫，也就沒有前往美洲的必要，波士頓也就等不到新一波的移民前來。

6 編注：特里諾之後成為特里諾資產管理公司（Treynor Capital Management）總裁，並曾於哥倫比亞大學及南加大等名校講授投資課程；布萊克為美國經濟學家，他沒有受過正規的經濟學訓練，卻創建了現代金融學的基礎。兩人於一九七三年曾提出一套金融計算法則「特里諾—布萊克模式」（Treynor–Black Model）。

7 譯注：瑪麗亞・特蕾莎皇后（一七一七—一七八〇年）是神聖羅馬帝國皇帝弗蘭茨一世之妻，弗蘭茨死後與兒子約瑟夫二世共同統治神聖羅馬帝國。

8 我指的是弗蘭切斯科・布里歐斯齊（Francesco Brioschi），他曾任教育部次長，也是米蘭理工大學的創立者；以及加布里歐・卡薩提（Gabrio Casati），他曾任教育部長，並且創立了米蘭學院（Accademia of Milan），也就是米蘭大學的前身。卡薩提頒布了「卡薩提法」，為義大利統一後的教育制度奠定基礎。

9 譯注：菲利波・內格羅里（一五一〇—一五七九年）是米蘭知名的軍械匠，曾為神聖羅馬帝國皇帝查理五世打造兵器。

10 譯注：富爾頓郡郡政府設於亞特蘭大。

11 譯注：謝克・穆罕默德是杜拜酋長國的領袖，同時也是阿拉伯聯合大公國的副總統兼總理。

結論

平坦的世界，高聳的城市？

我們擁有的、使用的或知道的事物，幾乎沒有一件不是出自他人之手。人類是具有強烈社會性的物種，就像螞蟻與長臂猿一樣，非常擅於以團體合作的方式生產物品。正如蟻群可以做到單一昆蟲無法做到的事情，城市也可以達成單一個人無法達成的目標。城市促成合作，尤其是一起生產知識，這是人類最重要的創造。在班加羅爾與倫敦的稠密走道中，觀念緩慢而持續地從這個人傳遞給另一個人。人們願意忍受城市的高物價，只因這麼做能讓身邊圍繞著聰明才俊，使彼此能擦出知識的火花。

盧梭（Jean-Jacques Rousseau）曾說過一句名言：「城市是人類的深淵。」他的想法完全是負面的。城市促使人類合作，使人性散發出最明亮光彩的一面。因為人類總是向他人學習，我們身旁圍繞的人越多，我們學到的就越多。城市密度創造出持續不斷的新資訊流，這些資訊來自於我們觀察他人成敗所得到的教訓。在大城市裡，人們可以選擇志同道合的夥伴，正如莫內（Claude Monet）與塞尚（Paul Cézanne）在十九世紀的巴黎找到彼此，或貝魯西（John Belushi）與艾克洛德（Dan Aykroyd）在二十世紀的芝加哥相遇。[1] 城市使人們更容易觀看、聆聽與學習。因為人性的本質就是彼此學習，所以城市使我們更富有人性。

無論城市的起源是基於何等世俗的理由，城市的集中確實產生了神奇的結果。羅馬士兵駐紮在塞納河上的小島，因為這裡適合用來防備不友善的高盧人。從這個卑微的起點開始，往後兩千年間，巴黎人產生了無數文化、經濟與政治上的發明。荷蘭的中古城市建立在羊毛貿易之上，但城市的密度使市民挑起了近代世界首次成功的共和革命。芝加哥的位置使其成為中西部豬隻往東運送時理想的屠宰場地，但芝加哥也吸引許多建築師前來，包括詹尼、伯爾南姆、蘇利文與萊特，他們一起發明了摩天大樓。上海起初是個棉花市鎮，但到一九二〇年代，它的人口密度開啟了音樂、電影與動畫的創新浪潮。

藝術運動傾向於在單一地點發展，如十五世紀的佛羅倫斯或十九世紀的巴黎。在十八世紀的維也納，海頓將他的交響樂觀念傳遞給他的朋友莫札特與他的學生貝多芬。畫家或作曲家居住在人口稠密的城市裡，產生了一連串藝術創新，這種現象與一些乏味的城市創新，例如垃圾債券、槓桿收購與抵押擔保證券有著驚人的類似之處。

專家與評論者總是主張，資訊科技的改善將使城市的優勢喪失。如果你能在安克拉治上網查閱維基百科，那麼何需忍受昂貴的紐約物價？然而數十年高科技的發展不可能擊敗數百萬年的演化。網路空間的連結永遠無法等同於共進晚餐、微笑或親吻。我們這個物種主要是由聽覺、視覺與嗅覺來接受同類釋放的各種訊息。網際網路是一項好工具，但如果能結合面對面獲得的知識，將可產生最佳的效果，關於這點我們已經從班加羅爾與矽谷網路企業家的集中獲得印證。哈佛大學經濟系的學生持續運用科技，但他們也從與同學和教授面對面交流中獲得許多資訊。最重要的溝通仍是直接與人交談，電子連結再怎麼方便，也無法取代實際參與在思想運動的地理核心之中。

遠距連結的成本不斷下跌，使得密集群聚的報酬不斷增加。五十年前，絕大多數的發明家只活躍於地方舞臺。高昂的運輸成本限制了一個人藉由快速將好點子販售到全球而獲利的能力。今日，倫敦、紐約或東京的交易商可以在環繞世界的過程中持續利用定價錯誤的資產價差賺錢。距離的消滅對底特律的商品生產者來說也許是地獄（他們因此敵不過日本的競爭者），但對紐約、舊金山與洛杉磯的觀念生產者來說卻是天堂（他們因此在科技、娛樂與金融創新上賺了數十億美元）。即使當金融世界連番揮動著衰退的手勢，我們仍然應該相信金融世界的集體才智終將帶來新一波景氣。各國仍將引發戰爭，政府仍會殘殺百姓。世界絕大多數人仍處於貧困，富國中有許多人似乎沒有得到應有的快樂，而我們身處的環境也岌岌可危。要面對這些挑戰，人類需要從彼此連結的稠密城市尋求力量，並將其聚集起來。人類對城市的需要如此之深，我對城市的未來因此深表樂觀。世界認同新觀念的價值。人們仍然聚集在城市裡以取得成功所需的技術。一旦取得技術，新觀念隨之增加，創新因此跟著出現。

如果我們能明智地選擇我們的政策，那麼在我們面前將是一個嶄新的綠色城市時代。人們還是會繼續在城市邊緣過著以汽車為主的生活，但在此同時也會有越來越多的人口往市中心集中。我們可以在鬧區興建更高聳的大樓，讓人們有更多空間，而在興建時也要確保環境的永續發展，維持城市的美麗景觀與街頭生活。我們可以確保每個人，而不只是少數特權階級，能夠享受曼哈頓、巴黎或香港的愉悅生活。但為了實現這些目標，我們必須鼓勵城市內部的發展，而非鼓勵往外擴張。我們必須擁抱能激勵大城市前進的變革，而非固守單調乏味的現狀。

無論我們怎麼做，總會有人不想過城市生活。他們像梭羅一樣，希望被開放空間與綠色樹木圍繞著。有能力過著這種牧歌式的生活的人，我們當然不會強迫他住在城市。但是有太多人住在城市之外，是因為我們的社會造成的錯誤所致。我們不應該要求城市一定要成長，我們應該去除的是那些使城市生活變得沉悶無趣的人為障礙。

給城市一個公平競爭的空間

本書的核心主題是城市大幅擴展了人類的力量。我們身為社會的動物，最大的天賦就是彼此學習，當我們面對面時，我們學習得特別深刻也特別徹底。我已試著顯示城市的成就——無論是布魯內雷斯基的佛羅倫斯還是福特的底特律——對整個世界的益處。民主、印刷與量產只是城市帶來的少數幾樣禮物。城市中出現的觀念，最終傳布到城市以外的地區，豐富了全世界。麻州的浮沉取決於波士頓的盛衰，正如馬哈拉什特拉邦的起伏取決於孟買的榮枯。

儘管城市是國家力量的來源，雖然不是唯一的來源，卻仍有太多國家想盡辦法反對城市。城市不需要施捨，它們只需要一個公平競爭的空間。

經濟學家經常建議個別企業如何改善公司體質，而在此同時他們又責難產業政策不該獨厚某些事業。這聽起來也許偽善，但卻相當合理。經濟學的核心信仰在於企業唯有透過市場激烈競爭才能得到最佳表現，政府扮演的則是公平裁判的角色。城市也是一樣。地方政府競相吸引居民與公司是一種良性現象。競爭使城市提供更好的服務與降低成本。國家獨厚特定地區不會帶來任何好處，正如國家支持某個特定公司或產業不會帶來任何好處一樣。讓公司競爭是好事，讓城市自行尋找自身的競爭優勢更是。

信任市場看似冷酷，但實際上卻並非如此。我不反對保護因競爭而受害的人，我也認為社會應該幫助最不利的族群。不過，我要求減少貧困只是我個人的意見，而不是經濟學的洞見。經濟學強調所得重分配——減稅有用嗎？不公平是否對成長有害？——但經濟學家似乎無法回答最大的問題：把錢從富人手中移到窮人手中是對的嗎？這個問題應該交給哲學家、政治人物與選民來思考。經濟學家至少可以確定，把錢丟給有問題的公司或有問題的城市通常無法有效率地幫助需要幫助的人。幫助窮人是政府應盡的責任，但幫助貧窮的地方與經營不善的企業則不是。

城市可以在公平的空間進行競爭，但過去六十年來，美國的政策顯然處處與城市作對。在住房、社會服務、教育、交通運輸、環境乃至於所得稅上，美國政府總採取不利城市發展的政策。儘管面臨這些不利，城市仍得以生存，因為城市可以提供的事物極多。正因為城市在經濟與社會上扮演著如此重要的角色，所以我們必須去除一切不利城市發展的人為障礙。如果我們能對空間採取更中立的安排，則這個世界必能更有生產力與更公正。關於空間中立的問題，我將在後文中進行討論。

以全球化來進行城市化

從雅典開始吸引地中海最優秀的心靈以來的這數千年間，城市藉由吸引來自不同文化的人群而獲得成長。今日最成功的城市，如倫敦、班加羅爾、新加坡與紐約，仍然連結著各個大陸。這些城市吸引了跨國企業以及在旅居國外的僑民。移民通常是這些經濟模式的核心部分，他們在整個薪資結構中不僅居於頂端，也敬陪末座。全球城市的成功與否，取決於國家對貿易與移民採行的政策。

封閉的國家無法產生開放的城市。二十世紀初，當時阿根廷是世界最開放的國家，布宜諾斯艾利斯則是充滿活力的國際城市，英國、西班牙、義大利乃至於瑞典企業家紛紛雲集於此。往後一個世紀，阿根廷封閉疆界，布宜諾斯艾利斯也成了孤立的城市，城內美麗的古老建築提醒遊客這裡曾經是朝氣蓬勃的國際性大都會。從一七九〇年到一九七〇年，美國的城市人口每十年就成長百分十九點五以上。除了在一九三〇年代，當時經濟衰退，關稅壁壘也封閉了疆界，美國的城市成長的速度也大幅減緩。

我的父親一九三〇年在柏林出生，當時德國與幾乎所有的鄰邦都是民主國家。一九三〇年代，世界面臨可怕的經濟情勢，美國的斯姆特－霍里關稅（Smoot-Hawley Tariff）政策卻進一步加深經濟危局，使國際貿易急速下降。隨著經濟衰退，德國、奧地利與西班牙紛紛從民主轉向獨裁。最後，歐洲陷入戰爭的瘋狂。世界也從商業與思想交換的城市理想轉移到獨裁者用來榮耀封建、農業時代的戰場。

貨物與服務在國際間自由流通，不僅對城市有益，也對世界有益。限制自由貿易不僅使美國人以更昂貴的價格購買日常用品，而且也傷害了我們主要的貿易夥伴。讓消費者買到便宜的外國產品，同時迫使我們的生產商進行調整而不是躲在關稅壁壘之後不思改善，這樣對整體社會才有好處。

給予衰退產業大量援助，這種產業政策將危害全球貿易與城市成長。過去幾年美國嚴厲抨擊這類援助政策，這點值得讚賞。主張公司應該在公平環境裡從事競爭，避免補貼或保護，這樣對國家與世界都將是好事。如果美國放棄這項原則而援助國內產業，卻無視於在美國設廠的外國公司，那麼我們等於間接表示我們不歡迎外人在國內投資。而且也等於鼓勵其他國家幫助國內產業對抗美國公司。顯然，支持自由貿易與國際投資才是最好的做法。

移民也是城市成功的重要因素。紐約與芝加哥過去二十年的興盛主要是因為數十萬移民湧入這些城市。城市與移民是互利共榮的。

移民移往繁榮的國家，最大的受惠者自然是移民本身，但如美國這類接受移民的國家也因大量人才定居而獲益。城市獲得的好處特多，因為外國人可以協助城市與其他國家連結。文化的多樣化也讓城市更富樂趣，倫敦的許多好印度餐廳就是明證。如果我們願意跟加拿大與紐西蘭一樣接受更多技術移民，那麼我們的城市與國家將獲益更大。

過去十年來，危險的本土主義幽靈重返美國與歐洲部分地區。這種情感我們並不陌生。一八四〇年代，美國人黨（American Party，或稱無所知黨〔Know-Nothing〕）反對美國接受天主教愛爾蘭人與日耳曼移民。一九二〇年代，北方城市出現的三K黨掀起一波歇斯底里的反移民風潮。我深信美國之所以能成為一個偉大的國家，原因就在於一九二一年之前大量人才移入美國，而一次大戰後美國對移民關起大門是最大錯誤。窮國的民眾移往富國，是脫貧的最佳方式，從漢彌爾頓到谷歌的創立者塞爾蓋・布林（Sergey Brin），他們都對美國做出卓越的貢獻。到目前為止，反移民人士仍未能成功說服兩黨，而移民之子也登上總統寶座，但新本土主義仍是一項威脅。已開發國家因為許多移民流入美國而獲利，特別是增加專業技術類工作人士簽證（H-1B）的發放，這可以讓技術勞工在美國定居。

培養人力資本

除了一月均溫之外，教育是最可靠的城市成長預測指標，特別是在老城市。如果城市的教育程度高，都會區人均生產力就會快速增加，若城市的教育程度低，人均生產力就難以提升。城市與學校相輔相成，因此，教育政策乃是城市成功的必要條件。

二〇〇七年，美國大學畢業生平均每年賺五萬七千美元，而高中畢業生則是三萬一千美元。換言之，上大學可以讓所得增加八成。[2]觀察其他國家與城市，教育的影響似乎更大。都會地區的大學畢業生人數若增加百分之十，個人所得將增加百分之七點七，無論他們讀的是什麼大學。以各國來說，平均每多受一年教育，人均產出可以增加百分之三十七，這是相當大的增幅，因為多受一年教育對個人薪資的提升通常不超過兩成。學校教育與國家生產力有著巨大關聯性，而這些關聯性也反映其他無法衡量的國家性質，我相信國家可以從學校獲取很大的利益，因為擁有受過高等教育的鄰居可以帶來許多額外好處，包括可靠而清廉的政府。

傑佛遜曾經寫道：「在文明狀態下，如果一個國家既想無知又想自由，那麼不只是過去無法實現期待，未來也不可能。」教育與民主有著強烈連結，是教育創造了民主，而非民主促進教育。舉例來說，一九九〇年後，在「華沙公約組織」（Warsaw Pact）裡教育程度較高的成員國如捷克與波蘭，它們的政治發展顯然比其他教育程度較低的地區如哈薩克來得好。針對各國義務教育所做的研究顯示，接受較多義務教育的民眾，對公民責任的投入也較多。教育不僅改善地區的經濟前景，也有助於創造較公平的社會。讓貧困兒童接受好的教育，也是唯一能協助他們脫貧的最佳方式。

單只是推崇教育很容易，但要改進學校系統卻很難。為期三十年的研究顯示，光是投入資金收效甚微。小班制看似能改善學業成績，其實進步有限。早期的介入可以獲得比較大的成果，例如「贏在起點計畫」（Head Start）[3]，但要真正改善教育，我們需要的是制度改革，而不只是投入金錢。

近來針對波士頓與紐約特許學校進行的研究顯示，讓低收入戶學生上特許學校可以產生極大的成果。這個結果與先前的研究吻合，也就是說，在貧困地區設立教區學校效果往往非常顯著。由國家壟斷可以提供良好的學校系統，許多歐洲國家（如法國）都是如此，但導入競爭的話，甚至能產生更好的結果。就連社會主義國家瑞典也轉換了系統，讓學童有更多的選擇空間。

城市藉由鼓勵競爭與多元創新而獲得成功。有了足夠的經費與幹練的行政體系，我們可以建立普世性的優良公立學校系統，但這種做法在美國似乎不可行。透過政策允許學校系統有更多的競爭與多樣化的發展，似乎更可能產生更好的學校，例如特許學校或者在公立學校系統內進行選擇。

學校品質的好壞，就跟城市能否成功一樣，取決於人力資本，也就是老師的能力。研究顯示好老師與壞老師足以產生很大的差異。特許學校的表現通常比公立學校好，因為他們可以篩選出優秀的教育人員。教師公會主張薪資提高可以吸引優秀的老師投入，這是對的；但他們卻反對依照老師的表現敘薪，這點則令人難以苟同。教師公會為表現差勁的老師說話，顯示他們把公會成員的福祉看得比孩子還重。

其他的研究顯示學校課程也有影響。從一九八〇年代開始進行的數理教育加強計畫，對學生學業成績有所幫助，特別是貧困學生。學校應該把重點放在強化孩子的計算能力上，這對他們未來的成功將產生決定性的影響。

對城市來說，投資學校教育可以產生兩項收益。學生獲得更多技術，可以讓城市生產力提高。更好的學校可以吸引教育程度更高的父母前來，這對城市生產力有立竿見影的效果。創造聰明城市唯一而且最好的方式就是創造能吸引與訓練聰明學生的學校。

幫助窮人，而非幫助窮地方

許多後工業城市在教育上的不足，有助於解釋為什麼這些地方難以東山再起。這些城市有許多公司隸屬於單一產業，因此扼殺了企業家精神與創新性，城市也因此受害。通觀美國歷史可以發現，老城市總是被暴富的城市所取代。一八〇〇年，全美前二十大城市，麻州就囊括了六座：波士頓、塞勒姆、紐伯里波特（Newburyport）、南塔克特（Nantucket）、格洛斯特（Gloucester）與瑪伯赫德（Marblehead）。而到了十九世紀末，隨著人口西移與沿著內陸水道建城，麻州這六座城市只剩下一座仍維持主要城市的地位。麻州城鎮的相對衰退，使麻州居民面臨許多麻煩，但對整個國家來說是有利的。

當初在麻州城市衰微時趁勢而起的新市鎮，如今也陷入衰頹。這些工業城市在二十世紀下半葉趨於停滯，最近的經濟衰退更對它們造成打擊。這些城市的居民需要我們協助，但我們不應該阻礙城市變革或強行不讓城市衰退。民眾有充分的理由搬到「陽光地帶」居住，國家沒有理由花費龐大的資源讓底特律人口恢復到巔峰期的一百八十五萬人。國家應該減輕民眾的痛苦，但不應該試圖反轉城市變遷的潮流。趨勢擁有強大的力量，根本不應該阻擋。

數十年來，聯邦政府一直愚蠢地補貼城市更新，例如水牛城的輕軌系統，彷彿這麼做就能平衡以往的反城市政策如高速公路系統與房屋低利貸款。這些補貼毫無經濟意義，而且無助於城市貧民。

幫助窮人天經地義，但幫助窮地方卻很難自圓其說。為什麼政府要出錢讓人住在不斷衰退的地區？為什麼要把人留在沒落的區域，讓不斷成長的地區少了源源不絕的人口？此外，對地方進行投資不一定對當地居民有利。底特律市政府幫助通用汽車公司驅逐波蘭鎮的居民，這對後者會有什麼好處？住在畢爾包古根漢博物館附近的承租戶，如果他們對當代藝術或建築沒什麼興趣，那麼博物館的落成對他們有害無益，因為當地租金將水漲船高。

人與地方的衝突因二〇〇五年卡崔娜颶風摧毀紐奧良大部分地區而引起全美關注。小布希總統推動城市更新工作，宣布「偉大的紐奧良終將再起」。但他不應該投入大筆的聯邦預算在這個事倍功半的目標上。紐奧良在南北戰爭之前是南方大港，在一八四〇年經濟達到巔峰。一九六〇年以後，城市人口開始流失，就像底特律一樣，科技的進展使企業不再需要設在鄰近港口的城市，而且與利物浦相同，貨櫃運輸的出現也使港口不再需要那麼多工人。

卡崔娜颶風造成重大的人間悲劇，大家都想幫助在災害中受苦的民眾。但還是那句老話，幫助窮人不表示幫助窮地方。事實上，研究風災後民眾四散各地的狀況可以發現，離開紐奧良的孩子學習狀況比留在原地的孩子好。[4]達特茅斯學院經濟學家布魯斯・薩塞多特（Bruce Sacerdote）指出，因卡崔娜而被迫離開紐奧良的孩子在學業成績上大幅進步。也就是說，離開故鄉反而讓孩子受惠最多，因為他們得以脫離紐奧良不良的學校系統。

充滿善意的城市支持者對於新月之城（Crescent City，紐奧良的別名）的苦難深表同情，他們提案投入兩千億美元的經費重建紐奧良。這相當於風災前居住於紐奧良的男性、女性與孩子每人可以領到四十萬美元以上，或整個大紐奧良地區每個家戶可以領到二十萬美元以上。紐奧良居民如果能直接領到現金、支票或房貸與學費抵用券當然最好，總比將大筆鈔票交給承包商強。要不是因為這裡的住房耐久堅固，恐怕紐奧良的人口還會更少。然而，無論我們有多喜歡紐奧良的爵士樂，對一個早已喪失經濟活力的城市投資超過一千億美元，以改善它的基礎建設，這種做法並不合理。一旦我們用城市復興的迷夢將政策討論包裹起來，那麼即使是昂貴得離譜的計畫也會突然變得合理起來。

政府不該漠視紐奧良、底特律或水牛城的問題。城市容納許多美國最窮困的民眾，一個具有人道關懷的社會必須協助他們。然而，國家政策應該把目標放在讓這些人獲得技術，使他們有能力在任何地方生活，而非鼓勵他們留在特定的地點。更重要的是，每個孩子都應該有上好學校與獲得安全的權利，聯邦政府有充分的理由把錢投資在美國孩子身上，無論他們住在休士頓、紐約或底特律。

城市貧窮的挑戰

城市可以是充滿不平等的地方，因為城市同時吸引世上最富有與最貧窮的人前來。雖然貧窮往往與城市衰退相伴而行，但貧窮也是城市運作良好的明證。城市吸引窮人，因為城市可以讓窮人謀生。但是每當人群聚集，疾病傳布的可能性也隨之升高，飲水也可能受到汙染。當這些密集聚居的人群越來越窮困，風險也逐漸升高，因為這些人擁有的資源不足以讓他們獨力解決問題。在地方層面上，人口與貧窮的高度集中需要足以對抗密度成本的強大政策。乾淨的飲水與安全的街道並非如此輕易出現於西方城市，也不可能自動出現在今日的開發中世界。在西方，要創造衛生且具吸引力的城市，需要龐大的財政投資，而且通常需要政府的強力干預。有些市民覺得清道夫造成他們生活不便，如果魏林因為害怕冒犯市民而停止執行這項政策，恐怕他永遠無法整頓曼哈頓街道。新加坡有效地維持市容整潔與安全，因為新加坡政府受到的限制遠少於其他國家政府。

但是，即使是最強健的城市也無法、也不應該獨力負擔城市貧困的成本。在一九六〇與七〇年代，城市富人與中產階級逃往市郊，因為他們不想負擔城市不平等的代價。富人聚居的區域經常位於城市政治疆界的邊緣，既可以享受城市的繁榮，又不需繳納稅捐或接受城市的學校系統。公平的競爭空間指的是人們可以根據自己的欲望，像是選擇鄰里社區或工作機會來決定自己的住所，而不是為了避免出錢養窮人。

一國的窮人是每個公民的責任，不應該由剛好與窮人住在同一個行政區的居民來負責。社會服務如果是由國家層級而非地方層級來資助，那麼對窮人與城市來說，都將是比較公平的安排。由國家與聯邦政府援助貧窮地區固然可以解決部分問題，但中產階級還是有充分的誘因離開城市與避免資助窮人。

美國教育系統的一項不利因素，我先前已經討論過，就是有太多孩子從學校裡學到太少東西。第二項不利是我們的地方學校系統使人們有強烈的誘因為了更好的學校而搬到郊區。郊區的學校比市區好，這並非出於必然。巴黎市內擁有世界最好的幾所公立高中，而美國最好的幾所學校也全是些位於大城市的私立高中。然而，內城的窮困與地方資助的學校系統兩相結合常使城市公立學校成了一場災難。有時反映的是管理不善，但即使在營運最好的學校系統裡，城市貧困也對教育人員構成極大的挑戰。

貧困兒童經常出現行為問題，他們在家裡也很少有人管教。假設經費相同，學校裡都是小康家庭的孩子與學校裡都是窮人家的孩子，前者的學業表現往往較佳。然而這不表示窮人無法出人頭地——事實上，很多窮人之後都能成功開創事業——但貧困確實讓教育變得比較困難。因為公立學校會容納學區內所有的孩子，因此大城市裡貧困的出現往往會讓富裕的家庭搬到郊區自成一個聚居地。

有一些比較不那麼反城市的選擇，可以用來補充目前的學校系統，地區學券制可以讓家庭居住地與孩子就讀的學校脫勾。如果大城市可以在稠密的都會區導入競爭與多樣化的力量，那麼城市學校將有機會改善自身的體質。對大城市投入更多經費也是建立公平競爭空間的有效卻昂貴的手段。依據技術水準來對學生進行編組，不管是分班還是分校，相信可以讓城市公立教育吸引更多擁有優秀子女的父母。反對能力分班的人士認為此舉將剝奪發展不佳的孩子接觸優秀孩子的機會，這種說法是對的。但是如果不這麼做，富人就會搬到郊區去，那麼到頭來窮人的孩子還是接觸不到優秀的學生，因此兩相比較，能力分班至少還能留住富人，讓他們的子弟待在城內上學。

如果窮人的鄰居必須獨立負擔窮人的財政與社會重擔，那麼這些鄰居必然會搬離現地，讓城市更為窮困，窮人更加孤立。更好更實際的做法是由層級更高的政府分配資金來抵銷額外的貧困成本。在美國的許多州，包括麻州，州政府會根據當地的貧困程度增加補助經費，這是合理的做法。對於出現貧困問題的城市提供更多補助，可以降低富人離開城市的誘因。

消費城市的興起

當然，成功的城市除了吸引窮人，也會吸引富人。城市一旦變得比較安全與衛生，就能逐漸吸引富人前來。今日的紐約居民其實願意多付點錢來享受紐約帶給他們的快樂。倫敦、紐約與巴黎的成功，部分反映出消費城市所具有的力量。我們有充分的理由相信，一個越來越繁榮的世界，會持續重視創新性的享受，而這種享受只有城市才能提供。城市創新具有一種由下而上的性質，這表示最好的經濟發展策略是吸引聰明人而且讓他們能自由發展。

但是一個地方如何既成為消費城市又能吸引技術居民？城市學家理查・弗洛里達（Richard Florida）提出的願景強調藝術、包容各種生活風格，以及有趣而充滿驚喜的鬧區。另外一種願景則認為城市的核心職能應該是提供更好的公共服務：安全的街頭、快速的通勤、優良的學校。城市領袖擁有的資源相當有限：他們不可能為每個人做每件事。即使人們相信（我也是如此）每座城市應該兼取這兩種願景的部分特質，但問題在於該將人力物力投資在哪些選項。

某方面來說，這兩種願景的相對比重取決於你心目中的理想市民是什麼樣子。第一種願景喜愛咖啡廳與公共雕塑，它的目標似乎是二十八歲穿著黑色高領毛衣閱讀普魯斯特（Marcel Proust）的年輕人。第二種願景聚焦於核心的城市服務，似乎比較合乎四十二歲生物技術資深研究員的需要，這樣的人在意的是家人在波士頓是否能過得跟在夏洛特一樣舒適。別忘了，二十幾歲的人終究會成為三十幾歲、四十幾歲與五十幾歲的人，因此把城市完全設定在某個願景上絕對無法廣泛吸引各年齡層的族群前來居住。

雖然我喜愛城市文化，但美學的展示絕對無法取代基本的城市需要。再怎麼美妙的公共空間，如果治安不佳，就無法創造工作機會。父母不可能為了巴黎的咖啡廳而讓孩子到糟糕的公立學校就讀。如果通勤成了長途折磨，那麼無論市區的博物館有多吸引人，公司都會遷往郊區。

鄰避主義的詛咒

不管在城市還是郊區，反對改變意謂著反對新的發展與阻止新的基礎建設計畫。這些反對者其實想說的是「不要在我家後院」。像紐約這種老城市，鄰避主義總是隱藏在保護文物的外衣之下，表面上說要保存過去的美麗文物，實際上卻對新舊建築完全不加區別，只是一味地將整個鄰里凍結起來不准開發。在極具吸引力的城市裡，這種反對改變的想法可能造成的最糟後果，就是確保了建築物高度將會是低矮的、新建物將會是寡少的、價格將會是昂貴的，而城市除了富人，將成為所有人的禁區。

遺憾的是，我們很容易了解為什麼人們反對改變：

- 你在充滿綠意的郊區買了一棟房子。目前，這裡的房子並不多，你感到相當滿意。因為你就是看上這點才在這裡購屋。但之後鄰近一名地主打算在她的五英畝土地上興建二十棟住宅。這與你搬來這裡的原意相違。你不想被建築工事的噪音騷擾，更不希望未來住宅落成後許多人搬進來住造成交通阻塞。你希望維持原來的面貌。
- 你在曼哈頓上東城買了一間視野遼闊的公寓。一家建商打算在對街蓋一棟高樓。從你的公寓明顯可以看到這棟大樓，你不希望原本的視野受到破壞。此外你也不知道自己能不能接受搬進那棟大樓的新住戶。你希望這個鄰里維持你搬進來時的原樣。你希望一切照舊。
- 你在波士頓一棟三層樓透天住宅住了二十年。有一所大學打算在幾個街廓之外的校地興建一座當代藝術博物館。從你家遠遠就能瞧見這棟建築。你預料這座博物館將會吸引許多外地人前來。你對當地藝術沒什麼興趣。你覺得保持原來的狀況最好。

這些是鄰避主義在真實世界的例證。每一件個案幾乎都不難理解。有人想改變你的社區。你不想生活在稠密、高聳或藝術的空間裡。你只希望維持現狀。這種想法相當合理，不是嗎？

然而看似合情合理的鄰避主義往往帶來可怕的後果。阻止新建案對你固然有利，卻增加了想住在新成屋或新公寓的人的成本。阻止興建新的私人博物館將使城市少了新的景點，這項新設施原本可以吸引許多居民而且也將帶來觀光客，有助於地方經濟的發展。反對改變的人當然有自己的利益要維護，但他們的利益通常阻擋了更龐大的公共利益。

此外，這三件案例的憤怒鄰人想控制的並不是自己的土地。想蓋住宅的地主用的五英畝土地是自有的，城市開發商與大學也一樣。這些反對改變之人說穿了就是想控制別人的土地。也就是說，反對成長不只是為了維護現狀，更是為了取得別人的權利與減損別人的土地價值。

鄰避主義的流行，背後隱藏著兩項強大而彼此連鎖的心理偏誤。第一項是現狀偏誤，指對現行狀態的強烈依附。有個著名的實驗顯示這種偏誤會使人寧可花更多的錢保留別人給他的馬克杯，也不願去買另一只完全一模一樣的杯子。第二項是影響偏誤，人們會過於高估有損目前生活的負面影響。反對興建高樓的人認為高樓會讓他們生活悲慘，實際上他們很快就能適應新的環境。

過去四十年來，美國經歷了一場產權革命，然而很少有人注意到這一點。我們從人們可以自由處分財產的體系，過渡到鄰居有巨大的權利可以限制成長與改變的體系。這項產權革命有其好處，但帶來的弊病更大。

並非所有的改變都能帶來好處，然而如果世界想變得更有生產力、更容易生活、更令人振奮、更具創新性與對環境更友善，那麼許多改變是必需的。國家政策經常犯下反對改變的錯誤，例如聯邦政府為了保護舊城區而犧牲當地發展。地方上的活動人士不希望自己的社區出現成長而反對改變。他們的行動，我們可以理解，但他們的偏狹心態使他們無法看出自己的行為對全球造成影響。反對在吸引人的地區從事新建案，將使當地房地產價格更昂貴，進而使外地人買不起當地房子。而高房價也讓公司望之卻步，不願在當地開展業務。在充滿自然風味且碳排放量低的加州，禁止開發意謂著建案將往對環境更不利的地點移動，例如加州內陸地區與鳳凰城的市郊。地方環境主義通常是惡劣的環境主義。

在老城市，文物保護主義者也是改變的大敵。他們的論點完全從美與歷史出發。我尊重他們的價值，但也認為他們的權力必須受到限制。許多建築物需要保護，但城市也需要成長才能繁榮。在保護建築瑰寶與允許改變之間取得適度的平衡絕非易事。在舊金山與紐約固然困難，在巴黎與羅馬更是極度複雜，因為人類的歷史全寫在石砌的建築物上。關鍵是盡可能利用允許改變的空間。我不想破壞老城市裡最重要與最美麗的建築物，因此在允許重建的地方，我們應該物盡其用地進行新的開發。聰明的文物保護主義者應該鼓吹新建築物越高越好，而非越矮越好。建築更高、更新的建築物可以減輕拆毀古老紀念性建築物的壓力。

當美國或其他國家考慮從事新的基礎建設時，允許改變的重要性便浮上檯面。阻止私人建築住房與公寓的力量，也會出面阻撓對城市與社會有利的城市大型計畫。在法國、德國與日本，鋪設連結各大城市的高速鐵路已有數十年的歷史。一九九四年，全美鐵路客運公司（Amtrak）打算將高鐵引進美國國內，首先在阿西樂快線（Acela）試行。阿西樂快線時速可達一百五十英里，紐約到波士頓之間的旅行時間可望縮短為九十分鐘以內，同時也使電車成為飛機以外的一項快速而又有利環境的選項。然而，鄰避主義者卻不讓美鐵鋪設直線鐵路，因而使阿西樂快線無法達到最高的行駛速度。目前的迂迴路線使列車時速平均只有八十六英里，紐約與波士頓之間的旅行時間超過三小時。以目前的政治氣候來說，即使高鐵為經濟與環境帶來的好處遠多於成本，社區仍會持續反對將路線拉直。

每次我回到自己成長的社區，也就是夾在第一與第二大道之間的六十九街。在我過去住的老公寓大樓對面，還是同樣那一排赤褐色砂石建築，馬札兒（Magyar）教堂令人回想起昔日的種族認同。如果這些建築物連同教堂一起被高層公寓所取代，我是否會感到悲傷？也許會。但高層公寓卻能讓許多孩子（跟當初的我一樣）體驗到在紐約市成長的喜悅與驚歎。因此不管你哪一天來問我，我都會說我站在建設那一邊。

在開發中國家，過度管制造成的壞處更是不勝枚舉。在快速發展的地區，例如孟買，對建築高度設限使民眾只能水平散布而不能垂直發展，它造成城市交通極度壅塞，因而造成龐大的經濟損失。孟買或其他開發中世界的巨大城市最不該做的就是管制，這樣只會阻礙城市興建優良可用的房地產。城市是人們賴以脫貧的工具，阻礙城市成長只會讓開發中國家繼續窮困。

對城市蔓延的偏誤

過去一個世紀以來，有數千萬人離開城市搬往郊區。雖然我喜愛城市，但我沒有立場批評他們的選擇，因為我自己也住在郊區。我要批評的是那些詆毀城市並且以不實理由引誘人們離開城市的體制。我在前面已經討論過，我們不該要求城市裡的富有居民獨力資助貧窮居民。反城市的偏誤在住房與交通運輸政策上最為明顯，城市能讓國家與世界更富有，卻有人處心積慮要傷害城市。

聯邦住房政策的核心就是房貸利息扣抵，它讓房屋所有人能以房貸（最高到一百萬美元）利息來扣抵稅捐。由於有超過六成的美國人是房屋自住者，因此這項政策在政治上無可非議，但不表示它沒有嚴重瑕疵。房貸利息扣抵有如一頭聖牛，為了房市榮景所以必須好好供養。利息扣抵鼓勵美國人運用槓桿在房市上孤注一擲，而在二〇〇六年到二〇〇八年房市崩跌之後，我們可以看出這當中的愚癡。補貼房主，等於鼓勵民眾買房，藉此支撐房價。利息扣抵最大的受惠者其實是有錢的美國人。平均年收入在二十萬美元以上的美國家庭，其利息扣抵是年收入四萬到七萬美元之間的美國家庭的十倍以上。

基於對環境的關切，我們應該推動稅捐政策促使民眾過節約的生活，選擇適當的房子居住。然而房貸利息扣抵卻反其道而行，它鼓勵民眾購買更大的房子，而這些房子通常位於郊區。二次大戰後，鼓勵購屋的稅捐政策讓許多民眾到郊區買房，例如雷維特鎮與伍德蘭。我樂見民眾能居住在大片土地的大房子裡，那是一種愜意的享受，但我不明白為什麼聯邦的稅捐政策要補助民眾買大房子。想解決這個問題而又不傷害中產階級美國人的方法，就是降低房貸利息扣抵上限到一個適當數字，例如三十萬美元。

房貸利息扣抵是聯邦政府七十年來鼓勵購屋政策的一環。政府贊助的企業如房利美（Fannie Mae）與房地美（Freddie Mac）長期間接地接受、而如今則是公然接受聯邦基金的挹注以激勵房貸市場。此外，聯邦住房管理局與退伍軍人事務部長期以來也一直鼓勵美國民眾買房。雖然房屋自有能帶來一些社會利益，但補貼購屋卻對城市有害。房主有更強的意願投票，並有更大的動機參與解決地方問題——而且他們擁有較多槍隻。或許這些事情值得補貼，但更合理的做法應該是針對這些可取的活動直接進行補貼，而非鼓勵民眾盡可能借一大筆錢，然後將這筆錢全投入房市。從二〇〇六年到二〇〇八年房市的崩跌看來，鼓吹民眾將自己所有的財產乃至於借錢投入漲跌難以預測的房市有多麼荒謬。

城市土地價格昂貴，因此興建的房子多半屬於多單位住宅，這類住宅百分之八十五都由承租戶居住。我們可能看到屋主自住的合作住宅或公寓，但這些住宅通常產權十分複雜，容易造成移轉困難，因此這類房子相對較少。只要屋主自住的房子多半位於郊區，補貼購屋就會對城市不利。

歐巴馬是老羅斯福以來首位城市總統，但是二〇〇九年基礎建設刺激法案卻跟過去美國絕大多數的基礎建設開支一樣對城市不利。從二〇〇九年三月到十二月，美國五個人口最稀疏的州[5]，人均獲得的刺激景氣支出是美國其他州的兩倍。我們對於這項事實或許不感到驚訝，因為這五個州控制了參議院百分之十的席次，但它們的人口卻只占全國的百分之一點二。但這不能合理化為有不成比例的資源流入人口稀疏地區，尤其這筆錢是用來對抗衰退，而這五個州在二〇〇九年十二月的平均失業率卻是百分之六點四。[6]

過去二十年來，人口最稠密的前十個州獲得的交通運輸基金，以人均來算，是人口最稀疏的前十個州的一半。刺激景氣法案使用的是舊公式，所以分配的比例跟過去一樣。大部分基礎建設經費用來改善美國農村的交通，而不是用來加快人口稠密城市地區的人車速度。然而擁擠的城市絕對比低密度地區更容易發生交通壅塞問題。例如，美國前十大都會區的平均通勤時間比全美平均多了百分之二十。

白宮行政管理預算局（White House Office of Management and Budget）提到聯邦公路計畫時曾表示：「經費不是根據需要或績效來發放，而是已經指定要用在這項計畫上。」一九五〇年代，跨州公路計畫使民眾更容易逃離城市。透過持續補貼低密度地區，交通運輸支出不斷引誘民眾遠離美國城市。

不可否認，城市地區的交通運輸建設困難度較高。大城市的交通運輸計畫往往極為昂貴。珍．雅各與總工程師莫塞斯針對下曼哈頓高速公路所進行的著名論戰，提醒我們在已經有人居住的地方進行建設，勢將引發社區居民抗爭，但在蔥綠的田野進行建設就沒這種困擾。此外，有太多城市運輸計畫是規畫在根本不需要這類基礎設施的衰退城市裡。這類衰退城市的基礎設施相對於它們的居民來說已經過剩。我們從事基礎建設時必須盡可能讓越來越擁擠的城市發揮功能。好的計畫與愚蠢的計畫（如底特律單軌運輸系統）差別在於前者可以為許多使用者創造明確利益，而後者只是施惠與圖利開發商。

有些人贊成把不成比例的運輸資金投入於人口稀疏的地區，他們認為這些地區值得國家慷慨協助，因為這些地區支付了較高的燃料稅，而燃料稅是聯邦運輸基金的主要來源。如果這麼說的話，則人口稠密地區繳納了較多的所得稅，也應該獲得相應的補償才是。美國所得稅有半數以上是二十二個都會區貢獻的。如果聯邦政府要根據稅收貢獻多寡來分配經費，那麼大城市絕對可以拿到大部分的聯邦預算。

事實上，不同於城市繳納較多的所得稅可以拿回較多的經費，大量使用汽油的州可以拿回更多的運輸經費，這個論點其實是有瑕疵的。主要原因在於，燃料稅是為了讓駕駛人負擔使用道路造成的社會成本而開徵的。經濟學基本原理告訴我們，如果駕駛人增加汙染與壅塞，那麼他們應該負擔成本。如果今天他們繳納的燃料稅又反過來為他們開闢更多的公路，等於是補貼他們開車，那麼燃料稅的課徵就完全失去意義。為了讓城市有公平競爭的空間，駕駛人應該為自己使用汽油而造成的汙染付費，而且他們不應該再拿回這筆錢鋪設更多道路。

為了正確徵收能消除外部性的燃料稅，我們必須明確知道駕駛人造成的汙染、交通事故與壅塞對其他人造成多少損害。最近有一篇研究報告將這些成本加總起來，得出了一加侖二點三美元的數字，這顯示目前美國的燃料稅太便宜，而歐洲的燃料稅太貴。如果美國改採歐洲模式，那麼可想而知居住在郊區的民眾一定會認為住在市區會是比較合理的選擇。終止聯邦政策的反城市偏誤，意謂著對郊區的駕駛人課徵他們造成的環境成本。

就連所得稅也可以當成是針對大城市生活課徵的稅捐。大城市的薪資較高，因為城市居民的生產力較高。針對高薪資課稅，我們使非都會區的簡單生活變得更具吸引力。所得稅本質上就是要讓高薪變得不具吸引力，而城市居民賺取的薪資較高。我不是說我們應該廢除所得稅，但我們的確應該設法限制所得稅對城市的負面效果。應該要有更多稅收回流到繳納稅捐較多的地區。把城市繳納的稅用來建設鄉村，這種政策不僅愚蠢，也傷害了城市的繁榮引擎。

綠色城市

補貼城市蔓延的成本之一，就是美國的碳排放量遠超過標準。城市是環保的。住在高密度地區並且步行，要比住在低密度的市郊並且到哪裡都以車代步來得環保。美國未能採取合理的環境政策對民眾的行為課以環境成本，這也助長了危險的反城市偏誤。

喜歡郊區的人就應該住在郊區，但他們的選擇必須根據郊區化的真實損益來決定。與城市人相比，郊區人使用較多的能源與排放較多的碳。適當地對碳排放進行定價，對於印度與中國來說尤其重要，因為這兩個國家決定的生活方式將影響世界未來的碳排放量。

面對氣候變遷最直接的方法就是課徵單一碳稅。如果能源使用者必須根據自己的行為造成的社會成本來繳稅，那麼他們一定會使用能源效率較高的車子與住在能源效率較高的房子。他們也將發現節省能源的大城市生活更具吸引力。未能適當針對能源使用課徵稅捐，我們等於間接補貼能源密集的生活方式，並且將民眾推離城市。

往後四十年，印度與中國將持續且快速城市化。他們針對土地使用方式所做的決定，將對能源消耗與碳排放量產生深遠影響。如果他們住在高密度的城市並且使用大眾運輸工具，則全世界將因此受益。如果他們走向城市蔓延，則我們將承受高能源成本與高碳排放量的惡果。然而，西方自己必須先做到減少碳足跡，若不如此，一方面要求印度與中國要做到環保，另一方面自己又開著休旅車上購物中心，只會讓人覺得偽善。

城市的禮物

城市高聳而閃亮的尖塔，不僅顯示人類的偉大，也說明人性的傲慢。近來的經濟衰退痛苦地提醒我們，城市創新可以創造價值也可以摧毀價值。任何一次反轉都足以對世界與城市構成挑戰。隨著貿易與金融市場萎縮，城市也跟著受害。當稅收逐漸短少，城市必須竭力維持基本的服務。升高的失業率加重社會服務的負擔，特別是那些原本已相當貧窮的城市。

儘管如此，我們城市的未來仍一片光明。即使是經濟大恐慌也未能熄滅大城市的燈光。城市堅忍的力量反映了人性深刻的社會性格。我們彼此間進行連結的能力，正是我們這個物種最明顯的特徵。我們之所以會成為這樣的物種，是因為我們最初是以集體狩獵維生並且分享彼此的技藝。心理學家史帝芬·平克（Steven Pinker）認為，群體生活是城市生活的原始形式，「促成人類智能的演化」。人類合作建立了文明與文化，不斷地彼此學習，也向過去學習。從書籍到谷歌，新科技的出現並不能改變人類根本的社會性格。科技只是讓人類在沒有與人面對面的狀況下也能輕易學習，但這無法抹滅人在與人實際互動下所產生的額外優勢。事實上，新科技增加了人類從新觀念得到的收益，也增加了人類從面對面合作得到的好處。

二十世紀晚期，交通運輸成本減少使大工業城市原本具有的生產優勢消失。汽車載著美國人前往郊區，也載著他們到以汽車為中心的「陽光地帶」城市。這些事件重創了許多老城市，然而它們並未敲響這些城市的喪鐘。城市仍擁有與其他人接近溝通的優勢，而這個優勢無法被取代。

中國領導人似乎了解高密度可以讓他們的國家脫貧。他們也似乎看出，高聳的摩天大樓可以增加生產力與降低環境成本。如果中國擁抱高度而非擁抱蔓延，那麼世界的碳排放量將會降低，地球將更有可能避免全球暖化，而中國也不會像中東國家一樣過度仰賴石油。

印度的未來也取決於城市，但它的城市形貌卻難以預測。到目前為止，印度擁抱英國土地使用計畫中最糟糕的形式，造成低矮的建築與四散的人口。這種模式讓印度付出極大的成本，因此次大陸勢將放棄原本對高密度建築的厭惡。如果印度與中國都成為高度城市化的文明，那麼美國郊區看起來將成為未來世界的例外，而非主流。

我猜想，把時間拉長來看，二十世紀短暫的郊區生活看起來（就像工業城市短暫興盛一樣）比較像是脫離常軌，而非一種趨勢。建築城市並非易事，密度能帶來益處，也產生成本。但這些成本都值得承受，因為無論在倫敦華麗的商店街，還是里約危機四伏的貧民窟，無論在香港的高樓群裡，還是達拉維滿是灰塵的工坊內，我們的文化、繁榮與自由，最終全都是人類共同生活、工作與思索帶來的禮物——這是城市最終的勝利。

注釋

1 編注：貝魯西為美國喜劇演員，艾克洛德為加拿大喜劇演員，兩人曾於一九八〇年合作演出電影《福祿雙霸天》（*The Blues Brothers*）。

2 許多研究教育報酬率的經濟論文試圖去除造成技術人員薪資上漲的非教育因素，他們甚至把重點放在雙胞胎的各自成就分析上面。

3 譯注：美國政府針對低收入家庭兒童所進行的全面性健康、教育、營養與家庭扶助計畫。

4 離開紐奧良的孩子，他們的成績改善的幅度大約是白人與非裔美國人成績落差的百分之三十七。

5 五個人口最稀疏的州是阿拉斯加州、懷俄明州、蒙大拿州、北達科塔州與南達科塔州。

6 譯注：以美國各州來說，這個數字相對偏低，顯示這幾個州非但不是失業最嚴重的地區，甚至還是相對輕微的地區。

Earth 20

城市的勝利：都市如何推動國家經濟，讓生活更富足、快樂、環保？

Triumph of the City: How Our Greatest Invention Makes Us Richer, Smarter, Greener, Healthier, and Happier

作者	愛德華・格雷瑟 Edward Glaeser
譯者	黃煜文
主編	陳怡慈
校對	龍穎慧、周岑霓
執行企劃	林進韋
美術設計	許紘維
內文排版	新鑫電腦排版工作室
發行人	趙政岷
出版者	時報文化出版企業股份有限公司 10803 台北市和平西路三段240號一至七樓 發行專線｜02-2306-6842 讀者服務專線｜0800-231-705｜02-2304-7103 讀者服務傳真｜02-2304-6858 郵撥｜1934-4724 時報文化出版公司 信箱｜台北郵政79～99信箱
時報悅讀網	www.readingtimes.com.tw
電子郵件信箱	ctliving@readingtimes.com.tw
人文科學線臉書	www.facebook.com/jinbunkagaku
法律顧問	理律法律事務所｜陳長文律師、李念祖律師
印刷	勁達印刷有限公司
二版一刷	2019年5月3月
定價	新台幣380元

時報文化出版公司成立於一九七五年，並於一九九九年股票上櫃公開發行，於二〇〇八年脫離中時集團非屬旺中，以「尊重智慧與創意的文化事業」為信念。

ISBN 978-957-13-7784-1 ｜ Printed in Taiwan

城市的勝利／愛德華・格雷瑟（Edward Glaeser）著；黃煜文 譯. - 二版. -- 臺北市 :時報文化, 2019.4｜ 面； 公分. -- (DKB ; 20) ｜譯自：Triumph of the City: How Our Greatest Invention Makes Us Richer, Smarter, Greener, Healthier, and Happier｜ ISBN 978-957-13-7784-1（平裝）｜1.都市化 2.都市成長 3.都市經濟學 4.都市社會學｜545.1｜108005425